Limperger
Hedging mit Terminkontrakten

GABLER EDITION WISSENSCHAFT

Judit Limperger

Hedging mit Terminkontrakten

Eine gleichgewichtstheoretische Analyse realwirtschaftlicher Effekte

Mit einem Geleitwort
von Prof. Dr. Wolfgang Kürsten

Deutscher Universitäts-Verlag

Die Deutsche Bibliothek - CIP-Einheitsaufnahme

Limperger, Judit:
Hedging mit Terminkontrakten : eine gleichgewichtstheoretische Analyse realwirtschaftlicher Effekte / Judit Limperger. Mit einem Geleitw. von Wolfgang Kürsten. - 1. Aufl..
- Wiesbaden : Dt. Univ.-Verl., 2002
(Gabler Edition Wissenschaft)
Zugl.: Jena, Univ., Diss., 2001
ISBN-13:978-3-8244-7413-4

1. Auflage Februar 2002

Lektorat: Ute Wrasmann / Gereon Roeseling

Der Deutsche Universitäts-Verlag ist ein Unternehmen der Fachverlagsgruppe BertelsmannSpringer.

www.duv.de

Gedruckt auf säurefreiem und chlorfrei gebleichtem Papier.

ISBN-13:978-3-8244-7413-4 e-ISBN-13:978-3-322-81395-4
DOI: 10.1007/978-3-322-81395-4

*H*asznunkat szívből kívánó drága barátom!
Óh, ki ne kedvelné, hogy gazdáskodni tanítod
Édes nemzetedet? ha ki nem hagynád okosan írt
Munkádból egy fő titkát e nagy tudománynak,
Amely ebből áll, hogy tudjon az ember azokból,
Amikhez még csak nem is ért, pénzt gyűjteni, már ezt
Lám, te tudod, mégis tőlünk titkolni akarnád.
Én ugyan azt mondom, hogy nem lesz gazda azokból,
Akik megveszik illy tetemes hijjával ez írást.
(Fazekas Mihály (1766-1828), Egy gazdaságtanító könyvre)

Meinen Eltern

Geleitwort

Die Theorie der Terminmärkte und Derivate hat sich in den letzten 20 bis 30 Jahren zu einem eigenen Forschungsgebiet innerhalb der neoklassischen Finanztheorie mit zahlreichen Anwendungen für das Finanz- und Risikomanagement der Unternehmen entwickelt. Will man eine grobe Einteilung des Forschungsgebietes vornehmen, kann man nach der Theorie der Preisbildungsprozesse für Derivate auf „vollkommenen" Kapitalmärkten einerseits, und den diversen Einsatzmöglichkeiten von Termingeschäften bei der Optimierung von spekulativen und/ oder Hedgingentscheidungen andererseits differenzieren. Bemerkenswerterweise widmen sich einschlägige Untersuchungen bis auf wenige Ausnahmen stets überwiegend nur einem der beiden Problemkomplexe, obwohl eine Einschätzung des Anwendungspotentials von Derivaten ohne das gleichzeitige Verständnis der zugrundeliegenden Preisbildungsprozesse eigentlich nicht möglich ist.

Die vorliegende Arbeit gehört zu diesen Ausnahmen. Die Verfasserin, Frau Dr. Judit Limperger, untersucht das Hedgingpotential und die realwirtschaftlichen Rückwirkungen von Futures- bzw. Forwardkontrakten auf der Grundlage einer eigenständigen Preisbildungstheorie für Kassa- und Futuresmärkte. Die Verfasserin entwickelt hierzu ein Gleichgewichtsmodell mit rationalen Erwartungen, das sowohl die markträumenden endogenen Kassa- und Terminpreise, als auch die optimalen Produktions- und Hedgingentscheidungen der Produzenten und Spekulanten explizit zu berechnen gestattet. Die Konfrontation dieser expliziten Lösungen mit denjenigen des konventionellen Hedgingmodells bei exogenen Marktpreisen fördert interessante und neue Einsichten in die Funktion von Futuresmärkten zu Tage. Beispielsweise können Futuresmärkte auch dort realwirtschaftlich negative, d.h. produktionseinschränkende Effekte nach sich ziehen, wo das konventionelle Modell positive Produktionseffekte vorhersagen würde. Ein verbreitetes Argument für dergestalt positive, über reine Risikovernichtungseffekte hinausgehende Wirkungen von Terminengagements wird damit nicht unbeträchtlich relativiert. Welche Schlußfolgerungen für die (betriebswirtschaftliche) Theorie des unternehmerischen Risikomanagements, aber auch für die (volkswirtschaftliche) Debatte über stabilisierende oder destabilisierende Funktionen von Derivatemärkten zu ziehen sind, muß die weitere Fachdiskussion zeigen.

Die Arbeit wurde von der Wirtschaftswissenschaftlichen Fakultät der Friedrich-Schiller-Universität Jena im Februar 2001 mit dem Prädikat „summa cum laude“ als Dissertationsschrift angenommen. Ich wünsche der hervorragenden Arbeit eine positive Aufnahme in der Fachwelt und die verdiente Resonanz.

Prof. Dr. Wolfgang Kürsten

Vorwort

Unternehmerische Entscheidungen sind stets mit Risiken behaftet, die risikoaverse Unternehmer entsprechend ihren individuellen Risikopräferenzen zu steuern bemüht sind. Marktpreisänderungsrisiken können sowohl durch Produktions- als auch durch Hedgingentscheidungen gesteuert werden. Für jeden Unternehmer stellt sich daher die Frage nach der für ihn optimalen Abstimmung zwischen Produktions- und Hedgingentscheidungen. In der Praxis stehen für Hedgingmaßnahmen neben anderen Sicherungsinstrumenten in erster Linie Warenterminkontrakte zur Verfügung. Die betriebswirtschaftliche Literatur hat daher in vielfältiger Weise den Zusammenhang zwischen Produktions- und Hedgingentscheidungen auf der Basis von Warenterminkontrakten aus der Sicht risikoaverser Produzenten analysiert. Im Vordergrund des Interesses steht dabei die Ableitung konkreter Handlungsempfehlungen aus der Sicht eines individuellen Produzenten. Die Modelle sind daher fast ausschließlich partialanalytischer Natur und lassen die Frage offen, ob und inwieweit die abgeleiteten Handlungsempfehlungen zielführend bleiben, wenn die Entscheidung im Marktkontext zu treffen ist. Dieser Frage nachzugehen ist das Ziel der vorliegenden Arbeit. Sie entwickelt dazu einen gleichgewichtstheoretischen Modellrahmen, der auf Annahmen basiert, die zu den üblichen Annahmen partialanalytischer Modelle weitestgehend kompatibel sind. In Verbindung mit der Annahme rationaler Erwartungen ergibt sich so ein Marktgleichgewichtsmodell, das eine Einschätzung der Validität der Handlungsempfehlungen der literaturüblichen partialanalytischen Modelle im Marktkontext ermöglicht.

Die Hauptaussagen der literaturüblichen Modelle beinhalten insbesondere Erklärungen zu den unterschiedlichen Produktionsmengen, die sich für risikoaverse Produzenten als optimal erweisen, je nachdem, ob die Möglichkeit des Hedging zugelassen wird oder nicht. Widersprüchliche Ergebnisse zwischen den literaturüblichen Partial- und den hier betrachteten Gleichgewichtsmodellen ergeben sich insbesondere in bezug auf die optimale Produktionsentscheidung (Produktionshöhe), die sich bei optimal gestalteten

Hedgingmaßnahmen ergibt. Die in dieser Arbeit entwickelte Gleichgewichtsperspektive zeigt, daß die in den literaturüblichen Partialmodellen fehlende Berücksichtigung der Preisbildung sowohl am Kassa als auch am Terminmarkt unter bestimmten, hier identifizierbaren Bedingungen zu falschen Handlungsempfehlungen führt. Darüber hinaus zeigt die nähere Analyse der Abhängigkeit der optimalen Produktionshöhe von den Modellparametern, daß einige der in der partialanalytischen Literatur wohldokumentierten Aussagen lediglich eine Folge der (zu) einfachen Modellstruktur sind, die von einem exogen gegebenen Terminpreis ausgeht.

Die vorliegende Arbeit entstand während meiner Tätigkeit als wissenschaftliche Mitarbeiterin an den Lehrstühlen für Allgemeine Betriebswirtschaftslehre, insbesondere Finanzierung und Banken von Professor Dr. Wolfgang Kürsten an den Universitäten Magdeburg und Jena. Sie wurde im Februar 2001 von der Wirtschaftswissenschaftlichen Fakultät der Friedrich-Schiller-Universität-Jena als Dissertationschrift angenommen.

Herrn Professor Kürsten gilt mein aufrichtiger Dank für die Unterstützung und den Freiraum in der Forschung, den er mir von Anfang an gewährte. Seine in jeder Phase der Arbeit konstruktive Kritik und hilfreichen Anregungen waren mir stets eine große Hilfe. Herrn Professor Dr. Johannes Ruhland möchte ich sehr herzlich für die Übernahme des Zweitgutachtens danken. Besonders hilfreich waren auch die anregenden Diskussionen mit meinen Kollegen am Lehrstuhl, Dipl.-Kfm. Stefan Larisch und Dipl.-Math. oec. Jendrik Hanisch, sowie die LaTeX-Unterstützung von Kathrin Müller.

Ganz besonders möchte ich meinen Eltern und meiner Großmutter danken, die mich stets unterstützt und zusammen mit meinem Bruder Andras und meinem Freund Thomas die nichtwissenschaftliche Betreuung übernommen haben.

Judit Limperger

Inhaltsverzeichnis

Symbolverzeichnis

a	Parameter der Nachfragefunktion auf dem Kassamarkt
A	$A \equiv \frac{a}{c}$
B	$B \equiv \frac{Na^2}{2c}$
c	Parameter der Nachfragefunktion auf dem Kassamarkt
D	Differenz der Produktionsmengen, wie in Gleichung (2.49) auf S. 52 definiert
$D(\tilde{p}_k, \tilde{\eta})$	Nachfragefunktion auf dem Kassamarkt
G	wie in Gleichung (4.28) auf S. 110 definiert
$\hat{G}$	wie in Gleichung (4.83) auf S. 144 definiert
GHR	Gesamt-Hedge-Ratio
H	wie in Gleichung (4.28) auf S. 110 definiert
$\hat{H}$	wie in Gleichung (4.83) auf S. 144 definiert
$h_i(\cdot)$	Dichtefunktion (vgl. S. 103)
$h_j(\cdot)$	Dichtefunktion (vgl. S. 136)
HR	Hedge-Ratio
i	Laufvariable für Produzenten
j	Laufvariable für Spekulanten
k	Zeitvariable im Krasker (1985) Modell
K	Kostenfunktion
L	Inputfaktor
$\bar{l}$	(konstante) Menge des Inputfaktors L
m	Zeitvariable im Krasker (1985) Modell
$m(\cdot)$	Dichtefunktion (vgl. S. 103 und S. 137)
$\hat{m}(\cdot)$	Dichtefunktion (vgl. S. 103 und S. 137)
M	wie auf S. 140 definiert
n	Anzahl der Spekulanten
N	Anzahl der Produzenten
$\tilde{p}_k$	(unsicherer) Kassapreis in $t = 1$
p_{f_0}	Terminpreis in $t = 0$

$\tilde{p}_{f_1}$	(unsicherer) Terminpreis in $t = 1$
p_X	Preis des Inputfaktors X
p_L	Preis des Inputfaktors L
$q(x)$	produzierte Menge in der herkömmlichen Modellierung
$q(x_i)$	Output des Produzenten i $(i = 1, ..., N)$ in der Gleichgewichtsmodellierung
Q^S	Gesamtangebot auf dem Kassamarkt
Q^D	Gesamtnachfrage auf dem Kassamarkt
$\mathbb{R}$	Menge der reellen Zahlen
S	wie in Gleichung (4.118) auf S. 168 definiert
t	Zeitvariable
$U(\cdot)$	Nutzenfunktion der Produzenten
$\tilde{v}_i$	Informationsvariable des Produzenten i $(i = 1, ..., N)$ im Gleichgewichtsmodell ohne Terminmarkt
v_i	Realisation von $\tilde{v}_i$
$\tilde{v}_j$	Informationsvariable des Spekulanten j $(j = 1, ..., n)$ im Gleichgewichtsmodell mit Terminmarkt
v_j	Realisation von $\tilde{v}_j$
$\hat{V}$	Zeilenvektor (vgl. S. 96 und S. 123)
$\check{V}$	Zeilenvektor (vgl. S. 96 und S. 123)
$\tilde{w}_i$	Störvariable der Information des Produzenten i $(i = 1, ..., N)$ im Gleichgewichtsmodell ohne Terminmarkt
w_i	Realisation von $\tilde{w}_i$
$\tilde{w}_j$	Störvariable der Information des Spekulanten j $(j = 1, ..., n)$ im Gleichgewichtsmodell mit Terminmarkt
w_j	Realisation von $\tilde{w}_j$
$W(\cdot)$	Nutzenfunktion der Spekulanten
X	Inputfaktor
x	Menge des Inputfaktors X (herkömmliche Modellierung)

x_i	Menge des Inputfaktors X, die der Produzent i $(i = 1, ..., N)$ einsetzt (Gleichgewichtsmodellierung)
y	Anzahl Futures-Kontrakte, die im Modell mit Terminmarkt der herkömmlichen Modellierung vom Produzenten gekauft $(y < 0)$ bzw. verkauft $(y > 0)$ werden.
y_{P_i}	Anzahl der Futures-Kontrakte, die im Gleichgewichtsmodell mit Terminmarkt vom Produzenten i $(i = 1, ..., N)$ gekauft $(y_{P_i} < 0)$ bzw. verkauft $(y_{P_i} > 0)$ werden.
y_{S_j}	Anzahl der Futures-Kontrakte, die im Gleichgewichtsmodell mit Terminmarkt vom Spekulanten j $(j = 1, ..., n)$ gekauft $\left(y_{S_j} > 0\right)$ bzw. verkauft $\left(y_{S_j} < 0\right)$ werden.
$\tilde{z}$	Endvermögen des Produzenten in den herkömmlichen Modellen
$\tilde{z}_i$	Endvermögen des Produzenten i $(i = 1, ..., N)$ in den Gleichgewichsmodellen
$\tilde{z}_j$	Endvermögen des Spekulanten j $(j = 1, ..., n)$ in den Gleichgewichsmodellen
α	Parameter der Produktionsfunktion
β	Parameter der Produktionsfunktion
γ	Fixkosten
$\tilde{\eta}$	(unbeobachtbare) Nachfrageveränderungsvariable
μ	Erwartungswert
ξ	absolutes Risikoaversionskoeffizient der Produzenten nach Arrow-Pratt
σ	Standardabweichung
σ_w^2	Varianz der Zufallsvariablen $\tilde{w}_i$
σ_η^2	Varianz der Zufallsvariablen $\tilde{\eta}$
$\Phi(\tilde{z})$	Präferenzfunktional des Produzenten im Modell ohne Terminmarkt in der herkömmlichen Modellierung

$\hat{\Phi}(\tilde{z})$	Präferenzfunktional des Produzenten im Modell mit Terminmarkt in der herkömmlichen Modellierung
$\Phi_{REE}(\tilde{z}_i)$	Präferenzfunktional des Produzenten i ($i = 1, ..., N$) im Modell ohne Terminmarkt in der Gleichgewichtsmodellierung
$\hat{\Phi}_{REE}(\tilde{z}_i)$	Präferenzfunktional des Produzenten i ($i = 1, ..., N$) im Modell mit Terminmarkt in der Gleichgewichtsmodellierung
χ	absolutes Risikoaversionskoeffizient der Spekulanten nach Arrow-Pratt
$\hat{\Psi}_{REE}(\tilde{z})$	Präferenzfunktional des Spekulanten j ($j = 1, ..., n$) im Modell mit Terminmarkt in der Gleichgewichtsmodellierung

Besondere Indizierung:

~	bezeichnet Zufallsvariablen
*	bezeichnet optimale Lösungen in Modellen ohne Terminmarkt
**	bezeichnet optimale Lösungen in Modellen mit Terminmarkt

Abkürzungsverzeichnis

ARMA	Auto-Regressive Moving Average
bzw.	beziehungsweise
CARA	Constant Absolute Risk Aversion
CAPM	Capital Asset Pricing Model
c.p.	ceteris paribus
d.h.	das heißt
f.	folgende
ff.	fortfolgende
Fn.	Fußnote
REE	Rational Expectations Equilibrium
S.	Seite
u.a.	unter anderem
vgl.	vergleiche
WTB	Warenterminbörse
z.B.	zum Beispiel

Kapitel 1

Einleitung

1.1 Problemstellung

In einer unsicheren Welt sind Produzenten vielfältigen Risiken ausgesetzt. Eine besondere Art von Risiko entsteht dadurch, daß die Absatzpreise der Erzeugnisse, insbesondere bei langfristigen Produktionsprozessen, möglichen Änderungen unterworfen sind. Diese im folgenden als „Preisrisiko" beziehungsweise „Preisänderungsrisiko" bezeichnete Unsicherheit bildet den Ausgangspunkt für die vorliegende Arbeit.

Risikoaverse Produzenten sind bestrebt, ihre Risiken zu beschränken. Um die aus der Produktionstätigkeit resultierenden Preisänderungsrisiken zu begrenzen, bieten sich neben anderen Sicherungsinstrumenten[1] in erster Linie Warenterminkontrakte an. Es existieren weltweit zahlreiche Warenterminbörsen.[2] Die bekanntesten Terminbörsen sind die 1848 gegründete Chica-

[1] Die bekanntesten Sicherungsinstrumente neben Forward- und Futures-Kontrakten sind Optionen, Swaps und deren Kombinationen.

[2] Duffie (1989), S. 375-394, bietet eine Übersicht über die wichtigsten Terminbörsen. In den letzten Jahren gab es jedoch sehr viele Neugründungen. Neben Warenterminbörsen wurden seit 1970 insbesondere auch zahlreiche Börsen für Financial Futures eingerichtet. Die durch die Fusion von DTB Deutsche Terminbörse und der SOFFEX (Swiss Options and Financial Futures Exchange) im Jahre 1998 entstandene

go Board of Trade und die Chicago Mercantile Exchange.[3] Mit der Eröffnung der Warenterminbörse Hannover[4] am 27. Februar 1998 und den noch im Jahr 2000 neu entstehenden Börsen für Stromderivate[5] wurde auch in Deutschland für Produzenten die Möglichkeit geschaffen, den Preisrisiken in einigen physischen Produkten zu begegnen.

In der Literatur existieren zahlreiche Modelle, die Produktionsentscheidungen unter Unsicherheit modellieren.[6] Beginnend mit Baron (1970) und Sandmo (1971) wurde vor allem die Produktionsentscheidung von den Bernoulli-Nutzen maximierenden risikoaversen Produzenten erforscht. Das Hauptaugenmerk richtete sich dabei auf die Berechnung optimaler Produktionsmengen und die Analyse der Abhängigkeit der optimalen Lösung von den Modellparametern. Eine Erweiterung erfuhr die Modellierung durch die Berücksichtigung der Möglichkeit des Hedging auf Terminmärkten und damit der simultanen Bestimmung der optimalen Produktionsmenge und der optimalen Position am Terminmarkt. Während in den ersten Ansätzen von Holthausen (1979) und Feder/Just/Schmitz (1980) zunächst annahmegemäß Terminkontrakte mit „passender" Laufzeit als Hedgeinstrumente zur Verfügung standen, wurde dieses „Grundmodell" inzwischen um zahlreiche Varianten erweitert. Berücksichtigung fanden insbesondere die in der Realität häufig vom geplanten Zeitpunkt abweichenden Fälligkeitszeitpunkte der vorhandenen Terminkontrakte, die Unsicherheit des Produktionsprozesses und die gleichzeitige Verfügbarkeit mehrerer Absicherungsinstrumente. Die

EUREX ist seit Januar 1999 die größte Derivatebörse für Finanztitel weltweit. Vgl. http://www.exchange.de/INTERNET/EXCHANGE/index.htm (Stand 8.10.2000).

[3]Vgl. Duffie (1989), S. 3.

[4]Vgl. http://www.wtb-hannover.de (Stand 10.10.2000).

[5]Die Einführung von Terminkontrakten auf Strom sind an der European Energy Exchange in Frankfurt (http://www.eex.de/content/index.html) und an der Leipzig Power Exchange (http://www.lpx.de/Lpx/info_center/about_lpx/index.asp) noch im Jahr 2000 geplant (Stand 10.10.2000).

[6]Eine detailliertere Literaturübersicht erfolgt jeweils zu Beginn der betrachteten Modelle.

Modelle sind überwiegend partialanalytischer Art. Sie untersuchen lediglich die Entscheidungsfindung eines Produzenten unabhängig von etwaigen anderen Marktteilnehmern. Eine Ausnahme hiervon bilden Grossman (1977) und Danthine (1978), die eine Modellierung im Gleichgewicht vorstellen.

Die Hauptaussagen der Nicht-Gleichgewichtsmodelle, die im Folgenden durch die Bezeichnung „herkömmliche" Modelle von den Gleichgewichtsmodellen abgegrenzt werden, beinhalten insbesondere Erklärungen zu den unterschiedlichen optimalen Produktionsmengen der Modelle mit und ohne Terminmarkt. Während die optimale Outputhöhe ohne Hedging insbesondere von dem Kassapreisrisiko und der Risikoaversion des Produzenten abhängt, spielen diese Größen im Modell mit Terminmarkt keine Rolle bei der Festlegung der Produktionsmenge. Dieser in der herkömmlichen Modellierung wohldokumentierte Tatbestand wurde in gleichgewichtstheoretischen Modellen noch nicht überprüft. Tatsächlich kann gezeigt werden[7], daß die Unabhängigkeit der Produktionsmenge von der Risikoaversion des Produzenten lediglich eine Folge der vereinfachten Modellstruktur ist. Wird der Terminpreis nicht als exogen gegebene Größe betrachtet, sondern endogen in einem Gleichgewichtsmodell entwickelt, besteht selbst bei Vorhandensein des Terminmarktes eine Abhängigkeit der optimalen Produktionsmenge von der Risikoaversion des Produzenten. Weitere Widersprüche zwischen Nicht-Gleichgewichts- und Gleichgewichtsmodellen ergeben sich, wenn man die Veränderung der optimalen Produktionshöhe durch die Hedgingmöglichkeit betrachtet. In den herkömmlichen Modellen ergibt sich durch die Möglichkeit der Partizipation am Terminmarkt eine im Vergleich zu der Optimierung ohne Terminmarkt erhöhte Produktionsmenge, wenn der Produzent als Ergebnis seiner Optimierung Terminverkäufe tätigt. Auch dieses Ergebnis bedarf einer Überprüfung im Gleichgewicht, die bislang noch nicht erfolgt ist. Es wird gezeigt, daß diese allgemeine Aussage im Gleichgewicht keinen Bestand hat.[8] Vielmehr

[7]Siehe S. 150.

[8]Vgl. Abschnitt 4.3.

kann, wie zu zeigen sein wird, im Gleichgewichtsmodell trotz einer realisierten Short Position am Terminmarkt ein negativer realwirtschaftlicher Effekt des Hedging auftreten.

1.2 Zielsetzung und Vorgehensweise

Das Hauptaugenmerk der vorliegenden Arbeit richtet sich auf die Untersuchung der Richtung und der Höhe der realwirtschaftlichen Effekte, die durch die Möglichkeit des Hedging an einem Terminmarkt hervorgerufen werden. Dazu wird wie folgt vorgegangen: Um einen geeigneten Rahmen für die Arbeit zu vorzugeben, ist es zuerst notwendig, die mit der Teilnahme am Terminmarkt verbundene Zielsetzung eines Produzenten zu definieren. Je nachdem wie ein Produzent die Rolle des Terminmarktes für sich interpretiert, wird er sich als „Hedger" , „Spekulant" oder „Arbitrageur" betätigen. Da die Begriffe Hedging, Spekulation und Arbitrage in der Literatur sehr unscharf abgegrenzt und unterschiedlich gebraucht werden, erfolgt zunächst die Definition der in der vorliegenden Arbeit verwendeten Begriffe des Hedging und der Spekulation.[9] Dies erfolgt anhand der Darstellung der in der Literatur üblichen Hedgingtheorien in Abschnitt 1.3.

In Kapitel 2 werden die Ergebnisse der herkömmlichen Modelle rekapituliert. Dazu wird erst die Produktionsentscheidung eines Produzenten unter Unsicherheit ohne Terminmarkt (Abschnitt 2.1) und anschließend mit Terminmarkt bei simultanem Hedging (Abschnitt 2.2) betrachtet. Um die Aussagen aller betrachteten Modelle auf der gleichen Basis diskutieren zu können, erfolgt die Darstellung der herkömmlichen Modelle nicht anhand der Originalliteratur, sondern anhand einer an die Annahmen des Abschnitts 2.1.1 angepaßten Variante. Insbesondere werden Verteilungsannahmen getroffen, sowie eine konkrete Produktionsfunktion und eine spezielle Nut-

[9] Von dem Begriff der Arbitrage wird in der vorliegenden Arbeit kein Gebrauch gemacht. Er wird in der Literatur häufig mit dem Begriff der Spekulation gleichgesetzt.

zenfunktion angenommen. In den Abschnitten 2.1.3 und 2.2.3 schließt sich an die jeweilige Modelldarstellung eine ausführliche komparativ-statische Analyse der Ergebnisse an. Den Kern des Kapitels 2 bildet der Vergleich der Produktionsentscheidungen mit und ohne Terminmarkt (Abschnitt 2.3). Nach der Darstellung der möglichen Beziehungen zwischen Produktionsmenge und Hedgevolumen (Abschnitt 2.3.1) erfolgt der Literatur folgend die Bestimmung des Vorzeichens eines möglichen realwirtschaftlichen Effekts. (Abschnitt 2.3.2.1). Während die Richtung eines durch Hedging verursachten realwirtschaftlichen Effekts in der Literatur ausführlich diskutiert wird,[10] wurde der Betrag der realisierten Produktionsmengenerhöhung oder -verringerung bislang nicht thematisiert. Abschnitt 2.3.2.2 füllt diese Lücke durch die Bestimmung der Differenz zwischen den optimalen Produktionsmengen mit und ohne Hedging und analysiert die Abhängigkeit des realwirtschaftlichen Effekts von den einzelnen Modellvariablen. An die ausführliche Analyse des „Grundmodells" schließt sich ein kurzer Ausblick über einige der bislang erfolgten Erweiterungen der herkömmlichen Modellierung an (Abschnitt 2.4). Diese Erweiterungen umfassen die Betrachtung von Termingeschäften, deren Fälligkeitszeitpunkte nicht mit dem geplanten Verkaufszeitpunkt der Erzeugnisse übereinstimmen (Abschnitte 2.4.1 und 2.4.2), das Problem einer stochastischen Komponente im Produktionsprozeß (Abschnitt 2.4.3) und die Verfügbarkeit von anderen Absicherungsinstrumenten (Abschnitte 2.4.4 und 2.4.5).

In Kapitel 4 wird parallel zu Kapitel 2 erst die Produktionsentscheidung eines Produzenten unter Unsicherheit ohne Terminmarkt (Abschnitt 4.1) und anschließend bei simultanem Hedging (Abschnitt 4.2) betrachtet. Der grundlegende Unterschied zwischen Kapitel 2 und Kapitel 4 besteht darin, daß nun die Analyse im Gleichgewicht stattfindet. Dazu wird ein Konzept benötigt, das die Erwartungsbildung der Marktteilnehmer explizit

[10]Vgl. z.B. Holthausen (1979), S. 992, Bamberg/Baur (1987), S. 391 und Kürsten (1997b), S. 122.

modelliert und in die Bildung der Gleichgewichtspreise einbindet. Solch ein Gleichgewichtskonzept wird durch die Theorie rationaler Erwartungen zur Verfügung gestellt. Da dieses in der Marktmikrostrukturtheorie häufig angewandte Konzept in die Hedgingliteratur bislang nur vereinzelt Einzug fand,[11] wird sie in einem dem Kapitel 4 vorgeschalteten separaten Kapitel 3 skizziert. In Kapitel 3 wird nach einer kurzen Darstellung der Theorie rationaler Erwartungen (Abschnitt 3.1) das Problem der Existenz von Gleichgewichten mit rationalen Erwartungen der Marktteilnehmer diskutiert (Abschnitt 3.2), und der Zusammenhang zu den benachbarten Konzepten der Theorie effizienter Märkte (Abschnitt 3.3.1), den Nash-Gleichgewichten (Abschnitt 3.3.2) und zu anderen gebräuchlichen Gleichgewichtskonzepten der Mikrostrukturtheorie (Abschnitt 3.3.3) beleuchtet. In Kapitel 4 schließt sich den beiden Modelldarstellungen (Abschnitte 4.1.2 und 4.2.2) wieder jeweils eine ausführliche komparativ-statische Analyse der Ergebnisse an (Abschnitte 4.1.3 und 4.2.3). Dabei werden grundsätzliche Unterschiede zu den Resultaten der herkömmlichen Modelle aufgezeigt und dadurch auf die fehlende Berücksichtigung der Interdependenzen der Kassa- und Terminmärkte durch die Nicht-Gleichgewichtsmodelle hingewiesen. Das Hauptaugenmerk des Kapitels 4 richtet sich wie schon in Kapitel 2 auf den Vergleich der Produktionsmengen in den Modellen mit und ohne Hedgingmöglichkeit (Abschnitt 4.3). Während solche Vergleiche in den herkömmlichen Modellen wohldokumentiert sind, wurden sie in Gleichgewichtsmodellen bislang nicht vorgenommen. Nach der Bestimmung der im Gleichgewicht realisierbaren Hedgepositionen (Abschnitt 4.3.1), kann in Abschnitt 4.3.2 tatsächlich gezeigt werden, daß konträr zu den Aussagen der herkömmlichen Modellierung eine simultan zu der Produktionsentscheidung realisierte optimale Terminverkaufsposition nicht in jedem Fall zu der Möglichkeit einer Ausweitung der Produktionsmenge führt. Die bei den herkömmlichen Modellen unterlassene Einbeziehung der Preisbildung am Kassa- und Terminmarkt in die Analyse der optimalen Produktionsentschei-

[11] Vgl. bspw. Grossman (1977), Danthine (1978) und Bray (1981).

dung gibt damit dem Produzenten unter Umständen eine falsche Empfehlung hinsichtlich der optimalen Art des einzusetzenden Risikomanagements. Die Arbeit endet schließlich mit einer kurzen Zusammenfassung der wichtigsten Ergebnisse in Kapitel 5.

1.3 Hedgingtheorien

In der Literatur wird der Begriff des Hedging häufig mit einer reinen Risikovermeidungsstrategie assoziiert. Spekulation hingegen wird meist den nichtrisikoaversen Entscheidern zugeschrieben. In der vorliegenden Arbeit wird die optimale Position eines Produzenten am Terminmarkt (seine Hedgeposition) durch ein amalgamiertes Riskovermeidungs- und Spekulationsmotiv bestimmt. Um dies abzubilden, bedienen sich die folgenden Modelle der Portefeuilletheorie. Der erwartete Ertrag einer unsicheren Position und das damit verbundene Risiko (gemessen durch die Varianz der riskanten Position) werden in Beziehung gesetzt und eine optimale Kombination gesucht. Dieser Vorgehensweise inhärent ist die Vorstellung über die Rolle des Terminmarktes als eines Ortes, der Gelegenheit bietet für die Absicherung einer riskanten Position, aber auch für Spekulation. Die Tätigkeit des Hedging, (hier als die Einnahme einer Position am Terminmarkt definiert) beinhaltet in diesem Sinne Absicherungs- und Spekulationsmotive seitens des Entscheiders. Hedging wird hier somit nicht als reine Risikovermeidungsstrategie verstanden. Um diese in den folgenden Kapiteln verwendete Sicht des Hedging zu verdeutlichen, werden zunächst alternative Hedgingtheorien dargestellt. Es sind dabei drei bedeutende Theorien des Hedging zu unterscheiden: Die traditionelle Keynes-Hicks Theorie des Hedging, die Theorie des Hedging nach Holbrook Working und die an der Portefeuilletheorie orientierte Hedgingtheorie, die auch der weiteren Untersuchung zugrunde liegt.[12]

[12]Vgl. Ederington (1979), S. 158.

1.3.1 Traditionelle Keynes-Hicks-Theorie des Hedging

Nach der Keynes-Hicks-Theorie[13] des Hedging sind die Produzenten, die durch ihre Produktion dem Risiko einer unerwarteten Preisänderung ausgesetzt sind, bestrebt, dieses Risiko zu beseitigen. Die Zielsetzung der Produzenten besteht demnach ausschließlich in der Risikovermeidung. Falls eine vollständige Risikovernichtung nicht möglich sein sollte, wird eine möglichst hohe Risikoverminderung angestrebt. Terminmärkte eröffnen den Produzenten die Möglichkeit, ihre produzierten Güter durch einen Terminverkauf schon zum Zeitpunkt des Produktionsbeginns gegen Preisänderungsrisiken abzusichern. Sie übertragen ihr Risiko mit Hilfe der Terminmärkte an die Spekulanten, die gemäß dieser Theorie Versicherungsunternehmen vergleichbar agieren, und zahlen diesen für die Übernahme der Risiken eine Prämie.[14] Da diese Prämie für die Spekulanten im Preis enthalten ist, sollte daher, bei zeitlich unveränderter Angebots- und Nachfragesituation, der Preis eines Teminkontrakts stets unter dem Kassapreis liegen. Diese Differenz zwischen Kassapreis und Terminpreis wird als Normal Backwardation bezeichnet und gilt als der Normalfall. Eine Situation hingegen, in der der Terminpreis über dem Kassapreis liegt, wird Contango genannt, wobei jedoch ein andauerndes Contango mit dem Keynes-Hicks-Ansatz nicht vereinbar ist. Empirisch ist, wie bereits von Telser (1958) gezeigt wurde[15], die Keynes-Hicks-Theorie des Normal Backwardation nicht haltbar,[16] so daß sich neue Theorien des Hedging herausgebildet haben.

---

[13]Vgl. Keynes (1971), S. 127-129, und Hicks (1968), S. 138. Die Erstpublikation der zitierten Werke erfolgte in den Jahren 1930 beziehungsweise 1939.

[14]Vgl. Telser (1958), S. 242 f..

[15]Vgl. Telser (1958), S. 233.

[16]Vgl. dazu aber auch Cootner (1960).

1.3.2 Theorie des Hedging nach Holbrook Working

Seit den vierziger Jahren vertrat Holbrook Working in einer Reihe von Artikeln[17] eine andere Sicht des Hedging, wobei sich bei seinen Arbeiten zwei Richtungen unterscheiden: Einerseits vervollständigte er die Theorie der Lagerarbitrage für lagerbare Güter, andererseits beschrieb und systematisierte er die über die reine Risikovermeidung hinausgehenden möglichen Motive des Hedging und der Spekulation an Terminmärkten.

1.3.2.1 Lagerarbitrage

Der Zusammenhang von Kassa- und Terminpreisen lagerbarer Güter mittels Lagerarbitrage wurde bereits von Kaldor (1939) ausführlich dargestellt und später insbesondere von Working (1949), Telser (1958) und Brennan (1958) propagiert. Gemäß ihrer Theorie entspricht der Terminpreis lagerbarer Produkte ihrem Kassapreis zuzüglich der anfallenden Lagerungskosten beziehungsweise abzüglich Lagererträge (z.B. Zinsen bei Finanztiteln).[18] Diese Lagerungskosten werden üblicherweise als „Cost of Carry"bezeichnet. Die Preise von Finanztiteln werden ausschließlich durch die Lagerungskosten determiniert. Bei Nicht-Finanztiteln determinieren die Cost of Carry jedoch lediglich eine Obergrenze für den Terminpreis.[19] Hier bestimmen sich die Cost of Carry aus den Lagerungskosten abzüglich einer „Convenience Yield".[20] Diese Convenience Yield ist eine Art Verfügbarkeitsprämie für denjenigen, der das Gut physisch im Bestand hält. Sie wird dadurch begründet, daß das Vorhandensein eines Lagerbestandes einem Produzenten vielfach erlaubt, eine vorgegebene Produktionsmenge zu niedrigeren Kosten zu realisieren als ohne Lagerhaltung.[21] Überdies ermöglicht die Lagerhaltung bei unerwarteten Nachfrageänderungen kurzfristige Variationen der Produktionsmenge zu

[17]Vgl. u.a. Working (1949, 1953a, 1953b, 1962).
[18]Vgl. z.B. Working (1949), S. 1256.
[19]Vgl. z.B. Brennan (1958), S. 50 und Pfennig/Schäfer (1999), 574.
[20]Vgl. Kaldor (1939), S. 23.
[21]Vgl. Telser (1958), S. 235.

niedrigeren Kosten.[22] Die Höhe der Convenience Yield variiert dabei umgekehrt mit der Höhe des Lagerbestandes.[23] Sie wird meist als nichtnegativ angenommen und durch eine monoton fallende und konvexe Funktion des Lagerbestandes modelliert.[24] Sind die Läger leer und besteht eine Knappheitssituation auf dem Kassamarkt, ist die Convenience Yield folglich hoch.

1.3.2.2 Hedging und Spekulation

Working[25] lehnte die Annahme der extremen Risikoscheu der Entscheider durch die traditionelle Theorie ab und unterstrich die Bedeutung der Maximierung der erwarteten Gewinne.[26] In seiner Theorie entsprechen die Produzenten (risikoneutralen) Spekulanten.[27] Risikoüberlegungen spielen für seine Produzenten, wenn überhaupt, eine nachgeordnete Rolle.

> *... hedging is not necessarily done for the sake of reducing risks. The rôle of risk-avoidance in most commercial hedging has been greatly overemphasized in economic discussions. Most hedging is done largely, and may be done wholly, because information on which the merchant or processor acts leads logically to hedging.*[28]

Er betrachtet das Hedging also primär als ein Arbitragegeschäft, um Unterschiede zwischen den Kassa- und den Terminpreisen auszunutzen, und nicht als eine Transaktion, um Risiken zu vermindern.[29] Ein Entscheider beispielsweise, der eine Long Position am Kassamarkt hält, hedgt am Terminmarkt, wenn er erwartet, daß die Basis[30] fällt, und er hedgt nicht,

---

[22]Vgl. Telser (1958), S. 235.

[23]Vgl. Kaldor (1939), S. 26.

[24]Vgl. Pfennig/Schäfer (1999), 574.

[25]Vgl. Working (1953a) und Working (1962).

[26]Vgl. Ederington (1979), S. 160.

[27]Vgl. Ederington (1979), S. 160.

[28]Working (1953a), S. 325.

[29]Vgl. Working (1953), S. 325 und Castelino (1992), S. 187.

[30]Als Basis wird im allgemeinen die Differenz zwischen Terminpreis und Kassapreis bezeichnet.

wenn infolge seiner Erwartungen die Basis steigt.[31]

In einer späteren Arbeit[32] definiert Working Hedging allgemein als

> *... the use of futures contracts as a temporary substitute for a merchandising contract that is to be made later.*[33]

Mit dieser Definition beschränkt er sich nicht ausschließlich auf das Motiv der Risikovermeidung durch Hedging oder auf deren Gegenpol, der Spekulation. Vielmehr vermischt er Absicherungs- und Spekulationsmotive und klassifiziert mögliche Arten des Hedging in die Unterformen[34]

1. des Hedging in Absicht der Gewinnerzielung aus einer Lagerhaltungstätigkeit (Carrying Charge Hedging),
2. des Hedging zur Unterstützung der Verkaufs- und/oder Verarbeitungsprozesse (Operational Hedging),
3. des Hedging nur einer Untermenge der Produktion, je nach erwarteter Preisentwicklung (Selective Hedging),
4. des Einnehmens einer Position auf dem Terminmarkt aufgrund von Preiserwartungen, wobei der Hedgeposition keine physische Position gegenüberstehen muß (Anticipatory Hedging) und
5. des Hedging aus reiner Risikovermeidungsabsicht.

Diese Art der Klassifikation ist jedoch sehr speziell und wird deshalb im Folgenden nicht weiter verwendet.

---

[31] Vgl. Ederington (1979), S. 161.
[32] Vgl. Working (1962).
[33] Vgl Working (1962), S. 442.
[34] Vgl. Working (1962), S. 438-442.

1.3.3 Portefeuilletheorie und Hedging

Die portefeuilleorientierte Theorie unterscheidet sich von den anderen beiden Theorien des Hedging in der Motivation der Produzenten für die Teilnahme am Terminmarkt.[35] Während sich die traditionelle Theorie des Hedging auf die reine Risikominimierung der Produzenten beschränkt, besteht nach Working das wesentliche Motiv der Produzenten am Terminmarkt eine Position einzunehmen in der Spekulation aufgrund ihrer jeweiligen Preiserwartungen. Das portefeuilletheoretische Konzept des Hedging greift die Idee des selektiven Hedging nach Working auf, berücksichtigt aber bei der Berechnung der optimalen Position der Produzenten am Terminmarkt zusätzlich zu ihren Preiserwartungen auch das jeweilige Risiko. Für risikoaverse Individuen wird dabei angenommen, daß sie bei gleichem erwarteten Wert ihres Endvermögens die weniger riskante Position vorziehen, jedoch nicht unendlich risikoavers sind. Damit stellt die reine Risikominimierung der traditionellen Theorie nur ein Grenzfall der portefeuilleorientierten Theorie dar. Risikoneutrale Individuen wiederum verhalten sich wie die Spekulanten von Working. Durch die Auffassung des Hedgingproblems als eines Anwendungsfalls der Portefeuilletheorie gelingt es somit, die traditionellen Konzepte und die Theorie von Working in einen gemeinsamen Rahmen zu integrieren.[36] Die genaue Einordnung einer realisierten Terminmarktposition in die Konzepte des Hedging (reine Risikovermeidung) oder der Spekulation (reines Ausnutzen von erwarteten Preisunterschieden) ist indes nur noch in Grenzfällen möglich.[37]

Das portefeuilletheoretische Konzept des Hedging baut auf den Arbeiten von Markowitz (1952) und Tobin (1958) auf und wurde von Johnson (1960) und Stein (1961) in die Hedgingliteratur eingeführt. Es hat in der Zwischenzeit eine sehr große Verbreitung erlangt, so daß die moderne Hedgingliteratur sich

---

[35] Vgl. Castelino (1992), S. 188.
[36] Vgl. Ederington (1979), S. 161.
[37] Vgl. Johnson (1960), S. 142.

vorwiegend dieses Konzepts bedient. Auch in der vorliegenden Arbeit wird eine Beschränkung auf das portefeuilletheoretische Konzept des Hedging vorgenommen.

Kapitel 2

Produktionsentscheidung unter Unsicherheit in herkömmlichen Modellen

2.1 Produktionsentscheidung ohne Terminmarkt

Das nachfolgende Modell geht auf Baron (1970), Sandmo (1971)[1], Leland (1972), Batra/Ullah (1974) und Holthausen (1976) zurück. Die Originalannahmen wurden im Hinblick auf die in späteren Abschnitten zu entwickelnden Modelle konkretisiert beziehungsweise abgeändert. Insbesondere beschränkt sich die Analyse auf eine polypolistische Marktstruktur, bei der der Produzent Preisnehmer und Mengenanpasser ist. Das Modell von Leland (1972) und dessen Erweiterung durch Holthausen (1976) erweitern diesen Rahmen auf oligopolistische und monopolistische Marktstrukturen. Das folgende Modell geht zudem im Gegensatz zu den genannten Arbeiten von einer konkreten Nutzenfunktion mit konstanter absoluter Risikoaversion des Produzenten aus. Diese Vereinfachung, die im Hinblick auf die in späteren Kapiteln

[1] Vgl. auch die kurze Ergänzung bezüglich der absoluten Risikoaversion des Entscheiders durch Ishii (1977).

zu untersuchenden Effekte gewählt wurde, hat auch ihren Nachteil. Anders als in Sandmo (1971) und dem darauf aufbauenden Modell von Batra/Ullah (1974), sowie in Leland (1972) und Baron (1970) kann die Entscheidungsrelevanz von Fixkosten unter Unsicherheit in dem folgenden Modell nicht diskutiert werden.

2.1.1 Beschreibung der Modellstruktur und Annahmen

Ausgangspunkt der Betrachtungen aller folgenden Modelle ist ein Produzent, der ein Gut produziert, dessen Produktionsprozeß sich über einen längeren Zeitraum erstreckt. Modelltechnisch wird dieser Zeitraum auf eine Periode normiert. Im Zeitpunkt $t = 0$ wird die Entscheidung über die Menge einzusetzender Inputfaktoren getroffen und damit die Produktionsmenge und die Produktionskosten determiniert. Am Ende der Produktionsperiode ($t = 1$) verkauft der Produzent sein Produkt am Kassamarkt zum dann vorherrschenden, aus Sicht des Zeitpunktes $t = 0$ unsicheren, Kassapreis $\tilde{p}_k$. Dieser Kassapreis sei als normalverteilt, mit Erwartungswert $\mathrm{E}[\tilde{p}_k]$ und Varianz $\mathrm{Var}[\tilde{p}_k]$ angenommen.[2] In Kapitel 2 wird der Kassapreis als exogen gegeben angenommen, Preisbildungsmechanismen werden nicht betrachtet. Es wird unterstellt, daß der Produzent Preisnehmer ist, den Kassapreis also nicht bewußt beeinflussen kann. Alternativ zu der physischen Produktion kann der Produzent am Kapitalmarkt zum sicheren Zinssatz anlegen. Sollten die Produktionskosten sein Anfangsvermögen übersteigen, ist auch ein Leerverkauf der sicheren Anlage (Kreditaufnahme) möglich. Der

---

[2]Die Annahme normalverteilter Preise ist zweifellos problembehaftet, da hierdurch negative Preise resultieren können. Sie ist jedoch im weiteren Verlauf der Arbeit unerläßlich (siehe Kapitel 4), und bereits für die Betrachtungen in Kapitel 2 notwendig, wenn die Annahme quadratischer Nutzenfunktionen vermieden werden soll. In der Hedgingliteratur ist sie anzutreffen, um wie hier eine Kompatibilität zwischen Bernoulli-Nutzenmaximierung und dem (μ, σ)-Präferenzfunktional des hybriden Modells herzustellen. Vgl. beispielsweise Bamberg/Baur (1987), Batlin (1983a), Kürsten (1997a,b).

sichere Zinssatz wird durchgehend auf Null normiert. Per Annahme werden nur nicht lagerfähige Produkte betrachtet,[3] [4] und für alle nachfolgend eingeführten Variablen unbegrenzte Teilbarkeit angenommen.[5]

Der Produzent sei ein Bernoulli-Entscheider, der den Erwartungsnutzen seines Endvermögens maximiert, mit einer exponentiellen Nutzenfunktion der Form $U(z) = -e^{-\xi z}$. $\xi > 0$ bezeichne dabei das absolute Risikoaversionsmaß nach Arrow/Pratt [6] [7]. Da die angenommene Nutzenfunktion eine konkave Form aufweist, ist der Produzent risikoavers. Die Annahme einer exponentiellen Nutzenfunktion ist jedoch nicht zwingend notwendig. Ist der Kassapreis normalverteilt, kann unter Zugrundelegung einer beliebigen Nutzenfunktion (jedoch unter anderen einschränkenden Annahmen) die Herleitung auch allgemeiner erfolgen, wie in Anhang (A.2) für die herkömmliche

---

[3] Als Beispiel für die Produktion nicht lagerfähiger Produkte, die auch per Warenteminkontrakt an organisierten Börsen gehandelt werden können, seien die landwirtschaftliche „Produktion“ von Schweinen oder die Stromerzeugung genannt. Vgl. dazu ausführlicher z.B. Plugfelder (1991), S. 96 ff., Pfennig/Schäfer (1999), S. 582 und Bessembinder/Lemmon (1999), S. 1. In Deutschland können zur Zeit (Stand 15.09.2000) auf lebende Schlachtschweine an der Warenterminbörse Hannover Terminkontrakte abgeschlossen werden (http://www.wtb-hannover.de). Auf Strom ist die Einführung von Terminkontrakten noch im laufenden Jahr an der European Energy Exchange in Frankfurt (http://www.eex.de/content/index.html) und an der Leipzig Power Exchange (http://www.lpx.de/Lpx/info_center/about_lpx/index.asp) geplant.

[4] Die Annahme der Nichtlagerbarkeit schränkt die Alternativenmenge des Produzenten erheblich ein und bestimmt damit die Struktur der nachfolgenden Modelle. Dies wird jedoch erst im weiteren Verlauf der Arbeit sichtbar und Gegenstand der Untersuchung sein.

[5] Die Einführung von Ganzzahligkeitsnebenbedingungen unterbleibt, um die Analyse möglichst einfach zu halten.

[6] Danach ist die absolute Risikoaversion eines Bernoulli-Entscheiders als $\xi = -\frac{U''(z)}{U'(z)}$ definiert. Die Annahme einer exponentiellen Nutzenfunktion impliziert, daß die absolute Risikoaversion des Produzenten konstant ist. Je größer ξ ist, desto ausgeprägter ist die Risikoscheu des Entscheiders.

[7] Es gilt also $U'(z) > 0$ und $U''(z) < 0$.

Modellierung ohne Terminmarktaktivität beispielhaft gezeigt wird.[8] Die Wahl dieser speziellen Form der Nutzenfunktion begründet sich vor allem in der Einfachheit der Herleitung im Vergleich zum allgemeineren Fall, bei ansonsten identischen Ergebnissen.[9]

Um die Beziehung zwischen Einsatz- und Ausbringungsgütern abzubilden, können unterschiedliche Zugänge gewählt werden. Gewöhnlich wird eine konkrete deterministische[10] Kostenfunktion angegeben, deren Verlauf ad hoc angenommen wird. Vorherrschend sind die Annahme einer quadratischen[11] oder einer linearen[12] Kostenfunktion. Bisweilen erfolgt die Spezifikation der Input-Output-Beziehung auch unter Angabe einer Produktionsfunktion. Überwiegend werden streng konkave Produktionsfunktionen eingesetzt [13]; bisweilen in der Form $q(x) = \alpha\sqrt{x}$ spezifiziert. Da Kosten- und Produktionsfunktionen ineinander überführbar sind[14], ist unerheblich, welcher Weg beschritten wird. In der vorliegenden Arbeit wird zunächst eine deterministische Produktionsfunktion unter ökonomischen Gesichtspunkten[15] entwickelt

[8]Die Rechnung kann für alle anderen Modelle analog erfolgen.

[9]Zudem konnte die Annahme einer konstanten absoluten Risikoaversion des Entscheiders in empirischen Tests der nachfolgend vorgestellten Modelle nicht abgelehnt werden, so daß diese Annahme auch gerechtfertigt scheint. Vgl. Park/Antonovitz (1992), S. 603 mit weiteren Hinweisen.

[10]Modelle mit einer stochastischen Kosten- bzw. Produktionsfunktion sind Gegenstand des Abschnitts 2.4.3.

[11]Vgl. u.a. Grossman (1977), Bamberg/Baur (1987), Donoso (1995).

[12]Vgl. Kürsten (1997a, 1997b, 1997c), Spremann (1986).

[13]Vgl. u.a. Danthine (1978), Feder/Just/Schmitz (1980), Dalal/Arshanapalli (1989), Lapan/Moschini/Hanson (1991).

[14]Bezüglich der Dualitätseigenschaft von Produktions- und Kostenfunktionen vergleiche beispielsweise Varian (1992), S. 81 ff..

[15]Im weiteren Verlauf der Arbeit wird als Hedginginstrument ein Futures mit „passender" Fälligkeit herangezogen, Basisrisiko also nicht betrachtet. Um aus der fehlenden Stochastizität resultierende mathematische Probleme bei der Optimierung zu vermeiden, muß die Produktionsfunktion streng konkav sein. Im folgenden wird jedoch gezeigt, daß die Annahme einer streng konkaven Produktionsfunktion nicht ausschließlich mathematisch motiviert ist, sondern auch aus ökonomischer Sicht eine sinnvolle Annahme darstellt.

und daraus anschließend eine Kostenfunktion hergeleitet.[16]

Als Produktionsfunktion wird die technologische Beziehung zwischen einer gegebenen Einsatzmenge und der dazugehörigen maximalen Ausbringungsmenge bezeichnet. Analog dazu wird durch eine Kostenfunktion die Minimalkostenkombination für unterschiedliche Ausbringungsmengen angegeben.

Ausgangspunkt ist ein Produzent, der ein Produkt aus zwei Einsatzgütern, X und L, erzeugt. L wird mit konstanter Menge $\bar{l}$ in den Produktionsprozeß eingebracht. Die Ausbringungsmenge q ist daher ausschließlich von der Einsatzmenge x des Gutes X abhängig, und es ergibt sich eine limitationale Produktionsfunktion. Im Folgenden wird diese Abhängigkeit durch die Bezeichnung $q(x)$ für die Outputmenge deutlich gemacht. Aus dem Gesetz vom nicht-negativen Grenzertrag folgt, daß ein steigender Verbrauch an Einsatzgütern nicht zu einer sinkenden Ausbringungsmenge führen darf; die Beziehung $x_1 > x_2$ muß $q(x_1) > q(x_2)$ implizieren. Die partielle Ableitung der Produktionsfunktion nach x (Grenzprodukt), $\frac{\partial q(x)}{\partial x}$, muß also positiv sein. Weiter wird angenommen, daß das Gesetz des abnehmenden Grenzertrages gilt, d.h. $\frac{\partial^2 q(x)}{\partial x^2} < 0$ ist. Eine mögliche Produktionsfunktion, die diese Forderungen erfüllt, wird durch

$$q(x) = \sqrt{\alpha^2 x + \frac{\beta^2 \alpha^4}{4}} - \frac{\alpha^2 \beta}{2} \quad \text{, mit} \quad \alpha > 0 \, , \beta > 0 \qquad (2.1)$$

beschrieben.[17] Im Gegensatz zu der häufig gebrauchten Funktion $q(x) = \alpha\sqrt{x}$ ist bei der in (2.1) beschriebenen Produktionsfunktion das Steigungs- und Krümmungsverhalten durch geeignete Festlegung der Parameter α und β

---

[16] Darstellungen mit weiterführenden Literaturangaben zur Herleitung der Produktions- und Kostenfunktion finden sich beispielsweise bei Intriligator (1971), S. 178-219, Varian (1992), S. 64-93 und Schweitzer/Küpper (1997).

[17] Die 1. Ableitung der Produktionsfunktion nach der Inputmenge

$$\frac{\partial q(x)}{\partial x} = \frac{1}{2}\alpha^2 \left(\alpha^2 x + \frac{\beta^2 \alpha^4}{4}\right)^{-\frac{1}{2}} > 0$$

ist positiv. Ein höherer Faktoreinsatz führt somit zu einer höheren Produktionsmenge.

variierbar.[18]

Unter der Annahme, daß die Preise der beiden Einsatzgüter, p_X und p_L, konstant sind, erhält man die Kostengleichung durch Multiplikation der Einsatzgütermengen mit deren Preisen.

$$K\left(x,\bar{l}\right) = x\bar{p}_X + \bar{l}\bar{p}_L \tag{2.2}$$

$\bar{l}\bar{p}_L$ sind von der Outputmenge unabhängige Fixkosten. Sie werden im Folgenden mit γ bezeichnet. Um die Menge des Inputfaktors X zu erhalten, ist die obige Produktionsfunktion (2.1) nach x aufzulösen.

$$x = \left(\frac{q(x)}{\alpha}\right)^2 + \beta q(x) \tag{2.3}$$

Wird (2.3) in die Kostengleichung eingesetzt und der Preis des Input-Faktors X auf 1 GE normiert, so ergibt sich die Kostenfunktion

$$K\left(x,\bar{l}\right) = \left(\frac{q\left(x\right)}{\alpha}\right)^2 + \beta q\left(x\right) + \gamma$$
$$\text{mit } \alpha > 0 \text{ , } \beta > 0 \text{ und } \gamma > 0 \tag{2.4}$$

[19]

Die 2. Ableitung der Produktionsfunktion nach der Inputmenge

$$\frac{\partial^2 q\left(x\right)}{\partial x^2} = -\frac{1}{4}\alpha^4\left(\alpha^2 x + \frac{\beta^2\alpha^4}{4}\right)^{-\frac{3}{2}} < 0$$

ist negativ. Die Outputmenge nimmt folglich mit steigendem Einsatz an Inputfaktoren unterproportional zu.

[18]Im Spezialfall $\beta = 0$ entspricht (2.1) der Produktionsfunktion $q(x) = \alpha\sqrt{x}$.

[19]Die 1. Ableitung der Kostenfunktion nach der Outputmenge

$$\frac{\partial K}{\partial q\left(x\right)} = \frac{2}{\alpha^2}q\left(x\right) + \beta > 0$$

2.1.2 Modell

2.1.2.1 Optimierung des Produzenten

Die angenommene exponentielle Nutzenfunktion

$$U(z) = -e^{-\xi z} \tag{2.5}$$

hat die ersten beiden Ableitungen

$$U'(z) = \xi e^{-\xi z} \quad \text{und} \quad U''(z) = -\xi^2 e^{-\xi z} . \tag{2.6}$$

Damit hängt die absolute Risikoaversion (ARA) des Produzenten

$$ARA = -\frac{U''(z)}{U'(z)} = \xi \tag{2.7}$$

ausschließlich vom absoluten Risikoaversionsparameter ξ ab. Sie ist wegen

$$\frac{\partial ARA}{\partial z} = 0 \tag{2.8}$$

unabhängig von der Stelle z, an der die Risikoaversion gemessen wird. Somit weist die angenommene Nutzenfunktion eine konstante absolute Risikoaversion auf. Folglich ist der Betrag, der in riskante Aktivitäten (hier: Produktion) investiert wird und nicht in die sichere Anlagealternative, konstant, d.h. unabhängig vom gesamten Investitionsbudget und damit vom Anfangsvermögen des Produzenten.[20] In den nachfolgenden Modellen wird daher nur der Teil des Vermögens betrachtet, der in den Kauf von Inputfaktoren für den

---

ist positiv. Eine höhere Produktionsmenge kann also nur durch höhere Kosten realisiert werden.

Die 2. Ableitung der Kostenfunktion nach der Outputmenge

$$\frac{\partial^2 K}{\partial q(x)^2} = \frac{2}{\alpha^2} > 0$$

ist ebenfalls positiv. Je kleiner der Parameter α ($\alpha > 0$) ausfällt, desto stärker ist die Krümmung der Kostenfunktion.

[20] Vgl. z.B. Elton/Gruber (1991), S. 196 oder Huang/Litzenberger (1988), S. 26.

Produktionsprozeß beziehungsweise, falls gleichzeitiges Engagement auf dem Terminmarkt zugelassen wird, in den Aufbau einer Position auf dem Terminmarkt eingesetzt wird. Wenn im Folgenden von der Optimierung des Endvermögens ausgegangen wird, betrifft dies also nur die Optimierung der durch diese Aktivitäten begründeten Teile des Endvermögens. Da bezüglich der sicheren Anlage auch keine Leerverkaufsbeschränkungen getroffen wurden, besteht das Entscheidungsproblem des Produzenten in der uneingeschränkten Maximierung des Erwartungsnutzens seines Endvermögens $\tilde{z}$, indem er die Höhe des eingesetzten Inputfaktors x optimal bestimmt. Das Endvermögen des Produzenten setzt sich dabei aus den Erlösen am Kassamarkt, abzüglich fixen und variablen Kosten zusammen.[21]

$$\max_{\{x \geq 0\}} \mathrm{E}[U(\tilde{z})] \quad \text{mit } \tilde{z} = q(x)\,\tilde{p}_k - x - \gamma \tag{2.9}$$

Einsetzen der getroffenen Annahmen über die Nutzenfunktion ergibt für den erwarteten Nutzen des Endvermögens

$$\begin{aligned} \mathrm{E}[U(\tilde{z})] &= \mathrm{E}[-exp(-\xi\tilde{z})] \\ &= -\mathrm{E}[exp(-\xi\tilde{z})] \ . \end{aligned} \tag{2.10}$$

Die Höhe des Endvermögens wird durch die deterministischen Größen Produktionsmenge $(q(x))$, variable Kosten (x) und Fixkosten (γ) und durch den stochastischen Kassapreis $(\tilde{p}_k)$ bestimmt. Da der Kassapreis normalverteilt ist, ist folglich auch das Endvermögen normalverteilt. Damit kann das folgende Lemma angewandt werden:

Lemma 1

Für alle normalverteilten Zufallsvariablen $\tilde{X}$ mit Erwartungswert $E\left[\tilde{X}\right]$ und Varianz $Var\left[\tilde{X}\right]$ gilt:

$$E\left[e^{\tilde{X}}\right] = e^{E\left[\tilde{X}\right] + \frac{1}{2} Var\left[\tilde{X}\right]}$$

[21] Die Begriffe „Erlös' und „Kosten" bezeichnen hierbei durchweg keine Rechnungsgrößen, sondern stets reine Zahlungsgrößen.

Beweis: Siehe Anhang A.1.

Der Erwartungsnutzen des Endvermögens läßt sich demzufolge in

$$\begin{aligned} \mathrm{E}[U(\tilde{z})] &= -e^{\mathrm{E}[-\xi\tilde{z}]+\frac{1}{2}\mathrm{Var}[-\xi\tilde{z}]} \\ &= -e^{-\xi\mathrm{E}[\tilde{z}]+\frac{1}{2}\xi^2\mathrm{Var}[\tilde{z}]} \\ &= -e^{-\xi\left(\mathrm{E}[\tilde{z}]-\frac{1}{2}\xi\mathrm{Var}[\tilde{z}]\right)} \end{aligned} \tag{2.11}$$

überführen. Die Maximierung des erwarteten Nutzens des Endvermögens laut (2.9) ist also äquivalent zu der Aufgabe

$$\max_{\{x\geq 0\}} -e^{-\xi\left(\mathrm{E}[\tilde{z}]-\frac{1}{2}\xi\mathrm{Var}[\tilde{z}]\right)} \ . \tag{2.12}$$

Sie läßt sich zunächst umformen zu

$$\min_{\{x\geq 0\}} e^{-\xi\left(\mathrm{E}[\tilde{z}]-\frac{1}{2}\xi\mathrm{Var}[\tilde{z}]\right)} \ . \tag{2.13}$$

Die Maximierungsaufgabe lautet schließlich

$$\max_{\{x\geq 0\}} \mathrm{E}[\tilde{z}] - \frac{\xi}{2}\mathrm{Var}[\tilde{z}] \ . \tag{2.14}$$

Maximiert der Produzent den Erwartungsnutzen seines Endvermögens unter den getroffenen Annahmen, ist dies also äquivalent zu der Maximierung des Präferenzfunktionals $\Phi(\tilde{z})$, mit

$$\Phi(\tilde{z}) = \mathrm{E}[\tilde{z}] - \frac{\xi}{2}\mathrm{Var}[\tilde{z}] \ . \tag{2.15}$$

Durch Einsetzen von $\tilde{z} = q(x)\tilde{p}_k - x - \gamma$ in das Präferenzfunktional erhält man

$$\begin{aligned}\Phi\left(\tilde z\left(x\right)\right) &= \mathrm{E}[q\left(x\right)\tilde p_k - x - \gamma] - \frac{\xi}{2}\mathrm{Var}[q\left(x\right)\tilde p_k - x - \gamma]\\ &= q\left(x\right)\mathrm{E}[\tilde p_k] - x - \gamma - \frac{\xi}{2}\left(q\left(x\right)\right)^2\mathrm{Var}[\tilde p_k]\\ &= \left[\left(\alpha^2 x + \frac{\beta^2\alpha^4}{4}\right)^{\frac{1}{2}} - \frac{\alpha^2\beta}{2}\right]\mathrm{E}[\tilde p_k] - x - \gamma\\ &\quad - \frac{\xi}{2}\left[\left(\alpha^2 x + \frac{\beta^2\alpha^4}{4}\right)^{\frac{1}{2}} - \frac{\alpha^2\beta}{2}\right]^2\mathrm{Var}[\tilde p_k]\ .\end{aligned} \tag{2.16}$$

Die Aufgabe $\max\limits_{\{x\geq 0\}}\Phi\left(\tilde z\left(x\right)\right)$ erfordert als notwendige Bedingung, daß $\frac{\partial\Phi(\tilde z(x))}{\partial x} \stackrel{!}{=} 0$ ist.

$$\begin{aligned}\frac{\partial\Phi\left(\tilde z\left(x\right)\right)}{\partial x} &= \frac{1}{2}\alpha^2\left(\alpha^2 x + \frac{\beta^2\alpha^4}{4}\right)^{-\frac{1}{2}}\mathrm{E}[\tilde p_k] - 1\\ &\quad - \frac{\xi}{2}\alpha^2\left[\left(\alpha^2 x + \frac{\beta^2\alpha^4}{4}\right)^{\frac{1}{2}} - \frac{\alpha^2\beta}{2}\right]\cdot\\ &\quad \cdot\left(\alpha^2 x + \frac{\beta^2\alpha^4}{4}\right)^{-\frac{1}{2}}\mathrm{Var}[\tilde p_k]\\ &\stackrel{!}{=} 0\end{aligned} \tag{2.17}$$

Die hinreichende Bedingung für ein Maximum ist erfüllt (siehe Anhang A.3).

2.1.2.2 Optimale Produktionsmenge

Auflösen der notwendigen Bedingung (2.17) nach x ergibt die optimale Inputmenge des Produzenten x^*.

$$x^* = \frac{1}{\alpha^2}\left(\frac{\mathrm{E}[\tilde p_k] + \xi\frac{\alpha^2\beta}{2}\mathrm{Var}[\tilde p_k]}{\frac{2}{\alpha^2} + \xi\mathrm{Var}[\tilde p_k]}\right)^2 - \frac{\alpha^2\beta^2}{4} \tag{2.18}$$

Wird die optimale Inputmenge in die Produktionsfunktion (2.1) eingesetzt, so resultiert unter Beachtung der Nichtnegativitätsbedingung für x die optimale Produktionsmenge des Produzenten $q(x^*)$

$$q(x^*) = \begin{cases} \frac{\mathrm{E}[\tilde{p}_k]-\beta}{\frac{2}{\alpha^2}+\xi \mathrm{Var}[\tilde{p}_k]} & \text{falls } \mathrm{E}[\tilde{p}_k] > \beta \\ 0 & \text{sonst.} \end{cases} \tag{2.19}$$

Die Aufnahme der Produktion ist vorteilhaft, wenn der erwartete Kassapreis die linearen Stückkosten β übersteigt.

Eine bessere Interpretation liefert eine Umformung der Gleichung (2.19).

$$q(x^*) = \begin{cases} \frac{\mathrm{E}[\tilde{p}_k]-\beta-\frac{2}{\alpha^2}q(x^*)}{\xi \mathrm{Var}[\tilde{p}_k]} & \text{falls } \mathrm{E}[\tilde{p}_k] > \beta \\ 0 & \text{sonst} \end{cases} \tag{2.20}$$

Sie zeigt, daß die optimale Produktionsmenge immer dann positiv ist, wenn der erwartete Grenzdeckungsbeitrag $\mathrm{E}[\tilde{p}_k] - \beta - \frac{2}{\alpha^2}q(x^*)$ positiv ist.[22]

Ist der Produzent extrem risikoavers ($\xi \to \infty$), so unterläßt er jegliche Produktion. Der in der Literatur verschiedentlich betrachtete reine Varianzminimierer kann also als ökonomisch nicht sinnvoller Grenzfall des hier

[22] Bei angenommener linearer Kostenfunktion sind erwarteter Deckungsbeitrag pro Stück und Grenzdeckungsbeitrag gleich. Bei der hier angenommenen Kostenfunktion jedoch ergibt sich für den erwarteten Deckungsbeitrag pro Stück der Ausdruck

$$\mathrm{E}[\tilde{p}_k] - \frac{\left(\frac{q(x)}{\alpha}\right)^2 + \beta q(x)}{q(x)} \quad \text{bzw.} \quad \mathrm{E}[\tilde{p}_k] - \frac{1}{\alpha^2}q(x) - \beta$$

Eine Orientierung an den erwarteten Stückdeckungsbeiträgen würde die Grenze, ab dem sich die Produktion lohnt, verschieben, und den Produzenten auf diese Weise unter Umständen zu der falschen Entscheidung verleiten.

betrachteten (μ, σ)-Entscheiders gelten, für den eine Produktionsmenge von Null immer optimal ist.[23] Ebenso resultiert stets eine optimale Produktionsmenge von Null, wenn der Kassapreis eine unendliche Varianz aufweist $(\text{Var}[\tilde{p}_k] \rightarrow \infty)$.

In dem vorgestellten Modell ohne Terminmarkt ist der Grenzfall eines risikoneutralen Produzenten mit enthalten. Wird $\xi = 0$ angenommen, errechnet sich eine optimale Produktionsmenge von $q(x) = \frac{\alpha^2}{2}\left(\text{E}[\tilde{p}_k] - \beta\right)^{24}$. Diese Aussage kann unter Einbeziehung des Terminmarktes nicht mehr getroffen werden. Für einen risikoneutralen Produzenten wird dann die optimale Position auf dem Terminmarkt unbegrenzt, falls der Terminpreis nicht martingaleffizient ist[25].

2.1.3 Komparativ-statische Analyse der optimalen Produktionsmenge

Nachfolgend wird der Einfluß einer marginalen Veränderung der einzelnen Modellvariablen auf die Produktionsmenge untersucht. Dabei wird die Konstanz der jeweils nicht betrachteten Variablen vorausgesetzt. Die Analyse beschränkt sich auf den ökonomisch sinnvollen Fall einer positiven Produktionsmenge und läßt den Grenzfall, in dem die Produktion nicht aufgenommen wird, außer Betracht.

Komparativ-statische Untersuchungen wurden ebenfalls von Baron (1970), Sandmo (1971), Leland (1972) und Batra/Ullah (1974) vorgenommen. Aufgrund ihrer differierenden Annahmen unterscheiden sich ihre Ergebnisse zuweilen von den hier dargestellten Aussagen, worauf an geeigneter Stelle

[23] Vgl. Kürsten (1997a), S. 137-139 für eine ausführliche Diskussion der Problematik.
[24] Die Bedingung 2. Ordnung ist für $\xi = 0$ erfüllt.
[25] Vgl. Abschnitt 2.2 für eine ausführlichere Diskussion.

eingegangen wird.

Die optimale Produktionsmenge fällt ceteris paribus umso höher aus, je höher der Produzent den Kassapreis erwartet.

$$\frac{\partial q\left(x^{*}\right)}{\partial \mathrm{E}[\tilde{p}_{k}]}=\frac{1}{\frac{2}{\alpha^{2}}+\xi \operatorname{Var}[\tilde{p}_{k}]}>0 \tag{2.21}$$

Ursächlich dafür ist die positive Abhängigkeit der Produktionsmenge vom erwarteten Kassapreis und ihre negative Abhängigkeit von den marginalen Kosten. Werden die Kosten konstant gehalten und steigt der erwartete Kassapreis, erwartet der Produzent einen höheren Deckungsbeitrag und steigert seine Produktionsmenge. An dieser Stelle wird deutlich, daß es sich bei dem hergestellten Gut um kein sogenanntes Giffen-Gut handelt. Im Falle von Giffen-Gütern reagieren Produzenten auf erhöhte Preiserwartungen mit einem Absenken ihrer Produktionsmenge.[26]

Je höher die Varianz des Kassapreises ist, das heißt je mehr Risiko die Produktionsentscheidung mit sich bringt, umso niedriger wird ceteris paribus die optimale Produktionsmenge ausfallen.

$$\frac{\partial q\left(x^{*}\right)}{\partial \operatorname{Var}[\tilde{p}_{k}]}=-\frac{\left(\mathrm{E}[\tilde{p}_{k}]-\beta\right) \xi}{\left(\frac{2}{\alpha^{2}}+\xi \operatorname{Var}[\tilde{p}_{k}]\right)^{2}}<0 \tag{2.22}$$

Die optimale Produktionsmenge stellt eine Beziehung zwischen erwartetem Grenzdeckungsbeitrag und dem Risiko, das dafür eingegangen werden muß, auf. Erhöht sich das Risiko bei konstantem erwartetem Grenzdeckungsbeitrag, wird weniger riskant investiert, dementsprechend auf niedrigerem Niveau produziert. Sandmo (1971)[27], Batra/Ullah (1974)[28] und Ishii (1977)[29] kommen zu dem gleichen Ergebnis, wenn der Produzent statt einer

[26] Vgl. Leland (1972), S. 284.
[27] Vgl. Sandmo (1971), S. 67 f..
[28] Vgl. Batra/Ullah (1974), S. 543.
[29] Vgl. Ishii (1977), S. 769.

konstanten eine abnehmende absolute Risikoaversion besitzt.[30]

Ein ähnliches Bild bietet die Untersuchung der Reagibilität der Produktionsmenge bezüglich Veränderungen der absoluten Risikoaversion des Produzenten.

$$\frac{\partial q\,(x^*)}{\partial \xi} = -\frac{(\mathrm{E}[\tilde{p}_k] - \beta)\,\mathrm{Var}[\tilde{p}_k]}{\left(\frac{2}{\alpha^2} + \xi \mathrm{Var}[\tilde{p}_k]\right)^2} < 0 \tag{2.23}$$

Wird der Produzent ceteris paribus absolut risikoaverser, verringert er seine optimale Produktion.[31] Bei gleichem erwartetem Grenzdeckungsbeitrag und gleichem Risiko ist er nunmehr nicht bereit, den gleichen Anteil seines Anfangsbudgets riskant zu investieren. Er verlagert ein Teil seiner riskanten Investitionen (hier: Produktion) in die risikofreie Alternativanlage.

Die komparativ-statische Analyse bezüglich der Parameter der Kostenfunktion zeigt, daß die optimale Produktionsmenge unabhängig von γ ist. Die Fixkosten sind demnach nicht entscheidungsrelevant. Die Entscheidungsirrelevanz der Fixkosten, die in allen folgenden Modellen auftritt, beruht auf der Annahme der konstanten absoluten Risikoaversion des Produzenten. Weist die Nutzenfunktion eines Produzenten steigende (fallende) absolute Risikoaversion auf, so sind Fixkosten entscheidungsrelevant. Höhere Fixkosten bewirken dann ceteris paribus eine höhere (niedrigere) optimale Produktionsmenge.[32] [33]

---

[30]Die Aussagen begründen sich in den genannten Modellen nicht auf eine ceteris paribus Erhöhung der Varianz, sondern auf eine Erhöhung des Risikos mittels eines mean-preserving spread. Beide Konzepte führen aber in dem vorliegenden Modell zu dem gleichen Ergebnis wie in Fn. 54 gezeigt wird.

[31]Vgl. auch Baron (1970), S. 469.

[32]Vgl. Baron (1970), S. 471, Sandmo (1971), S. 68 f. und Leland (1972), S. 283.

[33]Die Entscheidungsrelevanz von Fixkosten wurde in Deutschland in den 80er und 90er Jahren kontrovers diskutiert. Vgl. dazu beispielsweise Schneider (1984), Kett/Brink (1985), Maltry (1990), Dyckhoff (1991), Schirmeister/Bergh (1995) und Ewert (1996).

Je höher α ist, desto geringer wird die quadratische Komponente der variablen Kosten. Bei gleichem erwarteten Absatzpreis werden dadurch die Gesamkosten gesenkt, so daß die Erhöhung des Parameters α ceteris paribus eine Ausweitung der Produktionsmenge erlaubt. Die partielle Ableitung der optimalen Produktionsmenge nach α

$$\frac{\partial q\left(x^{*}\right)}{\partial \alpha}=\frac{\left(\mathrm{E}[\tilde{p}_{k}]-\beta\right) \frac{4}{\alpha^{3}}}{\left(\frac{2}{\alpha^{2}}+\xi \operatorname{Var}[\tilde{p}_{k}]\right)^{2}}>0 \tag{2.24}$$

ist dementsprechend positiv.

Die partielle Ableitung der optimalen Produktionsmenge nach dem Parameter β

$$\frac{\partial q\left(x^{*}\right)}{\partial \beta}=-\frac{1}{\frac{2}{\alpha^{2}}+\xi \operatorname{Var}[\tilde{p}_{k}]}<0 \tag{2.25}$$

ist negativ. Wird β erhöht, steigt die lineare Komponente der variablen Kosten, und damit erhöhen sich ceteris paribus auch die Gesamtkosten. Im Optimum läßt sich folglich nur eine niedrigere Produktionsmenge realisieren.

2.2 Produktionsentscheidung und simultanes Hedging am Terminmarkt

Der Abschnitt 2.1 betrachtete die Entscheidungsfindung eines Produzenten unter Unsicherheit. Die Alternativenmenge des Produzenten war hierbei auf die Möglichkeiten der Produktion und der Anlage beziehungsweise Kreditaufnahme zum risikofreien Zinssatz beschränkt. Im folgenden Abschnitt wird untersucht, wie die Produktionsentscheidung des Produzenten beeinflußt wird, wenn er zusätzlich zu den bisherigen Alternativen die Möglichkeit erhält, an einem Terminmarkt tätig zu werden. Dabei wird unterstellt, daß seine Primärposition (Produktion) noch disponibel ist, und die Produktionsentscheidung und die Entscheidung über die Menge der gekauften oder verkauften Terminkontrakte simultan zu der Produktionsentscheidung getroffen wird (Simultanmodell). Die Betrachtung von Zwei-Zeitpunkte-Modellen, in denen der Produzent ein passives Risikomanagement verfolgt und infolgedessen die Hedgingentscheidung der Produktionsentscheidung um eine logische Sekunde nachgelagert ist (sogenannte Standardmodelle)[34], unterbleibt hier, da die Optimierung in diesem Fall zu der gleichen optimalen Produktionsmenge führt wie die Optimierung der Produkionsmenge ohne Terminmarkt des Abschnitts 2.1. Der Literatur folgend beschränkt sich die Analyse zunächst auf das Hedgen des Preisrisikos mittels Forward-Kontrakten.

Das folgende Modell gibt eine den bisherigen Annahmen angepaßte Variante eines Modells wieder, das unter anderem von Holthausen (1979), Feder/Just/Schmitz (1980), Anderson/Danthine (1983), Antonovitz/Roe (1986), Dalal/Arshanapalli (1989), Park/Antonovitz (1992) und Arshanapalli/Gupta (1996) analysiert beziehungsweise empirisch getestet wurde.[35]

[34]Vgl. z.B. Johnson (1960) und Ederington (1979).

[35]Die deutschsprachige Literatur beschäftigt sich hauptsächlich mit einer durch die Einbeziehung des Basisrisikos erweiterten Variante des Modells, die in Abschnitt 2.4 näher betrachtet wird.

[36] Im Folgenden wird jedoch nur auf die Ergebnisse von Holthausen (1979), Feder/Just/Schmitz (1980) und Anderson/Danthine (1983) näher eingegangen. Die theoretischen Modelle von Antonovitz/Roe (1986) und Dalal/Arshanapalli (1989) sowie deren empirische Tests von Antonovitz/Roe (1986), Park/Antonovitz (1992) und Arshanapalli/Gupta (1996) nehmen explizit an, daß der Entscheider ausschließlich eine Normal Hedge-Position einnehmen kann. Damit schließen sie die Möglichkeit der Spekulation seitens des Entscheiders aus ihren Betrachtungen aus. Wegen dieser erheblichen Einschränkung des Modellrahmens sind ihre Ergebnisse nicht mit den übrigen Modellen kompatibel und werden nicht weiter betrachtet.

Während die Modellstruktur von Holthausen (1979) und Feder/Just/Schmitz (1980) eine unmittelbare Erweiterung des Modells aus Abschnitt 2.1 darstellt, gehen Anderson/Danthine (1983) zunächst von einer veränderten Marktstruktur aus. Neben den Produzenten beziehen sie auch Spekulanten, das Gut weiterverarbeitende Unternehmen und Unternehmen, deren Hauptaufgabe in der Lagerung besteht, in ihre Analyse mit ein. Dabei sind jedoch die Aussagen ihres Partialmodells für den Produzenten[37] mit Holthausen (1979), Feder/Just/Schmitz (1980) und dem hier vorgestellten Modell weitgehend identisch.[38] Die Ergebnisse werden in allen drei Modellen

---

[36] Der hier dargestellte Modellrahmen wurde vielfach zur Betrachtung von exportierenden Unternehmen, die einem Wechselkursrisiko unterliegen, herangezogen. Da die zugrundeliegende Struktur gleich ist und sich nur die Interpretation ändert, bleibt hier dieser Zweig der Literatur ausgespart. Er hat seinen Ursprung bei Baron (1976), Katz/Paroush (1979) und Kawai/Zilcha (1986); Vgl. auch Broll/Wahl (1992) mit weiteren Literaturhinweisen. Im deutschsprachigen Raum wurde dieser Ansatz u.a. von Breuer (1996a) und Battermann/Broll (1998) betrachtet.
Ein weiterer Anwendungsfall besteht im Bereich der Absicherung des Zinsänderungsrisikos im Bilanzstrukturmanagement von Banken; Vgl. hierzu Batlin (1983b), Kürsten (1991, 1993) mit weiteren Literaturhinweisen und Broll/Jaenicke (1998).

[37] Vgl. Anderson/Danthine (1983), S. 375 f..

[38] Insbesondere ist darauf hinzuweisen, daß Anderson/Danthine (1983) nicht in Kapitel 4 besprochen wird, obwohl es sich grundsätzlich um ein Gleichgewichtsmodell handelt. Jedoch werden in Anderson/Danthine (1983) Informationsaggregationsprobleme ausge-

unter der Annahme einer konkaven Bernoulli-Nutzenfunktion abgeleitet, sind also insoweit allgemeiner als das hier vorgestellte Modell.[39] Um deren Interpretierbarkeit insbesondere bei den komparativ-statischen Analysen zu erreichen, erfordern gleichwohl alle Modelle eine Konkretisierung hinsichtlich des Verlaufs der absoluten Risikoaversion des Produzenten. Auf diese Beschränkungen wird an den entsprechenden Stellen hingewiesen.

In Abschnitt 2.4 werden Erweiterungen dieses „Grundmodells" skizziert, wobei auch auf Unterschiede in den Aussagen der Modelle eingegangen wird, wenn ein Termingeschäft mit passender Laufzeit nicht kontrahiert werden kann, und deswegen ein Basisrisiko mitberücksichtigt werden muß.

2.2.1 Beschreibung der Modellstruktur und Annahmen

Zusätzlich zu den bisherigen Aktivitäten Produktion und Anlage beziehungsweise Kreditaufnahme zum sicheren Zinssatz, kann der Produzent nun im Zeitpunkt der Entscheidung über die Produktionshöhe (t=0) am Terminmarkt tätig werden. Am Terminmarkt können Futures mit „passender" Fälligkeit (Fälligkeit in t=1) und Kontraktspezifikationen (Forward-Kontrakte) zum (nichtstochastischen) Preis p_{f_0} kontrahiert werden.[40] Hedgingmöglichkeiten mit anderen Futures oder mit Optionen werden

---

schlossen (vgl. Anderson/Danthine (1983), S. 371) und der Prozeß der Preisbildung in der Entscheidungsfindung nicht explizit betrachtet. Damit ist der Gleichgewichtscharakter des Modells hier nicht von Bedeutung.

[39] Den Annahmen des Abschnitts 2.1 folgend besitzt der Produzent auch im Folgenden eine exponentielle Nutzenfunktion.

[40] Im Folgenden werden in der vorliegenden Arbeit, abgesehen von Abschnitt 2.4, ausschließlich Futures-Kontrakte mit passender Fälligkeit und Kontraktspezifikationen als Hedge-Instrumente herangezogen, so daß die Begriffe „Futures-" , „Forward-" und „Terminkontrakte" in überwiegenden Teilen der Arbeit als Synonyme gebraucht werden. In

zunächst nicht betrachtet.[41] Da die Nichtlagerbarkeit des hergestellten Produktes angenommen wurde, besteht zudem kein über Lagerkosten eindeutig definierter Zusammenhang zwischen Kassapreis und Futurespreis; der „Cost of Carry“Ansatz ist demnach nicht anwendbar. Der Futurespreis wird als modellexogen gegeben unterstellt. Alle anderen in Abschnitt 2.1 getroffenen Annahmen bleiben weiterhin gültig. Das Engagement des Produzenten am Terminmarkt kann in der Absicherung seiner aus der Produktionsentscheidung resultierenden riskanten Position und/oder in der Spekulation begründet sein. Die Entscheidung über die Produktionshöhe und über die am Terminmarkt einzunehmende Position wird simultan getroffen. Mit $y > 0$ ($y < 0$) wird eine Short Position (Long Position) auf dem Terminmarkt bezeichnet.

2.2.2 Modell

2.2.2.1 Optimierung des Produzenten

Das Entscheidungsproblem des Produzenten besteht in der Maximierung des Erwartungsnutzens seines Endvermögens, indem er die optimale Produktionshöhe und seine optimale Position am Terminmarkt simultan festlegt. Sein Endvermögen setzt sich dabei aus dem Erlös am Kassamarkt, dem Erlös am Terminmarkt und den variablen und fixen Kosten der Produktion zusammen.

$$\max_{\{x \geq 0\ ,\ y \in \mathbb{R}\}} \mathrm{E}[U(\tilde{z})] \text{ mit } \tilde{z} = (q(x) - y)\,\tilde{p}_k + p_{f_0} y - x - \gamma \tag{2.26}$$

Wird ein Futures-Kauf getätigt ($y < 0$), so ist der „Erlös“ am Terminmarkt negativ; die Erfüllung der Lieferverpflichtung am Terminmarkt verursacht Kosten in Höhe von $p_{f_0} y$. Falls der Produzent per Termin mehr verkauft

den Fällen des Abschnitts 2.4, in denen dieser Unterschied von Bedeutung ist, wird darauf gesondert hingewiesen.

[41] Modelle, die das Basisrisiko beim Hedging mit Futures mit erfassen, Cross Hedging Modelle und Modelle, die Optionen mit einbeziehen, sind Gegenstand des Abschnitts 2.4.

als er produziert ($y > q(x)$), fallen am Kassamarkt negative „Erlöse“ in Höhe von $(q(x) - y)\tilde{p}_k$ an. Er muß am Kassamarkt hinzukaufen, um seine Verpflichtungen aus dem Terminmarktengagement zu erfüllen. Die Möglichkeit, diese Texas Hedge- oder Reversed Hedge-Positionen am Terminmarkt einzunehmen, wird hier explizit zugelassen. In welchen Situationen sie realisiert werden, wird in Abschnitt 2.3 diskutiert.

Das Endvermögen wird durch die deterministischen Variablen Produktionsmenge $q(x)$, Hedgevolumen y, Futurespreis p_{f_0}, variable Kosten x und Fixkosten γ, und durch den normalverteilten Kassapreis $\tilde{p}_k$ determiniert. Entsprechend ist das Endvermögen normalverteilt und auch in dieser Modellierung kann das Präferenzfunktional $\hat{\Phi}(\tilde{z}) = \mathrm{E}[\tilde{z}] - \frac{\xi}{2}\mathrm{Var}[\tilde{z}]$ des hybriden Modells zur Optimierung herangezogen werden.

Der Produzent maximiert das Präferenzfunktional $\hat{\Phi}(\tilde{z})$, mit

$$\begin{aligned}
\hat{\Phi}(\tilde{z}(x,y)) &= \mathrm{E}[(q(x) - y)\tilde{p}_k + p_{f_0}y - x - \gamma] \\
&\quad - \frac{\xi}{2}\mathrm{Var}[(q(x) - y)\tilde{p}_k + p_{f_0}y - x - \gamma] \\
&= (q(x) - y)\,\mathrm{E}[\tilde{p}_k] + p_{f_0}y - x - \gamma - \frac{\xi}{2}(q(x) - y)^2\,\mathrm{Var}[\tilde{p}_k] \\
&= \left[\left(\alpha^2 x + \frac{\beta^2\alpha^4}{4}\right)^{\frac{1}{2}} - \frac{\alpha^2\beta}{2} - y\right]\mathrm{E}[\tilde{p}_k] + p_{f_0}y - x - \gamma \\
&\quad - \frac{\xi}{2}\mathrm{Var}[\tilde{p}_k]\left[\left(\alpha^2 x + \frac{\beta^2\alpha^4}{4}\right)^{\frac{1}{2}} - \frac{\alpha^2\beta}{2} - y\right]^2 .
\end{aligned} \tag{2.27}$$

Die Aufgabe $\max\limits_{\{x \geq 0\ ,\ y \in \mathbb{R}\}} \hat{\Phi}(\tilde{z}(x,y))$ erfordert als notwendige Bedingung, daß die partiellen Ableitungen des Präferenzfunktionals $\hat{\Phi}(\tilde{z}(x,y))$ nach x und nach y gleich Null sind.

$$\frac{\partial\hat{\Phi}\left(\tilde{z}\left(x,y\right)\right)}{\partial x} = \frac{1}{2}\left(\alpha^2 x + \frac{\beta^2\alpha^4}{4}\right)^{-\frac{1}{2}}\alpha^2 \mathrm{E}[\tilde{p}_k] - 1$$
$$- \frac{\alpha^2}{2}\xi \mathrm{Var}[\tilde{p}_k]\left[\left(\alpha^2 x + \frac{\beta^2\alpha^4}{4}\right)^{\frac{1}{2}} - \frac{\alpha^2\beta}{2} - y\right]\left(\alpha^2 x + \frac{\beta^2\alpha^4}{4}\right)^{-\frac{1}{2}}$$
$$\stackrel{!}{=} 0 \tag{2.28}$$

$$\frac{\partial\hat{\Phi}\left(\tilde{z}\left(x,y\right)\right)}{\partial y} = -\mathrm{E}[\tilde{p}_k] + p_{f_0}$$
$$+\xi\left[\left(\alpha^2 x + \frac{\beta^2\alpha^4}{4}\right)^{\frac{1}{2}} - \frac{\alpha^2\beta}{2} - y\right]\mathrm{Var}[\tilde{p}_k] \tag{2.29}$$
$$\stackrel{!}{=} 0$$

Die hinreichenden Bedingungen sind für $p_{f_0} > 0$ erfüllt (siehe Anhang A.4). Dies gilt aber ausschließlich für risikoaverse Entscheider. Für risikoneutrale oder risikofreudige Produzenten ergibt die Optimierung kein Maximum, weil die Hesse-Matrix in diesen Fällen nicht negativ definit sein kann.[42][43]

2.2.2.2 Optimale Produktionsmenge und optimale Position am Terminmarkt

Wird die erste notwendige Bedingung (2.28) nach $\sqrt{\alpha^2 x + \frac{\beta^2\alpha^4}{4}}$ aufgelöst

$$\sqrt{\alpha^2 x + \frac{\beta^2\alpha^4}{4}} = \frac{\frac{\alpha^2}{2}\mathrm{E}[\tilde{p}_k] + \xi\frac{\alpha^4\beta}{4}\mathrm{Var}[\tilde{p}_k] + \xi\frac{\alpha^2}{2}y\mathrm{Var}[\tilde{p}_k]}{1 + \xi\frac{\alpha^2}{2}\mathrm{Var}[\tilde{p}_k]} \tag{2.30}$$

[42] Wie risikoneutrale Produzenten mit einbezogen werden können, wird in Abschnitt 2.4 dargestellt.

[43] Holthausen (1979) kann in seinem allgemeineren Modell nur zeigen, daß die Bedingungen 2. Ordnung für risikoneutrale und risikofreudige Produzenten verletzt sind. Die Gültigkeit der hinreichenden Bedingungen für risikoaverse Produzenten werden von ihm lediglich angenommen. Vgl. Holthausen (1979), S. 989.

und in die zweite notwendige Bedingung (2.29) eingesetzt, so ergibt sich die vorläufig optimale Position des Entscheiders auf dem Terminmarkt, y^{**}_{vorl}

$$y^{**}_{vorl} = \frac{\alpha^2}{2}\left[p_{f_0} - \beta\right] - \frac{\mathrm{E}[\tilde{p}_k] - p_{f_0}}{\xi \mathrm{Var}[\tilde{p}_k]} \tag{2.31}$$

Eingesetzt in (2.28) erhält man, unter Beachtung der Nichtnegativitätsnebenbedingung für x, die optimale Menge an Inputfaktoren x^{**}

$$x^{**} = \begin{cases} \frac{\alpha^2}{4}p_{f_0}^2 - \frac{\alpha^2\beta^2}{4} & \text{falls } p_{f_0} > \beta \\ \\ 0 & \text{sonst} \end{cases} \tag{2.32}$$

, die optimale Produktionsmenge $q\left(x^{**}\right)$

$$q\left(x^{**}\right) = \begin{cases} \frac{\alpha^2}{2}\left[p_{f_0} - \beta\right] & \text{falls } p_{f_0} > \beta \\ \\ 0 & \text{sonst} \end{cases} \tag{2.33}$$

und die optimale Position des Produzenten am Terminmarkt

$$y^{**} = \begin{cases} \frac{\alpha^2}{2}\left[p_{f_0} - \beta\right] - \frac{\mathrm{E}[\tilde{p}_k] - p_{f_0}}{\xi \mathrm{Var}[\tilde{p}_k]} & \text{falls } q\left(x^{**}\right) > 0 \\ \\ -\frac{\mathrm{E}[\tilde{p}_k] - p_{f_0}}{\xi \mathrm{Var}[\tilde{p}_k]} & \text{falls } q\left(x^{**}\right) = 0\,. \end{cases} \tag{2.34}$$

Wenn die Möglichkeit besteht, Futures-Kontrakte mit „passender" Fälligkeit und bekanntem Preis zu handeln, und Produktions- und Hedgingentscheidung simultan getroffen werden, ist die Produktionsmenge ausschließlich eine Funktion des (sicheren) Terminpreises p_{f_0} und der (sicheren) Kosten.[44] Durch

[44]Vgl. auch Holthausen (1979), S. 990, Feder/Just/Schmitz (1980), S. 320 und Anderson/Danthine (1983), S. 375.

die Absicherungs- und Spekulationsmöglichkeit des Produzenten am Terminmarkt wird die unsichere Produktion in eine sichere Position umgewandelt. Auflösen der Gleichung (2.33) nach p_{f_0}

$$p_{f_0} = \frac{2}{\alpha^2} q\left(x^{**}\right) + \beta = \frac{\partial K}{\partial q\left(x\right)} \tag{2.35}$$

macht deutlich, wie der Produzent in diesem Modell über seine optimale Einsatzmenge entscheidet. Die optimale Einsatzmenge an Inputfaktoren wird derart festgelegt, daß die Grenzkosten der Produktion dem sicheren Futurespreis entsprechen.[45] Im Gegensatz zur Produktionsentscheidung ohne Terminmarkt ist die Entscheidung über die Produktionshöhe unabhängig von der Risikoaversion des Produzenten, den Erwartungen des Produzenten über den Kassapreis und der Streuung des Kassapreises[46]. Diese Parameter beeinflussen lediglich die Hedgingentscheidung des Produzenten. Seine optimale Position auf dem Terminmarkt entspricht seiner optimalen Produktionsmenge zuzüglich beziehungsweise abzüglich eines Korrekturterms. Der Produzent hedgt folglich erst 100% seiner Produktionsmenge (Hedgingterm). Zusätzlich spekuliert er am Futuresmarkt und korrigiert seine 100%-Hedge Position (reiner Spekulationsterm).[47] Das Vorzeichen dieser Korrektur ist ausschließlich in dem Unterschied zwischen Futurespreis und erwartetem Kassapreis begründet. Ihr Ausmaß hängt von der Höhe des Futurespreises, von der Streuung des Kassapreises, seinen individuellen Erwartungen über den Kassapreis und seiner absoluten Risikoaversion ab. Klammert man die Sonderfälle eines unendlich risikoaversen Produzenten

[45] Vgl. auch Holthausen (1979), S. 990 und Feder/Just/Schmitz (1980), S. 320.

[46] Vgl. Holthausen (1979), S. 990, Feder/Just/Schmitz (1980), S. 320 f. und Anderson/Danthine (1983), S. 375.

Die Unabhängigkeit der Produktionsmenge von diesen Parametern hängt jedoch entscheidend vom Nichtvorhandensein eines Basisrisikos durch die Annahme in der Fälligkeit passender Futureskontrakte und von der Annahme einer deterministischen Produktionsfunktion ab. Modellierungen, die diese zusätzlichen Risiken beinhalten, werden in Abschnitt 2.4 diskutiert.

[47] Vgl. Anderson/Danthine (1983), S. 375.

($\xi \to \infty$) und eines unendlich riskanten Kassapreises ($\mathrm{Var}[\tilde{p}_k] \to \infty$) aus, bedeutet dieses Ergebnis, daß ein Produzent immer auch spekuliert (bzw. selektiv hedgt), es sei denn, er erwartet, daß der Kassapreis in t=1 dem heutigen Futurespreis entspricht. Nur in diesem Sonderfall ist für ihn der 100%-Routine-Hedge optimal.

Die traditionelle Theorie von Keynes[48] interpretiert diese Ergebnisse anders. Sie rekurriert nicht auf das Spekulationsmotiv des Produzenten[49]. Lediglich um die Preisunsicherheit zu beseitigen, ist der Produzent bereit, ein Terminpreis zu akzeptieren, der unter seinen Preiserwartungen für den Kassapreis liegt. Die Keynesianische Theorie nimmt also an, daß im Normalfall der Futurespreis unter dem erwarteten Kassapreis liegt. Sie interpretiert die positive Differenz zwischen dem erwarteten Kassapreis und dem Terminpreis als Risikoprämie, den der Produzent an ein Individuum, der die andere Seite der Transaktion einnimmt, bereit ist zu zahlen. Dieser Individuum wird meist als Spekulant bezeichnet, aber nicht näher charakterisiert.[50]

Auch in der vorgestellten Modellierung wird die andere, von sogenannten Spekulanten eingenommene Seite der Transaktion nicht näher beschrieben. Aussagen über die optimale Produktionsmenge und die optimale Position des Produzenten am Terminmarkt sind hier lediglich das Ergebnis einer individuellen Optimierung. Zwar werden die daraus resultierenden möglichen optimalen Produktions- und Hedgingmengen dargestellt, jedoch nicht hintergefragt, ob und unter welchen Annahmen diese Positionen tatsächlich realisiert werden können. Erst durch zusätzliche Annahmen und (modellexogenen) Interpretationen kann dies geschehen.[51] In Kapitel 4 wird die gleiche Problemstellung im Gleichgewicht betrachtet, indem beide Seiten einer

---

[48] Vgl. Abschnitt 1.3.1.

[49] Daß Produzenten eine gemischte Hedging- und Spekulationsabsicht haben können, wurde erstmals von Working (1953a) angemerkt. Vgl. Working (1953a), S. 320.

[50] Vgl. Holthausen (1979), S. 991.

[51] Vgl. hierzu Abschnitt 2.3.

Transaktion explizit modelliert werden. Dadurch ergeben sich die tatsächlich realisierbaren Positionen der Produzenten auf dem Terminmarkt endogen.

2.2.3 Komparativ-statische Analyse der optimalen Produktionsmenge und der optimalen Position am Terminmarkt

2.2.3.1 Komparative Statik der Produktionsmenge

Im Folgenden wird die Auswirkung einer marginaler Variation der einzelnen Modellparameter auf die optimale Produktionsmenge des Produzenten untersucht. Dabei wird unterstellt, daß immer nur eine Variable verändert wird und alle anderen Modellparamenter konstant gehalten werden. Es werden nur Veränderungen im Bereich einer positiven Produktionsmenge betrachtet; der Grenzfall einer optimalen Produktionsmenge von Null bleibt unbeachtet.

Eine marginale Erhöhung des Futurespreises impliziert eine höhere optimale Produktionsmenge.

$$\frac{\partial q\left(x^{**}\right)}{\partial p_{f_0}} = \frac{\alpha^2}{2} > 0 \tag{2.36}$$

Da der Produzent die eingesetzte Menge an Faktoren so festsetzt, daß die marginalen Kosten dem Terminpreis p_{f_0} entsprechen, und die marginalen Kosten annahmegemäß konstant bleiben, hat ein höherer Terminpreis zur Folge, daß der Output sich auch erhöht.

Veränderungen des erwarteten Kassapreises, der Varianz des Kassapreises und der absoluten Risikoaversion des Produzenten verändern die optimale Produktionsmenge nicht, da gemäß Gleichung (2.33) ausschließlich der Terminpreis und die Grenzkosten die Produktion steuern. Ebensowenig sind die

Fixkosten bei der Festlegung der Produktionsmenge entscheidungsrelevant.

Die partielle Ableitung der optimalen Produktionsmenge nach β

$$\frac{\partial q\left(x^{**}\right)}{\partial \beta}=-\frac{\alpha^{2}}{2}<0 \tag{2.37}$$

ist negativ. Wird der Parameter β, durch den der lineare Teil der Kostenfunktion determiniert wird, infinitesimal erhöht, steigen die marginalen Kosten der Produktion. Unter der ceteris paribus Annahme ist somit eine verringerte Produktionsmenge optimal.

Wird der Parameter α infinitesimal erhöht und die quadratische Komponente der variablen Kosten dadurch verringert, zeigt die partielle Ableitung der optimalen Produktionsmenge nach α

$$\frac{\partial q\left(x^{**}\right)}{\partial \alpha}=\left[p_{f0}-\beta\right] \alpha>0\ , \tag{2.38}$$

daß die im Optimum herzustellende Produktionsmenge steigt. Ursächlich für die Produktionssteigerung ist die Senkung der Grenzkosten der Produktion durch die Erhöhung von α.

2.2.3.2 Komparative Statik des Hedgevolumens

Nachfolgend wird untersucht, wie sich eine marginale Veränderung der einzelnen Modellparameter auf die optimale Terminmarktposition des Produzenten auswirkt, wenn alle anderen Modellparameter konstant gehalten werden.

Eine ceteris paribus marginale Erhöhung des Terminpreises erhöht die optimale Position des Produzenten am Terminmarkt.[52] Sie wirkt gleichgerichtet auf den Hedging- und den Spekulationsterm.

$$\frac{\partial y^{**}}{\partial p_{f0}} = \begin{cases} \frac{\alpha^2}{2} + \frac{1}{\xi \mathrm{Var}[\tilde{p}_k]} & > 0 \quad \text{falls } q\left(x^{**}\right) > 0 \\ \\ \frac{1}{\xi \mathrm{Var}[\tilde{p}_k]} & > 0 \quad \text{falls } q\left(x^{**}\right) = 0 \end{cases} \tag{2.39}$$

Spekuliert der Produzent auf einen im Vergleich zum aktuellen Terminpreis fallenden Kassapreis, wird er bei einer Erhöhung des Terminpreises noch mehr spekulieren. Spekuliert er dagegen auf einen steigenden Kassapreis, dann verringert er seine spekulative Position, wenn der Terminpreis steigt. Agiert der Produzent schließlich in einem Bereich, in dem er nur Teile seiner Produktionsmenge absichert, so veranlaßt ihn ein höherer Terminpreis zu einer höheren Absicherung seiner Primärposition.

Während eine Veränderung des Futurespreises sich auf Hedging- und Spekulationsterm auswirkt, beeinflußt die ceteris paribus Veränderung des erwarteten Kassapreises nur den Spekulationsterm. Durch eine Erhöhung des erwarteten Kassapreises wird die optimale Position auf dem Terminmarkt verringert.[53]

$$\frac{\partial y^{**}}{\partial \mathrm{E}[\tilde{p}_k]} = -\frac{1}{\xi \mathrm{Var}[\tilde{p}_k]} < 0 \tag{2.40}$$

Erwartet der Produzent, daß der zukünftige Kassapreis niedriger ausfällt als der aktuelle Terminpreis (Short Position), hat ein erhöhter erwarteter Kassapreis zur Folge, daß er weniger spekuliert. Hingegen wird er, ausgelöst durch eine Erhöhung des erwarteten Kassapreises, mehr spekulieren, wenn für ihn Terminkäufe optimal sind. Erwartet er einen höheren

[52] Für die Fälle nicht konstanter absoluter Risikoaversion erhalten Feder/Just/Schmitz (1980) ein ambivalentes Ergebnis. Vgl. Feder/Just/Schmitz (1980), S. 324.

[53] Vgl. auch Feder/Just/Schmitz (1980), S. 324.

Kassapreis als der aktuelle Futurespreis, hedgt er aber nur einen Teil seiner Produktionsmenge, hat eine Erhöhung des erwarteten Kassapreises zur Folge, daß er kleinere Teile seiner Produktion am Terminmarkt absichert.

Eine ceteris paribus Erhöhung der Varianz läßt die Verteilung des Kassapreises riskanter im Sinne der stochastischen Dominanz zweiter Ordnung werden.[54] Deshalb zieht der Produzent die ursprüngliche Verteilung der Verteilung mit der höheren Varianz vor.[55] [56]

$$\begin{aligned}
\frac{\partial y^{**}}{\partial \mathrm{Var}[\tilde{p}_k]} &= (-1)\left(\xi \mathrm{Var}[\tilde{p}_k]\right)^{-2} \xi \left(p_{f_0} - \mathrm{E}[\tilde{p}_k]\right) \\
&= \frac{\mathrm{E}[\tilde{p}_k] - p_{f_0}}{\xi \left(\mathrm{Var}[\tilde{p}_k]\right)^2} \\
&\begin{cases} > 0 \text{ falls } \mathrm{E}[\tilde{p}_k] > p_{f_0} \\ = 0 \text{ falls } \mathrm{E}[\tilde{p}_k] = p_{f_0} \\ < 0 \text{ falls } \mathrm{E}[\tilde{p}_k] < p_{f_0} \end{cases}
\end{aligned} \tag{2.41}$$

[54] Für normalverteilte Zufallsvariablen sind die Konzepte der stochastischen Dominanz zweiter Ordnung und (μ, σ)-Dominanz äquivalent. Vgl. z.B. Kürsten (1994), S. 136, Fn.118. Da $\tilde{p}_k$ normalverteilt ist, und durch die c.p. Erhöhung der Varianz die Varianz steigt, der Erwartungswert jedoch gleich bleibt, liegt (μ, σ)-Dominanz der Verteilung des Kassapreises vor der Erhöhung der Varianz über der Verteilung des Kassapreises nach deren Erhöhung vor. Folglich wird die Verteilung auch riskanter im Sinne der stochastischen Dominanz zweiter Ordnung. Da zudem die Erwartungswerte der beiden Verteilungen gleich sind, wird sie auch riskanter im Rothschild/Stiglitz Sinne. Die Verteilung nach der Erhöhung der Varianz geht aus der ursprünglichen Verteilung durch einen „mean preserving spread" hervor.

[55] Vgl. z.B. Huang/Litzenberger (1988), S. 45-48: Alle risikoaversen Bernoulli-Entscheider ziehen eine Alternative A einer Alternative B genau dann vor, wenn Alternative A die Alternative B im Sinne der stochastischen Dominanz zweiter Ordnung dominiert.

[56] Holthausen (1979) und Feder/Just/Schmitz (1980) zeigen, daß die Ergebnisse auch für Produzenten mit fallender absoluter Risikoaversion gelten, wenn das Risiko im Sinne eines mean preserving spread erhöht wird. Vgl. Holthausen (1979), S. 992 für den Spezialfall eines Normal Hedge und insbesondere Feder/Just/Schmitz (1980), S. 323.

Ist die Produktionsmenge zu 100% abgesichert ($E[\tilde{p}_k] = p_{f_0}$) beeinflußt eine Änderung des Risikos der Verteilung des Kassapreises nicht die Hedgingentscheidung des Produzenten. Erwartet der Produzent einen niedrigeren Kassapreis als der momentane Terminpreis, und verkauft aus diesem Grunde mehr Ware auf Termin, als er tatsächlich produziert, bewirkt eine riskantere Verteilung des Kassapreises, daß er seine spekulative Position abbaut. Dadurch sinkt seine optimale Hedgingmenge. Hält der Produzent hingegen einen höheren Kassapreis als den momentanen Terminpreis für wahrscheinlich, müssen zwei Bereiche differenziert betrachtet werden:[57] (1) Erwartet der Produzent einen sehr viel höheren Kassapreis als der momentane Terminpreis, so daß er durch Terminkäufe spekuliert, wird er, bedingt durch das höhere Risiko der Verteilung, seine Position auf dem Terminmarkt abbauen.[58] (2) Erwartet er einen Kassapreis in einem Bereich, der ihn zur partiellen Absicherung seiner Produktion per Terminverkäufe veranlaßt, ist das Resultat des höheren Risikos der Verteilung eine höhere Absicherungsquote. Sein optimales Hedgingvolumen steigt.

Wird die absolute Risikoaversion des Produzenten erhöht, zieht dies tendenziell die gleichen Konsequenzen nach sich, wie eine marginale Erhöhung der Varianz des Kassapreises.

[57]Entscheidend ist hier $\frac{\alpha^2}{2}[p_{f_0} - \beta] - \frac{E[\tilde{p}_k] - p_{f_0}}{\xi \mathrm{Var}[\tilde{p}_k]} \lesseqgtr 0$.

[58]Zu beachten ist, daß Terminkäufe durch negative Größen dargestellt werden. Wenn die negative Position steigt, kommt dies also einer Verringerung der absoluten Position gleich.

$$
\begin{aligned}
\frac{\partial y^{**}}{\partial \xi} &= (-1)\left(\xi \mathrm{Var}[\tilde{p}_k]\right)^{-2} \mathrm{Var}[\tilde{p}_k]\left(p_{f_0} - \mathrm{E}[\tilde{p}_k]\right) \\
&= \frac{\mathrm{E}[\tilde{p}_k] - p_{f_0}}{\xi^2 \mathrm{Var}[\tilde{p}_k]} \\
&\begin{cases} > 0 \text{ falls } \mathrm{E}[\tilde{p}_k] > p_{f_0} \\ = 0 \text{ falls } \mathrm{E}[\tilde{p}_k] = p_{f_0} \\ < 0 \text{ falls } \mathrm{E}[\tilde{p}_k] < p_{f_0} \end{cases}
\end{aligned}
\tag{2.42}
$$

Falls der Produzent sich vollständig absichert, ($\mathrm{E}[\tilde{p}_k] = p_{f_0}$), ändert eine marginale Veränderung seiner Risikoaversion nicht seine optimale Position auf dem Terminmarkt. Ist der erwartete Kassapreis niedriger als der Futurespreis, so daß der Produzent sich nicht nur vollständig absichert, sondern zusätzlich auf einen Preisverfall spekuliert, so bewirkt eine Erhöhung der Risikoaversion, daß der Produzent weniger spekuliert und sich dadurch das optimale Hedgingvolumen verringert.[59] Erwartet dagegen der Produzent einen höheren Kassapreis als der aktuelle Terminpreis, so sind zwei Fälle zu unterscheiden: (1) Ist die Differenz zwischen erwartetem Kassapreis und Futurespreis so hoch, daß das optimale Hedgingvolumen negativ wird, der Produzent also durch zusätzliche Terminkäufe auf einen Preisanstieg spekuliert, so hat eine höhere Risikoaversion zur Folge, daß weniger spekuliert wird, die Long Position auf dem Terminmarkt folglich betragsmäßig kleiner wird. (2) Erweist sich eine Short Position als optimal, dann löst die Erhöhung der Risikoaversion die Absicherung eines höheren Teils der Produktionsmenge aus; die optimale Menge zu verkaufender Terminkontrakte steigt.

Die komparativ-statische Analyse der Terminmarktposition bezüglich der Parameter der Kostenfunktion ergibt, daß das optimale Hedgingvolumen y^{**} unabhängig von den Fixkosten γ ist. Die partielle Ableitung der optimalen Terminmarktposition nach dem Parameter β

[59] Vgl. auch Holthausen (1979), S. 991.

$$\frac{\partial y^{**}}{\partial \beta} = \begin{cases} -\frac{\alpha^2}{2} < 0 & \text{falls } q(x^{**}) > 0 \\ \\ 0 & \text{falls } q(x^{**}) = 0 \end{cases} \tag{2.43}$$

und nach dem Parameter α

$$\frac{\partial y^{**}}{\partial \alpha} = \begin{cases} [p_{f_0} - \beta]\,\alpha \quad > 0 \text{ , falls } q(x^{**}) > 0 \\ \\ 0 \qquad\qquad\qquad \text{falls } q(x^{**}) = 0 \end{cases} \tag{2.44}$$

zeigt, daß im Bereich einer positiven Produktionsmenge die optimale Position auf dem Terminmarkt sinkt, wenn die Produktionskosten steigen, wenn also β steigt beziehungsweise α sinkt.[60] Wird die Produktion nicht aufgenommen kann der Produzent dennoch spekulieren. Diese Spekulationstätigkeit ist unabhängig von den Produktionskosten, so daß in diesem Bereich die optimale Position auf dem Terminmarkt von marginalen Änderungen der Parameter α und β nicht beeinflußt wird.

---

[60] Vgl. auch Feder/Just/Schmitz (1980), S. 325.

2.3 Vergleich der Produktionsentscheidungen mit und ohne Terminmarkt

2.3.1 Normal Hedge, Reversed Hedge, Texas Hedge

Die nachfolgend beschriebenen möglichen Kombinationen von optimalen Positionen in den zwei Aktivitäten Produktion und Hedging wurden bereits durch Holthausen (1979)[61] und Feder/Just/Schmitz (1980)[62] dargestellt. Die Begriffe Normal Hedge, Reversed Hedge und Texas Hedge entstammen aus der Praxis der Terminmärkte und fanden erst zu einem späteren Zeitpunkt Einzug in die theoretische Hedgingliteratur. Batlin (1983a)[63] folgend werden für die Analyse die Terminmarktpositionen des Simultanmodells herangezogen.[64]

Der in der Literatur wiederholt propagierte Fall des „100%-Routine-Hedge“ [65] erweist sich hier[66] ausschließlich in Spezialfällen[67] als optimale Strategie. Sind Futurespreis p_{f_0} und (subjektiv) erwarteter Kassapreis $E[\tilde{p}_k]$ identisch (d.h. der Terminpreis martingaleffizient), so ist unabhängig von

[61]Vgl. Holthausen (1979), S. 990 f..

[62]Vgl. Feder/Just/Schmitz (1980), S. 322.

[63]Vgl. Batlin (1983a), S. 684.

[64]Während einige Autoren im Kontext des Simultanmodells argumentieren (vgl. z.B. Batlin (1983a), S. 684, Bamberg/Baur (1987), S. 386), nehmen andere Arbeiten (vgl. z.B. Spremann (1986), S. 447 f., Kürsten (1997b), S. 120 f.) auf das Standardmodell Bezug.

[65]Spremann (1991), S. 302 : *„Für das traditionelle Zwei-Zeitpunkte-Modell kann der vollständige Hedge als gut begründete Näherung für die Optimallösung angesehen werden“* ; vgl. auch Breuer (1996b).

[66]In anderen Modellumgebungen (vgl. z.B. Abschnitt 4.3.1) folgt nicht einmal in diesen Spezialfällen die Optimalität der vollständigen Absicherung.

[67]Anderson/Danthine (1983) betonen: *„... a rational hedger always speculates (that is, hedges 'selectively') unless he does not expect the next spot price to be any different from the current futures price. In these latter cases, and only then, will routine hedging be descriptive of optimal behaviour. Unless we allow for infinite risk aversion in which case it can be shown, as is intuitively clear, that farmers do not speculate (but they do not farm either if there is unhedgeable uncertainty).“*; Anderson/Danthine (1983), S. 376.

der Risikoaversion des Entscheiders ein 1:1 Hedge zu wählen. Auch im Falle extrem risikoaverser Entscheider ($\xi \to \infty$) oder einer unendlich großen Varianz des Kassapreises ($\text{Var}[\tilde{p}_k] \to \infty$) ist 100%-ige Absicherung optimal. Freilich ist zu berücksichtigen, daß in den beiden letzten Fällen ein aktives Risikomanagement mit Futures vorliegen muß, damit überhaupt Produktion stattfindet. Varianzminimierer, die nicht an Terminmärkten aktiv werden, nehmen die Produktion gar nicht erst auf.[68]

Ist das optimale Hedgevolumen größer als die optimale Produktionsmenge ($y^{**} > q(x^{**}) > 0$), verkauft der Produzent über Futures mehr Ware als er produziert. Diese Konstellation wird als „Reversed Hedge" bezeichnet. Sie tritt immer dann auf, wenn der Futurespreis über dem erwarteten Kassapreis liegt. Der Produzent erwartet einen Preisverfall, den er nicht nur hedgt, sondern auf den er über eine hundertprozentige Absicherung seiner Produktion hinaus sogar spekuliert.

Schließlich kann das optimale Hedgevolumen noch geringer ausfallen als die optimale Produktionsmenge ($y^{**} < q(x^{**})$). Dieser Fall kann nur eintreten, wenn der Futurespreis unter dem erwarteten Kassapreis liegt, der Produzent also mit steigenden Preisen rechnet. Ist die Differenz zwischen p_{f_0} und $\text{E}[\tilde{p}_k]$ so groß, daß y^{**} negativ wird[69], spricht man von „Texas Hedge" [70]. Der Produzent verzichtet auf das Hedgen seines Erlösrisikos und kauft zu seiner produzierten Menge auf dem Futuresmarkt noch Ware hinzu. Er schickt nicht nur sein eigenes Pferd ins Rennen, sondern setzt beim Totalisator

[68] Vgl. Kürsten (1997a), S. 138 f..

[69] Um eine Long Position auf dem Terminmarkt als optimales Resultat zu erhalten, muß der Terminpreis niedriger als ein „Sicherheitsäquivalent" sein, es muß

$$p_{f_0} < \text{E}[\tilde{p}_k] - q(x^{**})\,\xi \text{Var}[\tilde{p}_k]$$

gelten. Vgl. Holthausen (1979), S. 993.

[70] Vgl. beispielsweise Batlin (1983a), S. 684.

zusätzlich darauf, daß es gewinnt.[71]

Liegt y^{**} zwar unter $q(x^{**})$, ist das Hedgevolumen aber positiv (Short Position), so liegt der Fall des „Normal Hedge“ vor. Da der Produzent steigende Preise erwartet, sichert er lediglich einen Teil seiner Produktionsmenge durch Termingeschäfte ab.

2.3.2 Realwirtschaftliche Effekte des Hedging mit Terminkontrakten

2.3.2.1 Richtung des realwirtschaftlichen Effekts

Im Folgenden wird untersucht, inwieweit das Tätigwerden des Produzenten auf dem Terminmarkt eine Auswirkung auf die Höhe seiner Produktion hat. Dabei muß im Auge behalten werden, daß die hier getroffenen Aussagen ausschließlich auf der Modellierung der individuellen Optimierung des Produzenten beruhen. Es wird nicht hinterfragt, ob die gleichen Aussagen gelten, wenn mehrere Produzenten an Kassa- und Terminmarkt tätig werden. Ebensowenig wird modelliert, ob und welche Marktteilnehmer existieren, die die andere Seite der für den Produzenten optimalen Transaktion einnehmen, und unter welchen Umständen diese Marktteilnehmer bereit sind die Gegenposition zu beziehen.

Die optimale Produktionsmenge des Produzenten, wenn er nicht am Terminmarkt tätig werden kann, ergibt sich ausweislich (2.19) als

$$q(x^*) = \begin{cases} \frac{\mathrm{E}[\tilde{p}_k]-\beta}{\frac{2}{\alpha^2}+\xi \mathrm{Var}[\tilde{p}_k]} & \text{falls } \mathrm{E}[\tilde{p}_k] > \beta \\ 0 & \text{sonst.} \end{cases} \tag{2.45}$$

[71] Vgl. Spremann (1986), S. 448.

Besteht die Möglichkeit, daß der Produzent simultan zu seiner Produktionsentscheidung eine (optimale) Position am Terminmarkt einnimmt, und nimmt der Produzent diese Gelegenheit wahr, so resultiert gemäß (2.33) eine optimale Produktionsmenge in Höhe von

$$q\left(x^{**}\right) = \begin{cases} \frac{\alpha^2}{2}\left[p_{f_0} - \beta\right] & \text{falls } p_{f_0} > \beta \\ \\ 0 & \text{sonst.} \end{cases} \tag{2.46}$$

Die dazugehörige optimale Position des Produzenten am Terminmarkt lautet nach (2.34)

$$y^{**} = \begin{cases} \frac{\alpha^2}{2}\left[p_{f_0} - \beta\right] - \frac{\mathrm{E}[\tilde{p}_k] - p_{f_0}}{\xi \mathrm{Var}[\tilde{p}_k]} & \text{falls } q\left(x^{**}\right) > 0 \\ \\ -\frac{\mathrm{E}[\tilde{p}_k] - p_{f_0}}{\xi \mathrm{Var}[\tilde{p}_k]} & \text{falls } q\left(x^{**}\right) = 0\,. \end{cases} \tag{2.47}$$

Wird die Gleichung (2.47) nach p_{f_0} aufgelöst und in (2.46) eingesetzt, erhält man für $q\left(x^{**}\right) > 0$ die Beziehung[72]

$$\begin{aligned} q\left(x^{**}\right) &= \frac{\alpha^2}{2}\left(\frac{\xi \mathrm{Var}[\tilde{p}_k]}{1 + \xi\frac{\alpha^2}{2}\mathrm{Var}[\tilde{p}_k]}\left(y + \frac{\alpha^2}{2}\beta + \frac{\mathrm{E}[\tilde{p}_k]}{\xi \mathrm{Var}[\tilde{p}_k]}\right) - \beta\right) \\ &= q\left(x^{*}\right) + \frac{\xi \mathrm{Var}[\tilde{p}_k]}{\frac{2}{\alpha^2} + \xi \mathrm{Var}[\tilde{p}_k]} y^{**} \end{aligned} \tag{2.48}$$

Die optimale Produktionsmenge mit simultanem Hedging, $q\left(x^{**}\right)$, setzt sich aus zwei Termen additiv zusammen: aus der (positiven) optimalen Produktionsmenge ohne Hedging, $q\left(x^{*}\right)$, und einem Term, dessen Vorzeichen von der

[72] Der Grenzfall $q\left(x^{**}\right) = 0$ wird gesondert betrachtet.

optimalen Position am Terminmarkt, y^{**}, abhängt. Geht der Produzent auf dem Terminmarkt short, so ist das Vorzeichen dieses Terms positiv. Tätigt er Terminkäufe, dann wird der Term negativ. Folglich ist

$$q(x^{**}) > q(x^{*}) \quad \text{, wenn } y^{**} > 0 \text{ ,}$$
$$q(x^{**}) = q(x^{*}) \quad \text{, wenn } y^{**} = 0 \text{ und}$$
$$q(x^{**}) < q(x^{*}) \quad \text{, wenn } y^{**} < 0 \text{ .}$$

Ist $y^{**} > 0$, erweist sich also auf dem Terminmarkt eine Position im Bereich des Normal Hedge, 1:1-Hedge oder Reversed Hedge als optimal, ist die optimale Produktionsmenge mit simultanem Hedging größer als die Produktionsmenge, die ohne Hedging optimal realisiert wird. Der Terminmarkt induziert einen positiven realwirtschaftlichen Effekt.[73] Falls auf dem Terminmarkt im Optimum nicht gehedgt und nicht spekuliert wird ($y^{**} = 0$), sind die Produktionsmengen $q(x^{*})$ und $q(x^{**})$ gleich. Ein negativer realwirtschaftlicher Effekt stellt sich ein, wenn der Texas Hedge optimal ist ($y^{**} < 0$).[74]

Man erhält also folgende Fälle: (1) Ein vom Terminmarkt bewirkter positiver realwirtschaftlicher Effekt resultiert, wenn (a) $p_{f0} = \mathrm{E}[\tilde{p}_k] > \beta$ gilt. In diesem Fall ist 100%-ige Absicherung der (wegen $p_{f0} > \beta$ positiven) Produktionsmenge $q(x^{**})$ optimal. Gleichfalls fällt wegen $p_{f0} = \mathrm{E}[\tilde{p}_k]$ und $\xi\frac{\alpha^2}{2}\mathrm{Var}[\tilde{p}_k] > 0$ die Produktionsmenge ohne Hedging $q(x^{*})$ geringer aus als $q(x^{**})$. Ist (b) $p_{f0} > \mathrm{E}[\tilde{p}_k] \geq \beta$, sichert der Produzent seine Produktionsmenge wegen $p_{f0} > \mathrm{E}[\tilde{p}_k]$ vollständig ab und spekuliert zusätzlich auf einen fallenden Preis, indem er mehr per Termin verkauft als er produziert. Da $p_{f0} > \mathrm{E}[\tilde{p}_k]$ und $\xi\frac{\alpha^2}{2}\mathrm{Var}[\tilde{p}_k] > 0$ ist, gilt auch hier $q(x^{**}) > q(x^{*})$. Eine optimale Reversed Hedge-Position auf dem Terminmarkt resultiert ebenfalls, wenn (c) $p_{f0} > \beta > \mathrm{E}[\tilde{p}_k]$ vorliegt. In diesem Fall ergibt sich für einen Produzenten, der nicht am Terminmarkt tätig wird, eine optimale

[73] Vgl. Holthausen (1979), S. 992.
[74] Vgl. Holthausen (1979), S. 992.

Produktionsmenge von Null. Betreibt er ein aktives Risikomanagement, so kann er eine positive Produktionsmenge realisieren. Hier führt das simultan zu der Produktionsentscheidung betriebene aktive Hedging sogar dazu, daß die Produktion überhaupt erst aufgenommen wird. Ist (d) die Konstellation $\mathrm{E}[\tilde{p}_k] > p_{f_0} > \beta$ gegeben und gilt zudem $\left|\frac{\alpha^2}{2}(p_{f_0} - \beta)\right| > \left|\frac{p_{f_0} - \mathrm{E}[\tilde{p}_k]}{\xi \mathrm{Var}[\tilde{p}_k]}\right|$, nimmt der Produzent eine Normal Hedge-Position auf dem Terminmarkt ein, sichert somit nur ein Teil seiner Produktionsmenge ab. Auch in diesem Fall ist einfach zu zeigen, daß $q(x^{**}) > q(x^*)$ ist, simultanes Hedging folglich produktionserhöhend wirkt. (2) Ein negativer realwirtschaftlicher Effekt aufgrund von Hedgingaktivitäten ist die Folge einer optimalen Terminmarktposition, die im Bereich eines Texas Hedge liegt. Ein Texas Hedge ist optimal, wenn (a) $\mathrm{E}[\tilde{p}_k] > \beta > p_{f_0}$ gegeben ist. Dann ist die optimale Produktionsmenge ohne Hedging wegen $\mathrm{E}[\tilde{p}_k] > \beta$ positiv, während mit simultanem Hedging nicht produziert wird. Gilt (b) $\mathrm{E}[\tilde{p}_k] > p_{f_0} > \beta$, aber $\left|\frac{\alpha^2}{2}(p_{f_0} - \beta)\right| < \left|\frac{p_{f_0} - \mathrm{E}[\tilde{p}_k]}{\xi \mathrm{Var}[\tilde{p}_k]}\right|$, wird zwar mit und ohne Hedging eine positive Produktionsmenge realisiert, das simultane Hedging hat aber in diesem Fall die Konsequenz, daß $q(x^{**}) < q(x^*)$ ist. (3) Schließlich tritt kein realwirtschaftlicher Effekt ein, wenn die optimale Position auf dem Terminmarkt $y^{**} = 0$ ist, im Optimum also nicht gehedgt wird. Dieses Ergebnis erhält man, wenn $p_{f_0} = \mathrm{E}[\tilde{p}_k] \leq \beta$ gegeben ist.

Im allgemeinen kann von der optimalen Position auf dem Terminmarkt eindeutig auf die Richtung des realwirtschaftlichen Effekts geschlossen werden, da das Vorzeichen des realwirtschaftlichen Effekts ausschließlich durch das Vorzeichen der optimalen Position auf dem Terminmarkt bestimmt wird. In Grenzfällen jedoch sind diese Aussagen nicht möglich. Zwei Fälle sind hier zu unterscheiden: (1) Gilt $p_{f_0} < \mathrm{E}[\tilde{p}_k] \leq \beta$, so wird die Produktion wegen $p_{f_0} < \beta$ und $\mathrm{E}[\tilde{p}_k] \leq \beta$ in jedem Fall unterlassen, unabhängig davon, ob bei der Produktionsentscheidung simultan die optimale Position am Terminmarkt eingenommen werden kann oder nicht. Die optimale Position ist hier aber nicht $y^{**} = 0$, sondern ein Texas Hedge ($y^{**} < 0$). Der

Produzent produziert nicht, vielmehr spekuliert er lediglich auf steigende Preise. (2) Falls $\mathrm{E}[\tilde{p}_k] < p_{f_0} \leq \beta$ ist, sind die optimalen Produktionsmengen wegen $p_{f_0} \leq \beta$ und $\mathrm{E}[\tilde{p}_k] < \beta$ gleich Null. Der Produzent spekuliert aber auf fallende Preise und nimmt deswegen eine Reversed Hedge-Position ein.

Die Richtung des realwirtschaftlichen Effekts läßt sich also - von Grenzfällen abgesehen - durch das Vorzeichen des optimalen Hedgingvolumens bestimmen. Die Höhe des realwirtschaftlichen Effekts manifestiert sich in der Differenz D der optimalen Produktionsmengen der beiden Modelle.

$$D := q(x^{**}) - q(x^{*})$$

$$= \begin{cases} \frac{\alpha^2}{2} p_{f_0} - \frac{\mathrm{E}[\tilde{p}_k] + \frac{\alpha^2}{2}\beta\xi \mathrm{Var}[\tilde{p}_k]}{\frac{2}{\alpha^2} + \xi \mathrm{Var}[\tilde{p}_k]} & \text{falls} \quad q(x^{**}) > 0 \text{ und } q(x^{*}) > 0 \\ -\frac{\mathrm{E}[\tilde{p}_k] - \beta}{\frac{2}{\alpha^2} + \xi \mathrm{Var}[\tilde{p}_k]} & \text{falls} \quad q(x^{**}) = 0 \text{ und } q(x^{*}) > 0 \\ \frac{\alpha^2}{2}(p_{f_0} - \beta) & \text{falls} \quad q(x^{**}) > 0 \text{ und } q(x^{*}) = 0 \\ 0 & \text{falls} \quad q(x^{**}) = 0 \text{ und } q(x^{*}) = 0 \end{cases} \qquad (2.49)$$

Während die Richtung eines möglichen realwirtschaftlichen Effekts in der Literatur häufig diskutiert wird[75], wurde der Einfluß der Modellvariablen auf die Höhe des realwirtschaftlichen Effekts bislang nicht untersucht. Im Folgenden wird deshalb die Auswirkung veränderter Modellparameter auf den Ausmaß eines durch Hedging induzierten realwirtschaftlichen Effekts analysiert. Wie der Unterschied zwischen den Produktionsmengen und damit die Höhe des realwirtschaftlichen Effekts von den Modellparametern beeinflußt wird, kann anhand einer komparativ-statischen Analyse der Differenz D untersucht werden.

---

[75] Vgl. z.B. Holthausen (1979), S. 992, Bamberg/Baur (1987), S. 391 und Kürsten (1997b), S. 122.

2.3.2.2 Komparative Statik des realwirtschaftlichen Effekts

Im Folgenden wird eine Beschränkung auf die ökonomisch sinnvollen Fälle vorgenommen, in denen in mindestens einer Modellumgebung Produktion stattfindet. Der triviale Fall der Nullproduktion in beiden Modellen wird vernachlässigt.

Zunächst wird der Einfluß des Terminpreises p_{f_0} auf die Differenz der Produktionsmengen betrachtet.

$$\frac{\partial D}{\partial p_{f_0}} = \begin{cases} \frac{\alpha^2}{2} > 0 & \text{falls} \quad q(x^{**}) > 0 \text{ und } q(x^*) > 0 \\ 0 & \text{falls} \quad q(x^{**}) = 0 \text{ und } q(x^*) > 0 \\ \frac{\alpha^2}{2} > 0 & \text{falls} \quad q(x^{**}) > 0 \text{ und } q(x^*) = 0 \end{cases} \tag{2.50}$$

Die ceteris paribus Erhöhung des Terminpreises erhöht die Differenz zwischen den optimalen Produktionsmengen $q(x^{**}) - q(x^*)$ der beiden Modelle, solange im Modell mit Terminmarkt Produktion stattfindet. Der höhere Terminpreis bewirkt, daß die optimale Produktionsmenge steigt, wenn der Terminmarkt verfügbar ist, während $q(x^*)$ von der Veränderung des Futurespreises unbeeinflußt bleibt. Ein durch Hedging erzielbarer positiver realwirtschaftlicher Effekt besteht, wenn das optimale Hedgevolumen $y^{**} > 0$ ist. Er fällt bei steigendem Futurespreis höher aus. Dagegen wird ein durch Hedging hervorgerufener negativer realwirtschaftlicher Effekt von Änderungen des Terminpreises nicht beeinflußt. Dieser Fall ist möglich, wenn ein Texas-Hedge ($y^{**} < 0$ und damit auch $q(x^{**}) = 0$) realisiert wird, während gleichzeitig $q(x^*) > 0$ gilt.

Eine ceteris paribus steigende absolute Risikoaversion des Produzenten beeinflußt die Höhe des realwirtschaftlichen Effekts nur dann, wenn die optimale Produktionsmenge $q(x^*)$ von Null verschieden ist. Ist $\mathrm{E}[\tilde{p}_k] \leq \beta$ und damit $q(x^*) = 0$, ist die Ableitung nach ξ

$$\frac{\partial D}{\partial \xi} = \begin{cases} \frac{\mathrm{Var}[\tilde{p}_k](\mathrm{E}[\tilde{p}_k]-\beta)}{\left(\frac{2}{\alpha^2}+\xi \mathrm{Var}[\tilde{p}_k]\right)^2} & \text{falls} \quad q(x^{**}) > 0 \text{ und } q(x^*) > 0 \\ & \text{oder} \quad q(x^{**}) = 0 \text{ und } q(x^*) > 0 \\ 0 & \text{falls} \quad q(x^{**}) > 0 \text{ und } q(x^*) = 0 \end{cases} \tag{2.51}$$

gleich Null. Ist die optimale Produktionsmenge $q(x^*)$ positiv, zieht die Erhöhung von ξ eine gesunkene optimale Produktionsmenge $q(x^*)$ nach sich. Da die optimale Produktionsmenge mit Hedging $q(x^{**})$ von der absoluten Risikoaversion des Produzenten unabhängig ist, wird sie durch deren Variation auch nicht verändert. Besteht ein positiver realwirtschaftlicher Effekt durch Hedging, wird er durch die Erhöhung von ξ also ebenfalls erhöht. Ist $y^{**} < 0$ optimal, wird durch die Erhöhung der absoluten Risikoaversion des Produzenten der durch simultanes Hedging bewirkte negative realwirtschaftliche Effekt gemildert.

Die Erhöhung der Varianz des Kassapreises hat ceteris paribus die gleiche Auswirkung auf die Höhe des realwirtschaftlichen Effektes wie eine erhöhte absolute Risikoaversion des Produzenten.

$$\frac{\partial D}{\partial \mathrm{Var}[\tilde{p}_k]} = \begin{cases} \frac{\xi(\mathrm{E}[\tilde{p}_k]-\beta)}{\left(\frac{2}{\alpha^2}+\xi \mathrm{Var}[\tilde{p}_k]\right)^2} & \text{falls} \quad q(x^{**}) > 0 \text{ und } q(x^*) > 0 \\ & \text{oder} \quad q(x^{**}) = 0 \text{ und } q(x^*) > 0 \\ 0 & \text{falls} \quad q(x^{**}) > 0 \text{ und } q(x^*) = 0 \end{cases} \tag{2.52}$$

Ist die optimale Produktionsmenge $q(x^*)$ gleich Null, so hat eine höhere Varianz des Kassapreises keine Auswirkung auf die Differenz zwischen den optimalen Produktionsmengen der Modelle. Wird jedoch auch ohne Hedging produziert, so wird diese Produktion verringert, wenn der Kassapreis im Sinne einer steigender Varianz riskanter wird, während die optimale Produktionsmenge mit Hedging $q(x^{**})$ von der Varianz des Kassapreises nicht beeinflußt wird. Ist $y^{**} > 0$ optimal, bewirkt eine stärkere Streuung des Kassapreises einen höheren (positiven) realwirtschaftlichen Effekt der Hedgingaktivität. Sofern ein Texas-Hedge für den Produzenten optimal ist, fällt der durch das simultane Hedging verursachte negative realwirtschaftliche Effekt geringer aus, wenn die Varianz des Kassapreises steigt.

Die Höhe des realwirtschaftlichen Effekts ist von den Fixkosten γ unabhängig. Wird der Parameter β der Kostenfunktion ceteris paribus erhöht, so steigen auch die Gesamtkosten. Dadurch wird ein positiver realwirtschaftlicher Effekt vermindert und ein negativer Effekt gemildert.

$$\frac{\partial D}{\partial \beta} = \begin{cases} -\frac{\frac{\alpha^2}{2}\xi \mathrm{Var}[\tilde{p}_k]}{\frac{2}{\alpha^2}+\xi \mathrm{Var}[\tilde{p}_k]} < 0 & \text{falls} \quad q(x^{**}) > 0 \text{ und } q(x^*) > 0 \\ \frac{1}{\frac{2}{\alpha^2}+\xi \mathrm{Var}[\tilde{p}_k]} > 0 & \text{falls} \quad q(x^{**}) = 0 \text{ und } q(x^*) > 0 \\ -\frac{\alpha^2}{2} < 0 & \text{falls} \quad q(x^{**}) > 0 \text{ und } q(x^*) = 0 \end{cases} \tag{2.53}$$

Wird im Modell ohne Terminmarkt nicht produziert, so beeinflußt die Erhöhung des Kostenfaktors β nur die Produktionsmenge des Simultanmodells $q(x^{**})$. Bei steigenden Kosten wird nun weniger produziert und der positive Produktionsmengenunterschied zwischen den beiden Modellen sinkt. Wird hingegen nur im Modell ohne Terminmarkt produziert, während $q(x^{**}) = 0$ ist, wird nur die Produktionsmenge $q(x^*)$ durch die höheren Kosten vermindert. Der bestehende negative realwirtschaftliche Effekt wird gemildert. Ist in beiden Modellen eine positive Produktionsmenge optimal, so wird nach einer Erhöhung der Kosten in beiden Modellen weniger produziert. Im Modell mit Terminmarkt wirkt diese Kostenerhöhung jedoch stärker als im Modell ohne Terminmarkt, da $\frac{\alpha^2}{2} > \frac{1}{\frac{2}{\alpha^2}+\xi \mathrm{Var}[\tilde{p}_k]}$ gilt. Die Erhöhung der Kostenkomponente β bewirkt also in diesem Fall, daß der bestehende positive realwirtschaftliche Effekt geringer wird.

Wird der Parameter α der Kostenfunktion erhöht, so geht die quadratische Komponente der Kostenfunktion mit einem geringeren Gewicht in die Kostenfunktion ein. Die Gesamtkosten werden dadurch ceteris paribus niedriger und die Produktionsmengen in beiden Modellen höher.

$$\frac{\partial D}{\partial \alpha} = \begin{cases} \frac{4\left(p_{f_0}-\mathrm{E}[\tilde{p}_k]\right)+\left(p_{f_0}-\beta\right)\left(4\alpha^2\xi \mathrm{Var}[\tilde{p}_k]+\alpha^4\xi^2(\mathrm{Var}[\tilde{p}_k])^2\right)}{\left(\frac{2}{\alpha^2}+\xi \mathrm{Var}[\tilde{p}_k]\right)^2\alpha^3} \gtrless 0 \\ \text{falls} \quad q\left(x^{**}\right) > 0 \text{ und } q\left(x^{*}\right) > 0 \\ \\ -\frac{4(\mathrm{E}[\tilde{p}_k-\beta])}{\left(\frac{2}{\alpha^2}+\xi \mathrm{Var}[\tilde{p}_k]\right)^2\alpha^3} < 0 \\ \text{falls} \quad q\left(x^{**}\right) = 0 \text{ und } q\left(x^{*}\right) > 0 \\ \\ \alpha\left(p_{f_0}-\beta\right) > 0 \\ \text{falls} \quad q\left(x^{**}\right) > 0 \text{ und } q\left(x^{*}\right) = 0 \end{cases} \tag{2.54}$$

Wird im Modell mit Terminmarkt produziert und im Modell ohne Terminmarkt nicht, so bewirkt die Erhöhung von α eine höhere Produktionsmenge $q(x^{**})$, während $q(x^*) = 0$ bleibt. Der positive realwirtschaftliche Effekt wird verstärkt. Realisiert der Produzent hingegen ohne Terminmarkt eine positive Produktionsmenge, während er mit Terminmarkt die Produktion nicht aufnimmt, so bewirken die gesunkenen Gesamtkosten, daß $q(x^*)$ steigt, während $q(x^{**}) = 0$ ist, und somit der negative realwirtschaftliche Effekt verstärkt wird. Ist die Aufnahme der Produktion in beiden Modellen vorteilhaft, werden durch die gesunkenen Gesamtkosten die Produktionsmengen in beiden Modellen erhöht. Die Auswirkungen eines ceteris paribus höheren α bedürfen einer Fallunterscheidung: (1) Gilt $p_{f_0} > \mathrm{E}[\tilde{p}_k] > \beta$, nimmt der Produzent im Modell mit Terminmarkt eine Reversed-Hedge-Position ein, indem er mehr per Termin verkauft als produziert. Dann profitiert $q(x^{**})$ mehr als $q(x^{*})$ von den gesunkenen Gesamtkosten. Die durch das Hedging verursachte positive Differenz zwischen den Produktionsmengen wird größer. (2) Der Produzent sichert sich vollständig ab, wenn $p_{f_0} = \mathrm{E}[\tilde{p}_k] > \beta$ ist. Die vollständige Absicherung bewirkt einen positiven realwirtschaftlichen Efffekt, der durch die Erhöhung von α verstärkt wird. (3) Schließlich kann keine Aussage über die Veränderung eines positiven realwirtschaftlichen Effekts durch die Erhöhung von α getroffen werden, wenn $\mathrm{E}[\tilde{p}_k] > p_{f_0} > \beta$ gilt. In diesem Fall steigen beide Produktionsmengen aufgrund gesunkener Gesamtkosten. In welchem Modell die Produktionsmengenerhöhung stärker ausfällt, ist aber ohne Kenntnis der genauen Modellparameter nicht bestimmbar.

2.4 Erweiterungen des Grundmodells der herkömmlichen Modellierung

Die in den Abschnitten 2.1 und 2.2 vorgestellten Modellierungen werden in der Literatur als Grundmodelle für (auf der Portefeuilletheorie basierter) Produktionsentscheidungen ohne und mit Terminmarkt erachtet. Da sie die Realität - wie die meisten Modelle - nur unzureichend abbilden, wurden sie zum Gegenstand verschiedenartiger Erweiterungen.

Die in dieser Arbeit unterstellte Verfügbarkeit von Futureskontrakten mit „passender" Fälligkeit und Ausgestaltung ist an real existierenden Terminmärkten oft nicht gegeben. Terminkontrakte können nur für eine sehr begrenzte Anzahl von Gütern an organisierten Börsen abgeschlossen und gehandelt werden.[76] Ist das produzierte Gut nicht an einer Terminbörse handelbar, aber mit einem Gut, das gehandelt wird, korreliert, kann die Produktionsmenge dennoch mit „cross hedging" -Strategien gehedgt werden. Selbst wenn ein bestimmtes Gut grundsätzlich an einer Börse per Termin gehandelt wird, können Abweichungen im Lieferort, Qualität oder Lieferzeitpunkt bestehen. Fallen die Zeitpunkte des beabsichtigten Verkaufs des Gutes am Kassamarkt und der Fälligkeit des Futures auseinander, so sind zwei Fälle zu unterscheiden: (1) Hat der Futures eine Laufzeit, die nach dem Zeitpunkt der Fertigstellung des Gutes liegt, so muß die Terminmarktposition zu einem aus Sicht des Zeitpunktes $t = 0$ unsicheren Futurespreis vorzeitig glattgestellt werden. Sind der Preis des Futures und der Kassapreis nicht vollständig korreliert, entsteht ein Basisrisiko. (2) Ist die Dauer des Produktionsprozesses sehr lang, existiert unter Umständen noch kein Terminkontrakt für diese Laufzeit. Die Betrachtung mehrperiodiger

[76] An der WTB Hannover, der zur Zeit einzigen Warenterminbörse Deutschlands, können Terminkontrakte lediglich auf Kartoffeln, Schlachtschweine, Weizen, Rapssaat, Rapsschrot, Rapsöl, Heizöl, Deinking-Altpapier und Kaufhaus-Altpapier abgeschlossen und gehandelt werden (Stand 1. August 2000).

Modelle wird unumgänglich.

Die Annahme einer deterministischen Produktionsfunktion ist in der Realität ebenfalls nicht haltbar, wenn der Produktionsprozeß mit Unsicherheit behaftet ist. Selbst bei einem im allgemeinen eindeutigen nichtstochastischen Zusammenhang zwischen Einsatzfaktoren und Ausbringungsmenge kann der Eintritt von „Katastrophen" große Auswirkungen auf den Preis haben.[77]

Gegenstand der nächsten Abschnitte sind die Erweiterungen, die aufgrund der oben beschriebenen Unzulänglichkeiten der „Grundmodelle" entwickelt wurden. Diese Erweiterungen werden in ihren Grundzügen dargestellt, und die Unterschiede zu den Modellen aus 2.1 und 2.2 kurz aufgezeigt. Die Modellwelt wird indes insofern nicht verändert, als die Aussagen lediglich auf die individuellen Entscheidungen der Produzenten bezogen werden, und gleichgewichtstheoretische Implikationen ausgespart bleiben. Diese sind Gegenstand des Kapitels 4.

2.4.1 Vorzeitige Glattstellung der Terminmarktposition

Können zum Zeitpunkt der Produktionsentscheidung ($t = 0$) lediglich Terminkontrakte kontrahiert werden, die erst nach dem (geplanten) Zeitpunkt des Verkaufs der fertigen Produkte am Kassamarkt ($t = 1$) fällig werden, ist eine vollständige Beseitigung des Preisrisikos im Planungszeitpunkt $t = 1$ selbst durch eine vollständige Absicherung der Produktionsmenge nicht möglich. Vielmehr besteht, wenn solch ein Terminkontrakt in $t = 0$ zum sicheren Terminpreis p_{f_0} abgeschlossen wurde, im Planungszeitpunkt $t = 1$

[77] In der landwirtschaftlichen Produktion wird beispielsweise die Schweinezucht häufig durch einen deterministischen Produktionsprozeß beschrieben. Jedoch können Ereignisse, wie das plötzliche Auftreten von Schweinepest und ähnlichen Krankheiten, erhebliche Auswirkungen auf den Preis von lebenden Schweinen und Schweinefleisch ausüben.

eine offene Position auf dem Terminmarkt, die durch ein Gegengeschäft glattgestellt werden muß. Dieses Gegengeschäft findet im Zeitpunkt $t = 1$ zum im Zeitpunkt $t = 0$ noch unsicheren Terminpreis $\tilde{p}_{f_1}$ statt. Sind die Zufallsvariablen $\tilde{p}_k$ und $\tilde{p}_{f_1}$ nicht identisch, so entsteht ein Risiko, das als Basisrisiko[78] bezeichnet wird.[79] Das Hedgingmodell unter Einbeziehung des Basisrisikos wurde zuerst von Batlin (1983a) analysiert und später unter anderem von Spremann (1986), Bamberg/Baur (1987)[80], Paroush/Wolf (1989) und Kürsten (1997b und 1997c) betrachtet. Paroush/Wolf (1989) gehen dabei von einem Bernoulli-Entscheider mit einer beliebigen konkaven Nutzenfunktion aus, während Batlin (1983a) und Bamberg/Baur (1987) dem folgenden Modell gleich eine CARA-Nutzenfunktion und normalverteilte Variablen voraussetzen. Spremann (1986) und Kürsten (1997b und 1997c) nehmen direkt einen (μ, σ)-Entscheider an. Geringfügige Unterschiede ergeben sich weiterhin aus den angenommenen Kostenverläufen. Spremann (1986) und Kürsten (1997b und 1997c) betrachten eine lineare Kostenfunktion und müssen aufgrund der fehlenden Konvexität ihrer Kostenfunktion die Randfälle $\mathrm{Corr}[\tilde{p}_k, \tilde{p}_{f_1}] \pm 1$ aus der Analyse ausschließen. Dem begegnen Bamberg/Baur (1987) mit der Annahme einer quadratischen Kostenfunktion und Paroush/Wolf (1989) mit einer allgemeinen strikt konvexen Kostenfunktion. Batlin (1983a) setzt eine strikt konkave Produktionsfunktion ein.

Wird die Optimierung analog zum Abschnitt 2.2 durchgeführt und das Präferenzfunktional

---

[78]Der Ausdruck $\tilde{p}_{f_1} - \tilde{p}_k$ wird im allgemeinen als Basis bezeichnet.

[79]Vgl. Batlin (1983a), S. 682.

[80]Bamberg/Baur (1987) betrachten ein Gleichgewichtsmodell, in der der Terminpreis wie in Abschnitt 4.2 endogen aus dem Gleichgewicht am Terminmarkt ermittelt wird. Jedoch wird ein Gleichgewicht auf dem Kassamarkt und der Prozeß der Erwartungsbildung der einzelnen Marktteilnehmer nicht näher analysiert, so daß ihre Resultate mit den hier betrachteten Modellen übereinstimmen.

$$\begin{aligned}\hat{\Phi}(\tilde{z}) =& \mathrm{E}[q(x)\tilde{p}_k - x - \gamma + y(p_{f_0} - \tilde{p}_{f_1})] \\ & - \frac{\xi}{2}\mathrm{Var}[q(x)\tilde{p}_k - x - \gamma + y(p_{f_0} - \tilde{p}_{f_1})]\end{aligned} \tag{2.55}$$

simultan über x und y maximiert, ergibt sich die optimale Produktionsmenge $q(x^{**})$

$$\begin{aligned}q(x^{**}) = & \frac{1}{\xi\left(1 - \mathrm{Corr}[\tilde{p}_k, \tilde{p}_{f_1}]^2\right) + \frac{2}{\alpha^2 \mathrm{Var}[\tilde{p}_k]}} \cdot \\ & \cdot \left\{\frac{\mathrm{E}[\tilde{p}_k] - \beta}{\mathrm{Var}[\tilde{p}_k]} - \mathrm{Corr}[\tilde{p}_k, \tilde{p}_{f_1}] \frac{\mathrm{E}[\tilde{p}_{f_1}] - p_{f_0}}{\mathrm{Std}[\tilde{p}_k]\,\mathrm{Std}[\tilde{p}_{f_1}]}\right\}\end{aligned} \tag{2.56}$$

und die optimale Position des Produzenten am Terminmarkt y^{**}

$$\begin{aligned}y^{**} = & \frac{1}{\xi\left(1 - \mathrm{Corr}[\tilde{p}_k, \tilde{p}_{f_1}]^2\right) + \frac{2}{\alpha^2 \mathrm{Var}[\tilde{p}_k]}} \cdot \\ & \cdot \left\{\frac{p_{f_0} - \mathrm{E}[\tilde{p}_{f_1}]}{\mathrm{Var}[\tilde{p}_{f_1}]}\left(\frac{2}{\alpha^2 \xi \mathrm{Var}[\tilde{p}_k]} + 1\right) - \mathrm{Corr}[\tilde{p}_k, \tilde{p}_{f_1}] \frac{\beta - \mathrm{E}[\tilde{p}_k]}{\mathrm{Std}[\tilde{p}_k]\,\mathrm{Std}[\tilde{p}_{f_1}]}\right\}\end{aligned} \tag{2.57}$$

Es ergeben sich einige Unterschiede zum bisher betrachteten Modell. So wird die optimale Produktionsmenge nicht mehr ausschließlich durch den deterministischen Terminpreis p_{f_0} und den Parametern der Kostenfunktion determiniert. Vielmehr fließen die Erwartungen des Produzenten über den zukünftigen Kassapreis und den zukünftigen Terminpreis ebenso wie die Varianzen dieser Zufallsvariablen und deren Korrelation sowie die Risikoaversion des Produzenten in die Bestimmung des optimalen Outputs mit ein. Das Ergebnis des Abschnitts 2.2, wonach durch das simultane Heranziehen von Forward-Kontrakten zum Hedgen einer Primärposition die optimale Höhe der Primärposition von den Preiserwartungen und der

Risikoeinstellung des Produzenten unabhängig ist, besitzt also nur für den Spezialfall „passender" Futures Gültigkeit. Terminkontrakte, deren Fälligkeit nicht mit dem Planzeitpunkt zusammenfällt, entfalten diese Wirkung nicht. Die optimale Position des Produzenten auf dem Terminmarkt ist von den gleichen Modellparametern abhängig wie seine optimale Produktionsmenge. Veränderungen der Modellparameter wirken sich jedoch auf $q(x^{**})$ und y^{**} unterschiedlich aus. Insbesondere ist das Vorzeichen des Korrelationskoeffizienten $\mathrm{Corr}[\tilde{p}_k, \tilde{p}_{f_1}]$ meist ausschlaggebend. So zeigt Batlin (1983a)[81], daß die marginale Erhöhung des Terminpreises die optimale Produktionsmenge ceteris paribus erhöht (nicht verändert, verringert), wenn der Korrelationskoeffizient größer (gleich, kleiner) Null ist.[82] Die komparativ-statische Analyse des Modells des Abschnitts 2.2 ergab demgegenüber eine eindeutige Erhöhung der Produktionsmenge. Wird das Modell aus Abschnitt 2.2 jedoch als Spezialfall des hier betrachteten Modells mit perfekt positiv korrelierten Preisen $\tilde{p}_k$ und $\tilde{p}_{f_1}$ aufgefaßt, sind die Ergebnisse vergleichbar. Erwartet der Produzent einen marginal höheren Kassapreis, so produziert er mehr.[83] Die Erhöhung des erwarteten Terminpreises $\mathrm{E}[\tilde{p}_{f_1}]$ dagegen erhöht die Kosten bei der Glattstellung in $t = 1$, so daß die optimale Produktionsmenge sinkt (gleich bleibt, steigt), wenn $\mathrm{Corr}[\tilde{p}_k, \tilde{p}_{f_1}]$ größer (gleich, kleiner) Null beträgt.[84] Ebenso reagiert die optimale Produktionsmenge konträr auf eine Erhöhung der Standardabweichungen von $\tilde{p}_k$ und $\tilde{p}_{f_1}$. Während ein höheres $\mathrm{Std}[\tilde{p}_k]$ die optimale Produktionsmenge sinken (gleich bleiben, steigen) läßt, wenn $\mathrm{Corr}[\tilde{p}_k, \tilde{p}_{f_1}]$ größer (gleich, kleiner) Null ist, bewirkt die Erhöhung von $\mathrm{Std}[\tilde{p}_{f_1}]$, daß bei $\mathrm{Corr}[\tilde{p}_k, \tilde{p}_{f_1}]$ größer (gleich, kleiner) Null die Produktion steigt (gleich bleibt, sinkt).[85] Schließlich verursacht die marginale Erhöhung der absoluten Risikoaversion des Produzenten ceteris

[81] Für die ausführliche komparativ-statische Analyse der Ergebnisse siehe Batlin (1983a), S. 686-691.

[82] Vgl. Batlin (1983a), S. 687.

[83] Vgl. Batlin (1983a), S. 688.

[84] Vgl. Batlin (1983a), S. 688.

[85] Vgl. Batlin (1983a), S. 689 f..

paribus einen Rückgang der produzierten Menge.[86]

Im Kontext der Untersuchungen der Hedgingmodelle mit Futures, die ein Basisrisiko implizieren, wurde in der Literatur auch auf die Parallele der Ergebnisse der Simultanmodelle zur Tobin-Separation[87] der Portefeuille-Selektion hingewiesen.[88] [89] Dies erscheint plausibel, da die betrachteten Hedgingmodelle sich der gleichen analytischen Werkzeuge bedienen wie die Portefeuille-Selektion. Konkret wurde gezeigt, daß die Hedge-Ratio $\frac{y^{**}}{q(x^{**})}$ von der Anfangsausstattung und der Risikoaversion des Produzenten unabhängig ist. Danach realisieren alle Produzenten das gleiche Mischungsverhältnis der riskanten Titel Produktionsmenge und Hedgingvolumen. Die absolute Risikoaversion des Produzenten berührt nur seine Entscheidung über die Aufteilung des Budgets zwischen risikofreier und riskanter Anlage. Grundlage dieser Aussagen ist das in diesem Abschnitt beschriebene Modell, jedoch mit einer linearen Kostenfunktion[90]. Bildet man nun die Hedge-Ratio des hier betrachteten Modells mit der auf S. 20 angenommenen (quadratischen) Kostenfunktion

$$HR = \frac{\frac{p_{f_0} - \mathrm{E}[\tilde{p}_{f_1}]}{\mathrm{Var}[\tilde{p}_{f_1}]} \left(\frac{2}{\alpha^2 \xi \mathrm{Var}[\tilde{p}_k]} + 1 \right) - \mathrm{Corr}[\tilde{p}_k, \tilde{p}_{f_1}] \frac{\beta - \mathrm{E}[\tilde{p}_k]}{\mathrm{Std}[\tilde{p}_k]\mathrm{Std}[\tilde{p}_{f_1}]}}{\frac{\mathrm{E}[\tilde{p}_k] - \beta}{\mathrm{Var}[\tilde{p}_k]} - \mathrm{Corr}[\tilde{p}_k, \tilde{p}_{f_1}] \frac{\mathrm{E}[\tilde{p}_{f_1}] - p_{f_0}}{\mathrm{Std}[\tilde{p}_k]\mathrm{Std}[\tilde{p}_{f_1}]}} \qquad (2.58)$$

---

[86] Vgl. Batlin (1983a), S. 690.

[87] Vgl. Tobin (1958).

[88] Vgl. Kürsten (1997b), S. 121 f..

[89] Im Standardmodell des Hedging gilt diese Parallele selbst für lineare Kostenfunktionen nicht, da die exogen vorgegebene Produktionsmenge eine Art „nichtmarktfähiges Einkommen" des Produzenten darstellt. Lediglich wenn das durch die vorgegebene Produktionsmenge induzierte Risiko vollständig durch marktfähige Titel dupliziert werden kann, folglich perfektes Hedging möglich ist, ist wieder Tobin-Separation zu erreichen. Vgl. Kürsten (1997b), S. 122.

[90] Vgl. Kürsten (1997b), S. 120.

so sieht man, daß diese zwar von der Anfangsausstattung des Produzenten, jedoch nicht von seiner Risikoaversion unabhängig ist.[91] Lediglich wenn man den Spezialfall betrachtet, in dem der Produzent eine von der Produktionsmenge linear abhängige Kostenfunktion besitzt[92] und somit analog der klassischen Portefeuille-Selektion lineare Positionen miteinander kombiniert werden, ist das Verhältnis zwischen den Volumina der beiden riskanten Anlagealternativen, der Produktionsmenge und dem Hedgingvolumen, von der Risikoaversion des Produzenten unabhängig. Nur in diesem Fall kann eine Analogie zur Tobin-Separation der Portefeuille-Selektion hergestellt werden.

2.4.2 Mehrperiodiges Hedging mit Futures

Nimmt die Produktion einen so langen Zeitraum in Anspruch, daß im Zeitpunkt der Entscheidung über die Produktionshöhe kein Termingeschäft für die gesamte Dauer vorhanden ist, wird die Analyse mehrperiodiger Modelle erforderlich. Mehrperiodige Modelle kommen ebenfalls in Betracht, wenn mehrere Produktionsentscheidungen und deren Absicherung im Zeitablauf betrachtet werden sollen. Modelle, die derartige Hedgingstrategien untersuchen, wurden unter anderem von Krasker (1985), Vukina/Anderson (1993), Howard/D´Antonio (1991), Lien (1992)[93], Donoso (1995) und im deutschsprachigen Raum von Spremann (1991), Breuer (1996b) und Kürsten (1997a) entwickelt, wobei der ökonomische und der analytische Bezug der einzelnen Modelle unterschiedlich gelagert ist.

Krasker (1985) untersucht die Entscheidungsfindung eines Varianzminimierers, der in den nächsten m Zeitpunkten eine gegebene Produktionsmenge

[91] Die Unabhängigkeit der Produktionsmenge, der optimalen Position auf dem Terminmarkt und der Hedge-Ratio von der Anfangsausstattung beruht auf der Annahme der konstanten absoluten Risikoaversion des Produzenten. Vgl. z.B. Elton/Gruber (1991), S. 196 und die Erläuterung in Abschnitt 2.1.2 .

[92] In der obigen Rechnung kann dies durch $\alpha \to \infty$ dargestellt werden.

[93] erweitert und empirisch getestet unter anderem durch Lien/Luo (1993), Lien (1996) und Lien/Tse (1999).

absetzen und sich gegen das Kassapreisrisiko absichern will.[94] Terminkontrakte können jedoch nur für die nächsten k $(k < m)$ Zeitpunkte abgeschlossen werden, so daß eine Roll-over Hedgestrategie verfolgt werden muß.[95] Krasker (1985) zeigt nun mittels Techniken der sequentiellen Entscheidungsanalyse, daß zu jedem Zeitpunkt eine perfekte Absicherung möglich ist, wenn der Terminpreis in jedem Zeitpunkt als eine lineare Funktion vergangener Kassapreise beschrieben werden kann.[96] Eine wichtige Prozeßklasse, für die die obige Linearitätsannahme erfüllt ist, stellen ARMA-Prozesse[97] dar.[98] Lien (1992), Lien/Luo (1993), Lien (1996) und Lien/Tse (1999) erweitern das Modell von Krasker (1985) für kointegrierte Zeitreihen von Kassa- und Terminpreisen.

Howard/D'Antonio (1991) und Vukina/Anderson (1993) untersuchen den Zusammenhang zwischen dem optimalen Hedge-Ratio und dem Hedgehorizont. In einem statischen Modell zeigen Howard/D'Antonio (1991), daß die optimale Hedge-Ratio von der Länge des abzusichernden Zeitraums abhängt, wenn die Kassapreise autokorreliert sind.[99][100] Je länger der abzusichernde Zeitraum ist, desto höher sind die Hedge-Ratios der ersten Perioden.[101] Ist dieser Zeitraum aber endlich, fallen die Hedge-Ratios im Zeitablauf immer niedriger aus.[102] Dem statischen Modell von Howard/D'Antonio (1991) stellen Vukina/Anderson (1993) ein dynamisches (Standard)Modell gegenüber, in dem nach jeder Periode aufgrund neuer Informationen die

[94] Vgl. Krasker (1985), S. 657.
[95] Vgl. Krasker (1985), S. 658.
[96] Vgl. Krasker (1985), S. 659.
[97] ARMA-Prozesse sind autoregressive moving average Prozesse.
[98] Vgl. Krasker (1985), S. 659.
[99] Vgl. Howard/D'Antonio (1991), S. 702.
[100] Weisen die Kassapreise keine Autokorrelation auf, kann für jeden Zeitpunkt unabhängig von den anderen Zeitpunkten gehedgt werden. Dann kann die Festlegung des Hedgingvolumens anhand des Modells des Abschnitts 2.2 erfolgen. Vgl. Howard/D'Antonio (1991), S. 698.
[101] Vgl. Howard/D'Antonio (1991), S. 705.
[102] Vgl. Howard/D'Antonio (1991), S. 703.

Position am Terminmarkt neu bestimmt wird.[103] Im Ergebnis erhalten sie eine von den jeweiligen Informationen abhängige optimale Hedge-Position für jeden Zeitpunkt.[104]

Spremann (1991), Breuer (1996b) und Kürsten (1997a) betrachten vergleichbare Problemstellungen in einem Drei-Zeitpunkte-Modell:[105] Ein (μ, σ)- Entscheider weiß im Zeitpunkt $t = 0$, daß er in $t = 1$ eine offene Position hereinbekommt, der erst zum Zeitpunkt $t = 2$ fällig sein wird. Termingeschäfte zur Absicherung dieser Position sind in $t = 0$ noch nicht vorhanden. Sie stehen erst im Zeitpunkt $t = 1$ zur Verfügung. Spremann (1991) folgert in einem Standardmodell, bei der die offene Position exogen vorgegeben ist, daß eine optimale Strategie diese offene Position zur Hälfte absichert und bezeichnet diese Vorgehensweise als Fifty-fifty-Hedge.[106] Jedoch ist dieses Ergebnis nur unter einschränkenden Annahmen gültig. Insbesondere nimmt Spremann (1991) an, daß der Produzent bereits in $t = 0$ festgelegen möchte in welchem Umfang er zum Zeitpunkt $t = 1$ hedgen wird.[107] Weiterhin setzt er die Volatilitäten der Kassapreise und der Terminpreise über die Zeit hinweg gleich[108], schließt Kovarianzen zwischen den Vermögen der einzelnen Zeitpunkte aus[109] und nimmt $\mathrm{E}[\tilde{p}_k] = \mathrm{E}[\tilde{p}_{f_1}]$ an. Breuer (1996b) kritisert zunächst an Spremanns Drei-Zeipunkte-Modell, daß es bedingte Absicherungsstrategien nicht zuläßt[110], zeigt jedoch, daß unter der Annahme martingaleffizienter Terminpreise[111] die Beschränkung auf unbedingte Strategien unschädlich ist.[112] Sein Ergebnis, zu dessen

[103] Vgl. Vukina/Anderson (1993), S. 418.
[104] Vgl. Vukina/Anderson (1993), S. 418.
[105] Vgl. Spremann (1991), S. 296, Breuer (1996b), S. 235 und Kürsten (1997a), S. 145.
[106] Vgl. Spremann (1991), S. 305.
[107] Vgl. Spremann (1991), S. 296.
[108] Vgl. Spremann (1991), S. 305.
[109] Vgl. Spremann (1991), S. 303.
[110] Vgl. Breuer (1996a), S. 240.
[111] Breuer (1996a) rekurriert dabei auf die Terminkurstheorie der Wechselkurserwartung. Vgl. Breuer (1996a), S. 241.
[112] Vgl. Breuer (1996a), S. 241.

Herleitung er einige Annahmen zu der stochastischen Unabhängigkeit der Kassa- und Terminpreise[113] trifft, beinhaltet aber im Gegesatz zu Spremanns Fifty-fifty-Hedge die Optimalität einer 100%-igen Absicherung der offenen Position. Kürsten (1997a) weist darauf hin, daß das Modell von Spremann (1991) einen entscheidungtheoretisch irrelevanten Kontext beschreibt[114], da der Entscheider sein optimales Hedgevolumen bereits im Zeitpunkt $t = 0$ festlegt und damit ein kostenloses Signal ignoriert, das ihm das Abwarten der Periode $[0;1]$ in Form des Terminkurses p_{f_1} bringen würde.[115] Da der Wert eines kostenlosen Signals nicht negativ werden kann, treffen rationale Entscheider in Spremanns (1991) Modell die Hedgingentscheidung erst in $t = 1$; dann aber befinden sie sich wieder in einem Zwei-Zeitpunkte-Modell (siehe Abschnitt 2.2 beziehungsweise 2.4.1).[116] Aus diesem Grunde nimmt Kürsten (1997a) in Abänderung von Spremann (1991) an, daß in $t = 0$ lediglich die Entscheidung getroffen wird, daß gehedgt werden soll, die Festlegung der optimalen Position am Terminmarkt aber erst in $t = 1$ erfolgt.[117] Zudem geht Kürsten (1997a) zu einem aktiven Risikomanagement (Simultanmodell) über, indem er die offene Position als frei disponibel voraussetzt. Mit Hilfe der Methode der Rückwärtsiteration zeigt er zum einen, daß weder ein Fifty-fifty-Hedge noch eine vollständige Absicherung allgemeingültige Lösungen darstellen. Zum anderen lassen sich unter zusätzlichen Annahmen positive realwirtschaftliche Effekte aufzeigen, die ein aktives Risikomanagement befürworten.[118] Dies weist Kürsten für den Spezialfall nach, wenn in $t = 1$ ausschließlich Kontrakte mit passender

[113]Vgl. Breuer (1996a), S. 246. Um eine Kompatibilität von Spremann (1991) und Kürsten (1997a) mit Breuer (1996b) zu erreichen, können die stochastischen Wechselkurse als stochastische Preise uminterpretiert werden.

[114]Vgl. Kürsten (1997a), S. 130.

[115]Vgl. Kürsten (1997a), S. 135.

[116]Vgl. Kürsten (1997a), S. 135.

[117]Vgl. Kürsten (1997a), S. 136.

[118]Vgl. Kürsten (1997a), S. 150.

Fälligkeit in $t = 2$ kontrahiert werden können.[119]

2.4.3 Hedging unter Preis- und Mengenunsicherheit

Wird das Modell des Abschnitts 2.2 durch die Einbeziehung einer stochastischen Produktionsfunktion erweitert, besteht zum Zeitpunkt der Produktionsentscheidung neben der bisher betrachteten Preisunsicherheit auch eine Unsicherheit über den zum Zeitpunkt des Verkaufs am Kassamarkt vorhandenen Output. Rolfo (1980) entwickelte das erste Modell, das Preis- und Mengenunsicherheit modelliert und testete es empirisch anhand des Beispiels eines Herstellers von Kakao[120]. Später wurde das Problem unter anderem von Chavas/Pope (1982), Anderson/Danthine (1983), Ho (1984), Marcus/Modest (1984) und Grant (1985) analysiert und getestet. Der Modellrahmen von Rolfo (1980), Chavas/Pope (1982), Anderson/Danthine (1983) und Grant (1985) entspricht weiterhin grundsätzlich dem des Abschnitts 2.2, während Ho (1984) und Marcus/Modest (1984) ihre Aussagen in einem zeitkontinuierlichem Modell von Konsum- und Investionsentscheidungen eines Produzenten ableiten.[121]

Chavas/Pope (1982) nehmen in einem Erwartungswert-Varianz-Kalkül speziell an, daß die (stochastische) Produktionsmenge und der (stochastische) Kassapreis unabhängig sind.[122] Auf der Grundlage ihrer aus dieser Annahme resultierenden Ergebnisse folgern sie, daß durch die Stochastik der Produktionsmenge der Terminmarkt für die Produzenten weniger attraktiv wird und deswegen weniger genutzt wird als im Modell mit deterministischer

[119] Vgl. Kürsten (1997a), S. 148 ff..

[120] Die Produktion von Kakao unterliegt traditionell sehr großen Mengen- und Preisschwankungen. Vgl. Rolfo (1980), S. 101.

[121] Die folgenden Aussagen konzentrieren sich daher auf Rolfo (1980), Chavas/Pope (1982), Anderson/Danthine (1983) und Grant (1985).

[122] Vgl. Chavas/Pope (1982), S. 100.

Produktionsfunktion.[123] Jedoch beruht diese Aussage auf der Annahme der Unabhängigkeit von Produktionsmenge und Kassapreis. Anderson/Danthine (1983) zeigen, daß je nach Vorzeichen und Höhe des Korrelationskoeffizienten der optimale Hedgevolumen größer, gleich oder kleiner sein kann als im Referenzmodell mit deterministischem Output, falls die Produktionsmenge und der Kassapreis miteinander korreliert sind.[124] Da durch die Unsicherheit der Produktionsmenge die Position auf dem Terminmarkt nicht mehr so gewählt werden kann, daß sie (umgekehrt) perfekt mit den Erlösen aus der Produktion korreliert ist, ist die Entscheidung über die optimale Höhe des Einsatzfaktors nun nicht mehr unabhängig von der Risikoaversion des Produzenten und seinen Erwartungen bezüglich der Höhe seiner Produktionsmenge und des Kassapreises.[125] Auch wenn der erwartete Kassapreis und der Forward-Preis gleich sind (martingaleffizienter Markt), in welchem Fall im Modell des Abschnitts 2.2 die Produktionsmenge zu 100% gehedgt wird, sind Abweichungen von der erwarteten (optimalen) Produktionsmenge und der optimalen Position auf dem Terminmarkt zu erwarten.[126] In Modellen mit einer logarithmischen oder einer quadratischen Nutzenfunktion des Produzenten lehnt bereits Rolfo (1980) die traditionell empfohlene Hedge-Ratio von Eins sowohl aus theoretischer als auch aus empirischer Sicht ab.[127] Die vollständige Absicherung könnte nur dann die optimale Lösung darstellen, wenn die zwei Risiken (Preis- und Mengenunsicherheit) perfekt (positiv oder negativ) korreliert wären[128] oder durch zwei Termingeschäfte gehedgt werden könnten[129]. Schließlich ist eine interessante Besonderheit des Modells, daß durch die Annahme einer stochastischen Produktionsfunktion die Analyse

[123] Vgl. Chavas/Pope (1982), S. 104.

[124] Vgl. Anderson/Danthine (1983), S. 377.

[125] Vgl. Chavas/Pope (1982), S. 103, Anderson/Danthine (1983), S. 376 und Grant (1985), S. 633. Für die ausführliche komparativ-statische Analyse der Ergebnisse vgl. Chavas/Pope (1982), S. 104 ff..

[126] Vgl. Anderson/Danthine (1983), S. 376.

[127] Vgl. Rolfo (1980), S. 101.

[128] Vgl. Ho (1984), S. 358.

[129] Vgl. Anderson/Danthine (1983), S. 376.

nicht mehr nur für risikoaverse, sondern auch für risikoneutrale Produzenten geführt werden kann.[130]

2.4.4 Cross Hedging und multivariates Hedging mit Futures

Bisher wurde die Absicherung einer Primärposition in einem Produkt mit einem auf dieses Produkt lautendem Terminkontrakt betrachtet. Existiert für ein Produkt kein Terminmarkt, ist es aber mit anderen Produkten, für die ein Terminmarkt vorhanden ist, korreliert, so kann die Absicherung durch einen oder mehreren dieser Terminkontrakte geschehen; es kann eine Cross-Hedging-Strategie verfolgt werden.[131]

Die simultane Bestimmung der optimalen Produktionsmenge in einem Produkt und der optimalen Positionen in verschiedenen Terminkontrakten betrachten Anderson/Danthine (1981). Sie kommen zu dem Ergebnis, daß die optimale Produktionsmenge nicht mehr allein von den Terminpreisen und den Grenzkosten abhängt. Eine Erhöhung der Anzahl der in die Hedgestrategie einbezogenen Terminkontraktarten führt zudem nur dann zu einer Erhöhung der Primärposition, wenn die neu hinzugekommenen Terminkontrakte keinen Spekulationsanreiz für den Produzenten beinhalten.[132]

Eine Erweiterung erfährt das Modell in Anderson/Danthine (1980)[133] durch die Betrachtung von mehreren Produkten, deren optimale Produktionsmengen simultan mit den optimalen Positionen in mehreren Terminkontrakten festgelegt werden. Dabei wird die optimale Produktionsmenge bestimmt, indem der Vektor der Grenzkosten in den einzelnen Produkten dem Vektor

[130] Vgl. Chavas/Pope (1982), S. 102, die diese Möglichkeit auch durch die Annahme von steigenden marginalen Kosten beim Aufbau einer Terminmarktposition aufzeigen.

[131] Vgl. Anderson/Danthine (1980), S. 487.

[132] Vgl. Anderson/Danthine (1981), S. 1190.

[133] Vgl. auch Bowden (1995).

„geplanter Preise“, korrigiert durch einen Vektor der Risikoprämien gleichgesetzt wird. Dabei beinhaltet der Vektor der Planpreise Linearkombinationen aus den erwarteten Kassapreisen der zu hedgenden Produkte und den Terminpreisen aller betrachteten Güter. Der Vektor der Risikoprämien hängt von den optimalen Produktionsmengen, von den Varianzen und Kovarianzen von allen Kassa- und Terminpreisen und von der Risikoaversion des Produzenten ab. Auch in diesem Fall führt die Einbeziehung eines neuen Termingeschäfts nicht notwendigerweise zu einer Produktionserhöhung bei einem oder mehreren Produkten.[134] Zu beachten ist hier der Unterschied zu Anderson/Danthine (1981). Während bei Anderson/Danthine (1981) eine Primärposition mit mehreren Terminkontrakten gehedgt wird, wird in Anderson/Danthine (1980), falls die Preise der Produkte untereinander korreliert sind, zunächst die natürliche Risikovernichtung innerhalb des Portfolios genutzt, so daß nur das Restrisiko als Risikokomponente in die Optimierung eingehen muß. Die separate Festlegung der optimalen Terminmarktposition für jedes Produkt führt am Optimum vorbei, was ein aus der Portfeuilletheorie wohlbekanntes Ergebnis darstellt.[135] [136]

2.4.5 Hedging mit Forwards, Futures und Optionen

Stehen für das Management des Preisrisikos mehrere Terminmärkte mit verschiedenartigen Terminkontrakten zur Verfügung, so kann der Produzent sich auf eine Kontrakart beschränken oder auch mehrere Kontraktarten miteinander kombinieren.

[134] Vgl. Anderson/Danthine (1980), S. 490 f..

[135] Empirisch konnte ein besseres Abschneiden der multivariaten Hedgingmodelle gegenüber einfachen Hedgingmodellen anhand von Daten des Chicagoer Sojabohnenmarktes, vgl. Collins (2000), S. 203, und auch anhand von Daten festverzinslicher mortgage-backed securities, vgl. Koutmos/Pericli (2000), S. 69, nicht bestätigt werden.

[136] Zu Anwendungen der Ergebnisse von Anderson/Danthine im Währungsrisikomanagement vergleiche unter anderem Broll/Wong (1999) und Broll/Wong/Zilcha (1999).

Paroush/Wolf (1986) und Antonovitz/Nelson (1988) beschreiben die Entscheidungsproblematik, wenn die Absicherung auf Forward- und Futuresmärkten erfolgen kann.[137] Die zwei Risiken, das Kassapreisrisiko und das Basisrisiko, können auf drei Märkten, dem Kassamarkt, dem Futuresmarkt und dem Forwardmarkt, gehedgt werden.[138] Die Optimierung eines risikoaversen Bernoulli-Entscheiders ergibt, daß die Produktionsmenge wieder unabhängig von den Risiken und der Risikoaversion des Produzenten bestimmt wird. Die Produktionsmenge wird wie im Modell des Abschnitts 2.2 derart festgelegt, daß die Grenzkosten der Produktion dem sicheren Forward-Preis entsprechen.[139] Paroush/Wolf (1986) definieren die Gesamt-Hedge-Ratio (GHR) als

$$\mathrm{GHR} = \frac{\text{Anzahl Forward-Kontrakte} + \text{Anzahl Futures-Kontrakte}}{\text{Produktionsmenge}}$$

und zeigen, daß GHR $\gtreqless$ 1 gilt, wenn der Forward-Preis größer (gleich, kleiner) dem erwarteten Kassapreis ist.[140] Ein 100%-Routine-Hedge ist somit nur möglich, wenn der Forward-Markt martingaleffizient ist. Antonovitz/Nelson (1988) präzisieren diese Aussagen weiter auf die drei möglichen Fälle:[141] (1) Eine Short Position in Forward-Kontrakten, die die produzierte Menge übersteigt und eine Long Position in Futures ist nur dann möglich, wenn der Forward-Preis über dem erwarteten Kassapreis liegt. (2) Ist der Forward-Markt martingaleffizient (Forward-Preis = erwarteter Kassapreis), so wird am Futures-Markt keine Position eingenommen und ein 100%-Hedge am Forward-Markt vorgenommen. (3) Liegt der Forward-Preis unter dem erwarteten Kassapreis, wird eine Short Position in Futures und eine Long Position bzw. eine unter der Produktionshöhe liegende Short Position am

[137]Zu Unterschieden zwischen Forward- und Futures-Kontrakten hinsichtlich der Bewertung vergleiche Cox/Ingersoll/Ross (1981), Jarrow/Oldfield (1981) und Wilhelm (1985), S. 96-99.

[138]Vgl. Paroush/Wolf (1986), S. 140 und Antonovitz/Nelson (1988), S. 182.

[139]Vgl. Paroush/Wolf (1986), S. 142 und Antonovitz/Nelson (1988), S. 185.

[140]Vgl. Paroush/Wolf (1986), S. 142.

[141]Vgl. Antonovitz/Nelson (1988), S. 186.

Forward-Markt realisiert.

Lapan/Moschini/Hanson (1991)[142] und in der deutschsprachigen Literatur Braun (1990) und Breuer (1996a, 1996c) untersuchen die Hedgingmöglichkeiten, wenn Forwardmärkte und Optionsmärkte zugänglich sind. Die Analyse von Lapan/Moschini/Hanson (1991) betrachtet einen risikoaversen Bernoulli-Entscheider, der seine Produktionsmenge und seine optimale Position in Forwards und in (europäischen) Verkaufsoptionen[143] simultan festlegt.[144] Sie zeigen, daß Optionen als Hedgeinstrumente redundant sind und am Forward-Markt eine Normal Hedge Position realisiert wird, wenn die Option keine systematische Fehlbewertung aufweist und der Kassapreis sich als eine Linearkombination aus dem Forward-Preis und einem Störterm darstellen läßt.[145] Werden anstelle der Forwards mit Basisrisiko behaftete Futures und ein Straddle[146] als Instrumente des Risikomanagement eingesetzt, erhalten sie zwei wesentliche Ergebnisse: (1) Besitzt der Kassapreis eine symmetrische Dichtefunktion, so ist die Abweichung der Futuresposition von einem 1:1-Hedge lediglich in dem Unterschied zwischen p_{f_0} und $\mathrm{E}[\tilde{p}_{f_1}]$ begründet. Welche Position der Produzent am Futures-Markt einnimmt, ist damit unabhängig von der eingenommenen Position im Straddle. (2) Im Optimum realisiert der Produzent stets eine Long Straddle Position, wenn der Straddle keine systematische Fehlbewertung aufweist und die Produktionsmenge nicht vollständig durch einen Terminverkauf von Futures abgesichert wird. Breuer (1996c) hingegen zeigt in einem Erwartungswert-Varianz-Kalkül, daß

---

[142] Vgl. dazu auch Aradhyula/Choi (1993) und Lapan/Moschini/Hanson (1993).

[143] Da eine europäische Kaufoption durch die Kombination von europäischer Verkaufsoption und dem Underlying synthetisch hergestellt werden kann, erübrigt sich deren explizite Betrachtung. Vgl. Lapan/Moschini/Hanson (1991), S. 67.

[144] Vgl. Lapan/Moschini/Hanson (1991), S. 66.

[145] Vgl. Lapan/Moschini/Hanson (1991), S. 68.

[146] Ein Long Straddle entspricht der Summe aus einem Long Put und einem Long Call, während sich ein Short Stradddle aus einem Short Put und einem Short Call zusammensetzt. Die Optionen müssen dabei den gleichen Basispreis haben. Vgl. Lapan/Moschini/Hanson (1991), S. 71.

die optimalen Hedge-Positionen in den beiden Absicherungsinstrumenten Forward und Verkaufsoption sich jeweils aus einer Linearkombination zweier Basisportefeuilles ergeben, deren Höhe insbesondere durch die Varianzen und Kovarianzen zwischen den stochastischen Modellvariablen bestimmt wird.[147] Die differierenden Ergebnisse von Lapan/Moschini/Hanson (1991) und Breuer (1996c) liegen insbesondere in den ungleichen Zielkriterien begründet. Während die Konzepte der Maximierung des Erwartungsnutzens und eine (μ, σ)-Optimierung in den bisher betrachteten Modellen unter bestimmten Bedingungen ineinander überführbar sind[148], ist dies unter Einbeziehung von Optionen nicht mehr möglich.[149] In einem auf die Wechselkursproblematik übertragenen Modell erweitert Breuer (1996a) den bisherigen Modellrahmen des Hedging eines Preisrisikos um ein zusätzliches Wechselkursrisiko, und muß somit zwei Risiken absichern.[150] Er bestimmt die optimalen varianzminimalen Terminmarktpositionen unter verschiedenen Szenarien: (1) unter alleinigem Einsatz von Forwards, (2) unter alleinigem Einsatz von Verkaufsoptionen und (3) wenn Forwards und Optionen simultan als Hedge-Instrumente benutzt werden. Hedgt der Produzent ausschließlich mit Forward-Kontrakten, ergibt sich die Höhe seiner optimalen (varianzminimalen) Short Position als Regressionskoeffizient einer linearen Regression der Einzahlung in Inlandswährung auf den Wechselkurs im Verkaufszeitpunkt.[151] Stehen dem Produzenten lediglich Verkaufsoptionen zur Risikominimierung zur Verfügung, kauft er so viele Verkaufsoptionen, daß die verbleibende Varianz nach dem Hedging sich nur noch aus dem Varianz eines Störterms ergibt. Dieser Störterm bildet den Teil der Einzahlung in Inlandswährung ab, der sich nicht durch eine lineare Regression über die stochastische Einzahlung aus der Verkaufsoption erklären läßt.[152] Setzt der Produzent Forwards und Optionen simultan ein, ergeben sich die optimalen

[147] Vgl. Breuer (1996c), S. 602 f..
[148] Vgl. z.B. Bamberg (1986), S. 17 ff..
[149] Vgl. Lapan/Moschini/Hanson (1991), S. 66.
[150] Vgl. Breuer (1996a), S. 518.
[151] Vgl. Breuer (1996a), S. 519.
[152] Vgl. Breuer (1996a), S. 521.

Positionen im Forward-Kontrakt und in der Verkaufsoption als Regressionskoeffizienten einer multiplen (linearen) Regression von der Einzahlung in Inlandswährung auf den unsicheren Betrag, der bei isolierter Betrachtung des Forward-Geschäfts in Inlandswährung zufließt und auf den unsicheren Betrag, der bei isolierter Betrachtung des Optionsgeschäfts in Inlandswährung zufließt.[153] Braun (1990) schließlich vergleicht die Hedgingtauglichkeit von Forwardkontrakten und (europäischen) Optionen im Kontext des Capital Asset Pricing Model (CAPM). Er betrachtet den nicht dispositiven Cash Flow des Unternehmens als nichtmarktfähiges Einkommen[154] und wendet das im Rahmen des CAPM mit nichtmarktfähigem Einkommen entwickelte Drei-Fonds-Separationstheorem von Mayers (1972) und Brito (1977) auf das Hedgingproblem an. Dadurch kann er Konstellationen aufzeigen, in denen Optionsgeschäfte dominant sind und gelangt damit zu der Aussage, daß Optionen im Vergleich zu Forwardkontrakten als Hedginginstrument überlegen sind.[155]

---

[153]Vgl. Breuer (1996a), S. 522.
[154]Vgl. Braun (1990), S. 17.
[155]Vgl. Braun (1990), S. 72.

Kapitel 3

Einschub: Die Theorie rationaler Erwartungen

Den herkömmlichen Modellierungen (Kapitel 2) gleich soll in Kapitel 4 die Produktionsentscheidung eines Produzenten unter Unsicherheit und unter asymmetrischer Informationsverteilung zwischen den Marktteilnehmern in einem Gleichgewichtsmodell analysiert werden. Dazu muß die Erwartungsbildung der Produzenten explizit modelliert und in ein Gleichgewichtskonzept eingebunden werden. Ende der 70er, Anfang der 80er Jahre erschien eine Vielzahl von Untersuchungen, die die asymmetrische Informationsverteilung der Marktteilnehmer zum Gegenstand haben.[1] Dies wurde unter anderem durch die Entwicklung des Konzepts der rationalen Erwartungen (REE) möglich.[2] Für die Gleichgewichtsanalyse des Kapitels 4 erscheint das Konzept rationaler Erwartungen als besonders geeignet, insbesondere da es in der Literatur vielfach als *„much the most satisfactory generally applicable hypothesis on expectatations formation"*[3] angesehen wird. Im Folgenden wird das Gleichgewichtskonzept rationaler Erwartungen beschrieben, seine Existenz diskutiert und Gemeinsamkeiten zu benachbarten Konzepten aufgezeigt. Dabei beschränkt sich der Kapitel 3 auf die verbale Darstellung der Theorie. Da

[1] Vgl. Admati (1991), S. 348.

[2] Vgl. Admati (1991), S. 348, Bray (1985), S. 276.

[3] Bray (1985), S. 277.

das Konzept rationaler Erwartungen in unterschiedlichen Fragestellungen zur Anwendung kommen kann, erfolgt die mathematische Darstellung erst in Kapitel 4 anhand der konkreten in dieser Arbeit betrachteten Fragestellung.

3.1 Das Gleichgewichtskonzept rationaler Erwartungen

Das in dieser Arbeit betrachtete Konzept eines Marktgleichgewichts mit rationalen Erwartungen ist die Erweiterung eines Walrasianischen Wettbewerbsgleichgewichts, das besonders geeignet ist, um Situationen mit asymmetrischer Information zu untersuchen.[4] Es ist ein stochastisches Gleichgewichtskonzept, bei der das Gleichgewichtspreissystem die möglichen Realisationen von Zufallsvariablen darstellt.[5] Das Konzept rationaler Erwartungen geht ursprünglich auf Muth (1961) zurück und wurde zunächst unter anderem von Lucas (1972), Kihlstrom/Mirman (1975), Grossman (1976) und Kreps (1977) weiterentwickelt. Für die vorliegende Arbeit sind insbesondere die Ergebnisse der zahlreichen Arbeiten von Grossman[6] auf diesem Gebiet sehr wichtig.

In der makroökonomischen Literatur werden bisweilen auch Gleichgewichte als Gleichgewichte mit rationalen Erwartungen bezeichnet, in denen zwar eine homogene Informationsverteilung angenommen wird, die Erwartungen aber endogen gebildet werden.[7] Diese Situation homogener Erwartungen,

---

[4]Vgl. Admati (1989), S. 139. Allen (1986) beschreibt Gleichgewichte mit rationalen Erwartungen als „... *rational expectations equilibrium as our best equilibrium concept for perfectly competitive economies under uncertainty and with asymmetric information.*“, vgl. Allen (1986), S. 1.

[5]Vgl. Grossman (1981), S. 544.

[6]Vgl. Grossman (1975, 1976, 1977, 1978, 1981) und Grossman/Stiglitz (1976, 1980). Eine Zusammenstellung der Arbeiten Grossmans auf diesem Gebiet bietet auch Grossman (1989).

[7]Vgl. z.B. Lucas (1972).

die in dieser Arbeit nicht betrachtet wird, wird fortan als „Gleichgewicht bei perfekter Voraussicht“ [8] bezeichnet. Somit bleibt die Bezeichnung REE in der vorliegenden Arbeit immer Situationen mit heterogener Informationsstruktur vorbehalten.

Im üblichen Walrasianischen Gleichgewicht gehen Preise nur über die Budgetbedingung in das Entscheidungsproblem der Individuen ein. Erwartungen der Marktteilnehmer über bestimmte Marktparameter werden modellexogen gebildet. Obwohl die Marktpreise die Informationen der Marktteilnehmer aggregieren, werden die Erwartungen der Marktteilnehmer durch die Beobachtung des Marktpreises nicht beeinflußt.[9] Bei homogener Informationsverteilung zwischen den Marktteilnehmern führt dies auch nicht zu Komplikationen. Sind jedoch einige Marktteilnehmer besser informiert als andere, so ist das Walrasianische Gleichgewicht nicht mehr stabil.[10] Die individuellen Informationen der besser informierten Marktteilnehmer werden zwar im Gleichgewichtspreis widergespiegelt, da andere Marktteilnehmer aber in ihre Erwartungsbildung den Preis nicht einbeziehen, kann der Preis zunächst ihre Erwartungen nicht ändern. Die nicht informierten Marktteilnehmer handeln nicht optimal in der Festlegung ihrer Entscheidungsparameter, merken es jedoch erst im nachhinein und würden bei einer Wiederholung des Marktgeschehens anders handeln. Das Gleichgewicht ist nicht stabil. Im Gegensatz zum Walrasianischem Wettbewerbsgleichgewicht ist das (vollständig enthüllende) Gleichgewicht mit rationalen Erwartungen stabil in dem Sinne, daß bei Wiederholungen des Marktgeschehens die Marktteilnehmer ihre Entscheidungsparameter wieder genauso wie vorher festlegen würden, da ihnen die funktionale Beziehung zwischen dem Gleichgewichtspreis und der gemeinsamen Information bekannt und bereits in ihrer Entscheidung berücksichtigt ist.[11] Wenn folglich bei vollständigen Märkten

[8] Als Synonym für „perfect foresight equilibrium“ bzw. „self-fulfilling equilibrium“.

[9] Vgl. Admati (1989), S. 140.

[10] Vgl. Admati (1989), S. 141.

[11] Vgl. Huang/Litzenberger (1988), S. 271 f..

die Marktteilnehmer unterschiedlich, somit nicht homogen, informiert sind, existiert ein stabiles Gleichgewicht nur dann, wenn alle Marktteilnehmer ihre Erwartungen rational bilden.[12]

Rationale Erwartungen wurden ursprünglich in der makroökonomisch orientierten Literatur diskutiert. Daneben hat sich ein Forschungszweig entwickelt, der mikroökonomisch geprägt ist und sich hauptsächlich mit der Informationsverarbeitung auf Märkten beschäftigt. So werden auch rationale Erwartungen in unterschiedlicher Art und Weise definiert. Während die (makroökonomische) Definition Muths (1961) auf die Kenntnis der theoretischen Zusammenhänge in der Ökonomie durch die Wirtschaftssubjekte basiert,

> „*In order to explain fairly simple how expectations are formed, we advance the hypothesis that they are essentially the same as the predictions of the relevant economic theory*" [13],

betont die (mikroökonomische) Definition Radners (1982) die Rolle des Preissystems im Gleichgewicht,

> „*If agents are using equilibrium prices to make inferences about the environment, then this equilibrium takes the special form of a so-called rational expectations equilibrium.*" [14].

Während die Makroökonomik sich haupsächlich der Definition Muths bedient[15], folgt die vorliegende Arbeit der mikroökonomischen Definition

---

[12] Vgl. Huang/Litzenberger (1988), S. 263.

[13] Muth (1961), S. 315.

[14] Radner (1982), S. 932.

[15] Ein Überblick über die Anwendung des Konzepts rationaler Erwartungen in der Makroökonomie und in der Wirtschaftspolitik bieten unter anderem Sheffrin (1996) und Redman (1992), mit weiterführenden Literaturhinweisen.
Die bekannteste Implikation der Anwendung rationaler Erwartungen ist die „Ohnmacht" staatlicher Wirtschaftspolitik. Im Folgenden wird der makroökonomisch und wirtschaftspolitisch orientierte Zweig der Literatur über rationale Erwartungen in der vorliegenden Arbeit ausgespart.

Radners.

Im Gegensatz zu anderen gleichgewichtstheoretischen Konzeptionen ist für ein Gleichgewicht mit rationalen Erwartungen der Marktteilnehmer definitorisch, daß die Marktteilnehmer das System der Gleichgewichtspreise über ihre eigene Information hinaus als zusätzliche Information bei ihrer Entscheidungsfindung heranziehen.[16] Im Walrasianischen Wettbewerbsgleichgewicht geht der Gleichgewichtspreis ausschließlich in die Budgetbedingung des Entscheiders ein und führt dadurch zur Markträumung.[17] Das Preissystem eines Gleichgewichts mit rationalen Erwartungen hingegen erfüllt zwei Aufgaben: Es bestimmt, wie im Wettbewerbsgleichgewicht, die Budgetbedingung eines jeden Marktteilnehmers. Überdies aggregiert und übermittelt es die Informationen an alle Marktteilnehmer und beeinflußt dadurch ihre Erwartungen.[18] Damit erfüllt das Preissystem eines Gleichgewichts mit rationalen Erwartungen genau die Informationsfunktion, die schon von Hayek (1945) gefordert wurde:

> *We must look at the price system as such a mechanism for communicating information if we want to understand its real function ... The most significant fact about this system is the economy of knowledge with which it operates, or how little the individual participants need to know in order to be able to take the right action. In abbreviated form, by a kind of symbol, only the most essential information is passed on, and passed on only to those concerned.*[19]

Wird der Preis nicht durch Zufallsvariablen mitbestimmt, über die keine Informationen verfügbar sind, ist die Information, die das Gleichgewichtspreissystem an alle Marktteilnehmer übermittelt, eine umkehrbar eindeutige

---

[16] Vgl. Strong/Walker (1987), S. 96.

[17] Vgl. z.B. Huang/Litzenberger (1988), S. 263 und Strong/Walker (1987), S. 120.

[18] Vgl. z.B. Admati (1985), S. 629, Strong/Walker (1987), S. 120 und Huang/Litzenberger (1988), S. 263.

[19] Hayek (1945), S. 526 f..

Funktion der Informationen aller Marktteilnehmer. Dann kann jeder Marktteilnehmer aus dem Preis zwar nicht auf die einzelne Information eines jeden Marktteilnehmers, aber auf die durch den Preis aggregierten Informationen der anderen Marktteilnehmer schließen.[20] Das Gleichgewichtspreissystem enthüllt die aggregierte Information der Marktteilnehmer vollständig. Derartige Gleichgewichte werden als vollständig enthüllende Gleichgewichte mit rationalen Erwartungen bezeichnet.[21] Für die vorliegende Arbeit zentrale Modelle, die ein vollständig enthüllendes Gleichgewicht mit rationalen Erwartungen als Gleichgewichtskonzept zugrundelegen, wurden unter anderem von Grossman (1976, 1977, 1978), Grossman/Stiglitz (1976) und Danthine (1978) analysiert. Da in diesen Modellen der Preis eine umkehrbar eindeutige Funktion der aggregierten Informationen ist, bilden die Marktteilnehmer ihre Erwartungen auf der Basis der Kenntnis ihrer privaten Information und der aggregierten Informationen. Die aggregierte Information der Marktteilnehmer ist indes in einem vollständig enthüllenden Gleichgewicht mit rationalen Erwartungen eine suffiziente Statistik für die einzelnen privaten Informationen der Marktteilnehmer[22], so daß durch die Beobachtung der Realisation der aggregierten Informationen die Beobachtung der eigenen privaten Information überflüssig wird.[23] Nach Grossman (1976) ist ein solches Gleichgewicht mit heterogener Information und rationalen Erwartungen der Marktteilnehmer identisch zu einem „artifiziellen" Walrasianischen Wettbewerbsgleichgewicht, in dem alle Marktteilnehmer die Information aller Marktteilnehmer erhalten und dadurch homogene Erwartungen haben. Das Preissystem eines vollständig enthüllenden Gleichgewichts mit ratio-

[20]Vgl. Admati (1991), S. 349.

[21]In der englischsprachigen Literatur spricht man von „fully revealing rational expectations equilibrium" .

[22]Vgl. z.B. Mood/Graybill (1963), S. 168 ff. hinsichtlich einer formalen Definition einer suffizienten Statistik. In dem folgenden Kapitel 4 wird von dieser formalen Definition Gebrauch gemacht. Ist eine Größe eine suffiziente Statistik für die einzelnen Informationen der Marktteilnehmer, so ist sie dadurch gekennzeichnet, daß durch ihre Kenntnis die Beobachtung zusätzlicher Informationen überflüssig wird.

[23]Vgl. Huang/Litzenberger (1988), S. 276, Strong/Walker (1987), S. 111.

nalen Erwartungen gleicht also die Informationsunterschiede zwischen den Marktteilnehmern aus und „homogenisiert" die Erwartungen.[24]

Das Konzept eines vollständig enthüllenden Gleichgewichts mit rationalen Erwartungen, das auch in der vorliegenden Arbeit als Gleichgewichtskonzept zur Anwendung kommt, ist jedoch in manchen Fällen nicht stabil.[25] Da das Preissystem die Informationen aller Marktteilnehmer vollständig aggregiert, und diese aggregierten Informationen an alle Marktteilnehmer vollständig enthüllt, besteht für die Marktteilnehmer kein Anreiz, Informationen zu sammeln, falls diese nicht kostenlos sind.[26] Sind mit der Informationssuche bzw. -ausübung Kosten verbunden, so ist das einzig mögliche Gleichgewicht eines, in dem kein Marktteilnehmer Informationen sammelt. Wenn aber jeder Marktteilnehmer uninformiert ist und das Preissystem keine Informationen enthält, besteht wiederum für einige Marktteilnehmer ein Anreiz Informationen zu kaufen. Werden diese Informationen vollständig im Preis widergespiegelt, so entfällt jedoch dieser Anreiz. Es existiert demnach kein Gleichgewicht, in dem Informationen gekauft werden, aber auch kein Gleichgewicht mit uninformierten Marktteilnehmern.[27] Dieses Phänomen ist als „Informationsparadoxon" bekannt geworden und hat seinen Ursprung bei Grossman (1976) und Grossman/Stiglitz (1980), die auch folgenden Ausweg[28] aus dieser Problematik bieten.

[24] Vgl. Huang/Litzenberger (1988), S. 276.

[25] Die Existenz und das Zustandekommen eines vollständig enthüllenden Gleichgewichts mit rationalen Erwartungen wird in Abschnitt 3.2 diskutiert.

[26] Vgl. Grossman (1976), S. 574.

[27] Vgl. Grossman (1976), S. 574 und Grossman/Stiglitz (1980), S. 395.
Das Modell, in dem dieses Ergebnis abgeleitet wird, läßt unbeschränkte Kreditaufnahme- und Leerverkaufsmöglichkeiten der Marktteilnehmer zu. Grossman/Stiglitz (1982) zeigen, daß auch unter Leerverkaufsbeschränkungen, die institutionell häufig anzutreffen sind, das Ergebnis erhalten bleibt. Vgl. hierzu auch Cothren (1982).

[28] Weitere Möglichkeiten den Informationsparadoxon zu umgehen werden später diskutiert.

Wenn die Informationen nicht kostenlos zur Verfügung stehen, muß das Gleichgewichtspreissystem derart gestaltet sein, daß diejenigen Marktteilnehmer, die keine Mittel für die Informationen aufgewendet haben, diese auch nicht kostenlos aus dem Gleichgewichtspreis ablesen können. Die Realisation des Gleichgewichtspreises darf keine suffiziente Statistik für die Informationen der Marktteilnehmer darstellen und damit die Informationen allen Marktteilnehmern vollständig offenbaren. Durch die Einführung einer weiteren Zufallsvariable[29] wird ein „Rauschen“[30] in das Modell eingebaut, durch das das Preissystem die Informationen nur noch teilweise enthüllt und die Marktteilnehmer, die die Information kaufen, immer einen Informationsvorsprung vor den anderen Marktteilnehmern haben. Es resultiert ein teilweise enthüllendes Gleichgewicht mit rationalen Erwartungen[31]. Für die vorliegende Arbeit relevante Modelle, die sich des Gleichgewichtskonzepts rationaler Erwartungen bedienen, die durch ein Rauschen im Modell die Informationen nur teilweise aggregieren und somit auch nur teilweise enthüllen, wurden unter anderem von Grossman/Stiglitz (1976, 1980), Grossman (1977), Hellwig (1980)[32], Bray (1981), Diamond/Verrecchia (1981), Verrecchia (1982), Admati (1985) und Ausubel (1990a) entwickelt. In einem Gleichgewicht, das die Informationen nur teilweise enthüllt, muß nun jeder Marktteilnehmer in seiner Erwartungsbildung zusätzlich zum Gleichgewichtspreis auch die eigene private Information, die in diesen Modellen nicht überflüssig ist, berücksichtigen.[33] Der Gleichgewichtspreis stellt nicht mehr eine suffiziente Statistik für die gesamten Informationen der Marktteilnehmer dar. Ein Informationsparadoxon tritt nicht mehr auf

---

[29]In den Grossman- und Grossman/Stiglitz-Modellen ist, wie auch in der vorliegenden Arbeit, der zukünftige Kassapreis unsicher, auch wenn die Fragestellung und die Modellumgebung in den meisten Beiträgen eine andere ist. Eine Ausnahme bildet Grossman (1977), an der sich Kapitel 4 teilweise orientiert.

[30]Rauschen wird hier als Synonym für „noise“ gebraucht.

[31]Die Literatur spricht von „partially revealing rational expectations equilibrium“ .

[32]Eine interessante Erweiterung bietet die Dynamisierung des statischen Modells von Hellwig (1980) durch Naik (1997). Vgl. dazu auch Habib/Naik (1996).

[33]Vgl. Admati (1985), S. 144.

und es ergibt sich ein stabiles Gleichgewicht.

Ein stabiles, die Informationen teilweise enthüllendes Gleichgewicht mit rationalen Erwartungen, in dem das Informationsparadoxon nicht eintritt, kann auch ohne die Annahme einer zusätzlichen Störvariable abgeleitet werden.[34] In einem intertemporalen Modell zeigt Hellwig (1982a, 1982b), daß das Informationsparadoxon von Grossman/Stiglitz (1980) auf den statischen Charakter ihres Modells zurückzuführen ist.[35] Betrachtet man ein dynamisches Mehrperiodenmodell, bei dem die Marktteilnehmer ihre Erwartungen an dem jeweils letzten vergangenen Gleichgewichtspreis orientieren, so steht die Information den nicht informierten Marktteilnehmern erst mit einer kurzen Zeitverzögerung zur Verfügung. Die informierten Marktteilnehmer können ihre Information ausnutzen und haben damit den Anreiz Informationen zu beschaffen.[36] Ein Informationsparadoxon tritt nicht auf. Dennoch ist der Markt annähernd informationseffizient, falls die Anzahl der Marktteilnehmer groß ist, so daß der einzelne Marktteilnehmer den Marktpreis nicht beeinflussen kann, und die Periodenlänge kurz ist.[37]

3.2 Existenz von Gleichgewichten mit rationalen Erwartungen der Marktteilnehmer

In Abschnitt 3.1 wurde demonstriert, daß Gleichgewichte mit rationalen Erwartungen in manchen Modellumgebungen instabil sind und unter

[34]Neben Hellwig (1982a, 1982b), entwickelt auch Ausubel (1990b) ein teilweise enthüllendes Gleichgewicht mit rationalen Erwartungen, ohne daß das Vorhandensein von exogenem Rauschen notwendig wird. Seine Modellumgebung und Annahmen sind jedoch von den hier diskutierten Modellen stark abweichend, so daß dieser Zweig der Literatur an dieser Stelle vernachlässigt wird.

[35]Vgl. Hellwig (1982a), S. 281.

[36]Vgl. Hellwig (1982b), S. 8.

[37]Vgl. Hellwig (1982b), S. 19.

Umständen nicht existieren.[38] Zudem wird von Kritikern angemerkt, daß das Konzept des Gleichgewichts bei rationalen Erwartungen hohe Anforderungen an das Wissen der Marktteilnehmer um die „Marktzusammenhänge" stellt. Wie das Walrasianische Gleichgewichtskonzept, ist es jedoch ein statisches Konzept. Es erklärt nicht, wie dieses Wissen erworben werden kann und wie Preise gebildet werden.[39] Im Folgenden werden deshalb die wichtigsten Forschungsergebnisse zu der Frage der Existenz von Gleichgewichten mit rationalen Erwartungen und Möglichkeiten ihrer Entstehung kurz diskutiert, wobei eine Einschränkung auf die Informationen vollständig enthüllende Gleichgewichte erfolgt.

Ein die Informationen der Marktteilnehmer vollständig enthüllendes Gleichgewicht rationaler Erwartungen existiert allgemein (generisch), wenn die Anzahl möglicher (Informations-)Signalausprägungen der einzelnen Marktteilnehmer endlich ist.[40] Allgemeine oder „generische" Existenz bedeutet, daß unter den getroffenen Annahmen „fast alle" Ökonomien vollständig enthüllende Gleichgewichte mit rationalen Erwartungen besitzen. Eine mögliche Nichtexistenz ist lediglich als „Unfall" , im Sinne einer speziellen vernachlässigbaren[41] Kombination der Systemparameter zu interpretieren.[42] Die Annahme der Abzählbarkeit der möglichen Ausprägungen der Information ist für diese Aussage entscheidend, so daß eine Übertragung auf den in der Literatur zumeist betrachteten Fall normalverteilter Informationen[43]

[38]Prominente Nichtexistenzbeispiele wurden von Kreps (1977) und Green (1977) entwickelt. Vgl auch Bray (1985), S. 269-274.

[39]Vgl. Admati (1989), S. 148.

[40]Vgl. Radner (1979), S. 656.

[41]Präziser: Die Wahrscheinlichkeit für den Eintritt eines Unfalls ist Null.

[42]Vgl. Radner (1979), S. 656.

[43]Die Modelle der Abschnitte 4.1 und 4.2 nehmen ebenfalls an, daß die a priori Informationen der Marktteilnehmer eindimensional normalverteilt sind.

nicht möglich ist.[44] [45] Die generische Existenz eines Gleichgewichts rationaler Erwartungen für stetige Informationsdichtefunktionen wurde zuerst von Allen (1981, 1982) für bestimmte Modellklassen demonstriert. Sie liegt vor, wenn die Anzahl relativer Preise[46] größer ist als die Dimension der Informationsvariable der einzelnen Marktteilnehmer. Falls die Dimension der Informationsvariable (mindestens) eines Marktteilnehmers höher ist als die Anzahl der relativen Preise, der Markt für (mindestens) einen Marktteilnehmer also unvollständig ist, so existiert nach Jordan (1982) allgemein kein vollständig enthüllendes Gleichgewicht rationaler Erwartungen. Schließlich zeigten Radner (1982) und Jordan/Radner (1982) für den Fall, daß sich die Anzahl relativer Preise und die Dimension der Informationsvariable sich entsprechen, daß ein vollständig enthüllendes Gleichgewicht rationaler Erwartungen existieren kann, die Existenz aber nicht notwendig ist. Für die in der vorliegenden Arbeit betrachteten Modellklassen[47] wurde die Existenz eines vollständig enthüllenden Gleichgewichts rationaler Erwartungen unter anderem von Grossman (1977) demonstriert.[48]

Die Frage, wie rationale Erwartungen der Marktteilnehmer entstehen, wird in der Literatur durch unterschiedliche Lernmodelle abgebildet.[49] Sie lassen sich in zwei Richtungen aufspalten: die „irrationalen Lernmodelle" und die „rationalen Lernmodelle".[50] Die irrationalen Lernmodelle

[44] Vgl. O'Hara (1995), S. 123.

[45] Die Übertragung scheitert ebenfalls, wenn die Nutzenfunktion der Entscheider logarithmisch ist. Dann sind zusätzliche Annahmen nötig, um die Existenz sicherzustellen. Vgl. Cheng (1984).

[46] Die Anzahl relativer Preise entspricht der Anzahl der Preise minus Eins.

[47] D.h. für Modelle mit einer linearen Nachfragefunktion und linearer Grenzkostenfunktion.

[48] Ein ausführlicher Überblick über die zahlreichen Beiträge der 70er und 80er Jahre zur Existenz von Gleichgewichten mit rationalen Erwartungen findet sich unter anderem bei Allen (1986).

[49] Vgl. Blume/Bray/Easley (1982), Jordan/Radner (1982) und Bray/Kreps (1987) für eine Übersicht.

[50] Vgl. Bray/Kreps (1987), S. 599 f..

von Radner (1982), Bray (1982), Blume/Easley (1982) und Bray/Savin (1986) spezifizieren modellexogen den Lernprozeß der Marktteilnehmer. Sie zeigen, daß durch ihre Lernprozesse eine Konvergenz zu dem richtigen stationären Gleichgewicht mit rationalen Erwartungen möglich ist. In diesem Fall erhält man ein stabiles Gleichgewicht. Leider ist diese Konvergenz keineswegs zwingend, so daß auch instabile Gleichgewichte möglich sind. Die rationalen (bayesianischen) Lernmodelle von Cyert/DeGroot (1974), Kihlstrom/Mirman (1975), Townsend (1978), Frydman (1982) und Bray/Kreps (1987), die ein Lernen der Marktteilnehmer modellendogen abbilden, erhalten als Ergebnis Nash-Gleichgewichte ihrer Lernstrategien. Diese Nash-Gleichgewichte sind die Gleichgewichte, die in Gleichgewichtsmodellen mit rationalen Erwartungen als den Marktteilnehmern bekannt angenommen werden. Der Nachteil dieser Modelle ist jedoch, daß die Marktteilnehmer für die Bildung ihrer Lernstrategien noch mehr Informationen benötigen, als in den einfachen Modellen rationaler Erwartungen.[51]

Ferner stellt sich die Frage, welche an realen Märkten vorhandenen Preisbildungsmechanismen zu Gleichgewichten mit rationalen Erwartungen führen. Die Ergebnisse von Dubey/Geanakoplos/Shubik (1987), Blume/Easley (1990) und Kyle (1989) zu diesem Problem sind nicht eindeutig. Während Dubey/Geanakoplos/Shubik (1987) und Blume/Easley (1990) zu dem Ergebnis kommen, daß rationale Erwartungen nicht implementierbar sind, zeigt Kyle (1989) in einem Auktionsmodell mit strategisch handelnden Marktteilnehmern auf Märkten mit unvollständiger Konkurrenz, daß unter sehr strengen Annahmen ein Gleichgewicht mit rationalen Erwartungen existieren kann.

[51] Vgl. Blume/Bray/Easley (1982), S. 315.

3.3 Einordnung der Theorie rationaler Erwartungen in benachbarte Konzepte

Die Theorie rationaler Erwartungen weist Gemeinsamkeiten mit einigen in der Literatur häufig diskutierten Konzepten auf. Im Folgenden werden deshalb die Zusammenhänge zu dem Konzept effizienter Märkte und zu den Nash-Gleichgewichten skizziert. Da das Konzept rationaler Erwartungen häufig der Theorie der Mikrostruktur der Märkte zugeordet wird[52], werden schließlich andere Gleichgewichtskonzepte aus diesem Literaturzweig kurz angesprochen.

3.3.1 Zusammenhang zwischen der Theorie rationaler Erwartungen und der Theorie effizienter Märkte

Die Theorie effizienter Märkte wurde von Fama[53] besonders stark geprägt. Er definiert einen effizienten Kapitalmarkt als

> „... *a market that is efficient in processing information. The prices of securities observed at any time are based on 'correct' evaluation of all information available at that time. In an efficient market, prices 'fully reflect' available information.*“ [54]

Je nachdem welche Informationen im Preis widergespiegelt werden, unterscheidet Fama[55] drei Formen der Informationseffizienz: Märkte sind schwach informationseffizient, wenn im Marktpreis alle Informationen früherer Preise enthalten sind. Die halbstrenge Form der Informationseffizienz liegt vor, wenn alle öffentlich verfügbaren Informationen in den Marktpreis eingegangen sind. Die strenge Informationseffizienz des Marktes fordert, daß auch alle Insiderinformationen im Marktpreis widergespiegelt werden.

---

[52] Vgl. O'Hara (1995), S. 119-127.

[53] Vgl. insbesondere Fama (1970), (1976a) und (1991).

[54] Fama (1976b), S. 133.

[55] Vgl. Fama (1970), S. 383.

Zwischen der Theorie effizienter Märkte und der Theorie rationaler Erwartungen besteht ein enger Zusammenhang dahingehend, daß das Preissystem eines streng informationseffizienten Marktes ebenso ein perfekter Informationsaggregator ist wie das Preissystem eines vollständig enthüllenden rationalen Erwartungsgleichgewichts.[56] Da aber vollständig enthüllende Gleichgewichte rationaler Erwartungen nur unter strengen Annahmen möglich sind, können reale Märkte meist auch nicht im strengen Sinne informationseffizient sein.[57]

3.3.2 Zusammenhang zwischen Gleichgewichten mit rationalen Erwartungen und Nash-Gleichgewichten

Die Idee des Nash-Gleichgewichts wurde 1951 von Nash[58] für nichtkooperative Spiele mit mehreren Spielern entwickelt. Inzwischen gehört das Konzept des Nash-Gleichgewichts zu den wichtigsten und am meisten verbreiteten Gleichgewichtskonzepten der Spieltheorie.[59]

Ein Nash-Gleichgewicht liegt vor, wenn sich jeder Spieler optimal verhält, gegeben das Verhalten der Mitspieler, d.h. jeder Spieler eine zulässige optimale Strategie wählt, gegeben die Strategien der Mitspieler. Die „Züge" der einzelnen Spieler sind simultan, so daß jeder die Strategie der Anderen vorhersehen muß.[60]

---

[56] Vgl. z.B. Grossman (1978), Radner (1979), Grossman/Stiglitz (1980) und Admati (1989), S. 142. Vgl. auch Jordan (1983) für eine andere Interpretation der Theorie effizienter Märkte.

[57] Vgl. Admati (1991), S. 350.

[58] Vgl. Nash (1951). Die große Bedeutung der Nash-Gleichgewichte für die ökonomische Theorie betont Myerson (1999), der einen Überblick über die Arbeiten John Nashs gibt.

[59] Vgl. Rasmusen (1989), S. 33.

[60] Eine ausführliche Einführung in das Konzept der Nash-Gleichgewichte bietet z.B. Rasmusen (1989), S. 33 - 41.

Schon früh wurde betont[61] und später genauer untersucht[62], daß ein die Informationen vollständig enthüllendes Gleichgewicht rationaler Erwartungen im spieltheoretischen Kontext als Nash-Gleichgewicht in reinen Strategien interpretierbar ist. So können die nun folgenden Modelle des Kapitels 4 ebenfalls als Spiele mit simultanen Zügen der N bzw. $N+n$ Spieler aufgefaßt werden.

Admati (1989) deutet zudem an, daß ein teilweise enthüllendes Gleichgewicht rationaler Erwartungen einem Nash-Gleichgewicht mit gemischten Strategien entsprechen könnte, auch wenn in diesem Fall ein Nash-Gleichgewicht in reinen Strategien nicht vorliegen kann.[63] Diese Vermutung wurde jedoch in der Literatur noch nicht ausführlich untersucht.

3.3.3 Alternative Gleichgewichtskonzepte in der Theorie der Mikrostruktur der Märkte

Werden Gleichgewichte mit rationalen Erwartungen in etwas „realistischeren" Marktstrukturen betrachtet, wird die Untersuchung analytisch sehr kompliziert. Insbesondere sind rationale Erwartungsgleichgewichte in dynamischen Modellen nur schwer anwendbar, so daß eine große Anzahl alternativer Modelle entwickelt wurde.[64] Einen umfassenden Überblick über diesen Zweig der Literatur, der Mikrostruktur der Märkte, bieten O´Hara (1995), Easley/O´Hara (1995) und Cohen/Maier/Schwartz/Whitcomb (1986). Einen besonders großen Anklang fanden die Modelle von Glosten/Milgrom (1985) und Kyle (1985).

---

[61] Vgl. Townsend (1978), S. 493.
[62] Vgl. u.a. Guesnerie (1992), S. 1254 und Eichenberger (1993), S. 109.
[63] Vgl. Admati (1989), S. 234.
[64] Vgl. Admati (1991), S. 355.

Das Modell von Kyle (1985) betrachtet einen Insider[65], der sich in einem Markt mit uninformierten Marktteilnehmern und einem Market-Maker befindet. Aufgrund seiner besseren Information im Vergleich zu den übrigen Marktteilnehmern[66] ist ein Insider kein Preisnehmer. Vielmehr handelt er strategisch, indem er versucht, seinen Informationsvorsprung möglichst optimal auszunutzen. Im Unterschied zu den Modellen mit rationalen Erwartungen der Marktteilnehmer, kann der Insider aber die Aktionen der Uninformierten nicht korrekt antizipieren.[67] Das Modell von Kyle (1985) ist inzwischen Gegenstand zahlreicher Erweiterungen geworden,[68] was größtenteils seiner analytisch einfacheren Handhabung im Vergleich zu Modellen mit rationaler Erwartungsbildung zugeschrieben wird.[69]

Glosten/Milgrom (1985) entwickeln ein Gleichgewichtskonzept, in der eine Geld-Brief-Spanne bei der Preisbildung auftritt. Die Ursache dieser Geld-Brief Spanne besteht darin, daß die konkreten Aufträge der Marktteilnehmer als Signale informationsbasierten Handelns aufgefaßt werden können.[70] Damit bauen Glosten/Milgrom (1985) erstmalig ein Lernprozeß in die Preisbildung mit ein und analysieren dessen Auswirkung auf die Lage und Höhe einer Geld-Brief-Spanne.[71] Das Modell von Glosten/Milgrom (1985) gilt inzwischen als Grundmodell informationsbasierter Modelle bei der Ermittlung und Erklärung von Geld-Brief-Spannen und wurde vielfach erweitert.[72]

---

[65]Im Gegensatz zu den informierten Marktteilnehmern der Modelle des Kapitels 4, die lediglich eine verrauschte Information über die zukünftige Realisation des entscheidenden Zufallsvariablen bekommen, besitzt ein Insider eine unverzerrte Information über die wahre Ausprägung dieses Variablen.

[66]O'Hara (1995), S. 90, bezeichnet ihn als einen Informationsmonopolisten.

[67]Vgl. Kyle (1985), S. 1318.

[68]Vgl. exemplarisch Rochet/Vila (1990), Back (1992), Holden/Subrahmanyam (1992), Foster/Viswanathan (1993) und im deutschsprachigen Raum Hirth (1999).

[69]Vgl. Admati (1991), S. 355.

[70]Vgl. O'Hara (1995), S. 57.

[71]Vgl. O'Hara (1995), S. 58.

[72]Vgl. exemplarisch Easley/O'Hara (1987), Easley/O'Hara (1992) und Easley/Kiefer/O'Hara (1997a,b).

Kapitel 4

Produktionsentscheidung unter Unsicherheit in Gleichgewichtsmodellen mit rationalen Erwartungen

In den folgenden Abschnitten wird die in Kapitel 2 betrachtete Problemstellung in einer Gleichgewichtsmodellierung mit unterschiedlich informierten Marktteilnehmern angegangen. Da ein "Wettbewerbsgleichgewicht" bei unterschiedlich informierten Marktteilnehmern nicht stabil ist[1], wird als Gleichgewichtskonzept das in Kapitel 3 bisher nur skizzierte Konzept eines Gleichgewichts mit die Informationen vollständig enthüllenden rationalen Erwartungen herangezogen. Die Annahme rationaler Erwartungen in einem Modell, in dem alle Informationen durch den Preis offenbart werden, entspricht der Annahme eines streng informationseffizienten Kapitalmarktes.[2] In den folgenden Modellen ist der Markt streng informationseffizient in dem Sinne, daß es den Marktteilnehmer bekannte Größen gibt, die eine suffiziente Statistik für die gesamten am Markt verfügbaren Informationen darstellen.

---

[1] Vgl. die Diskussion in Abschnitt 3.1.

[2] Vgl. Abschnitt 3.3.1.

Eine wesentliche Eigenschaft dieser Modelle besteht darin, daß Unsicherheit nur bezüglich der Nachfrage auftritt, und ausschließlich Informationen über die Nachfrageseite verfügbar sind, die im Preisbildungsprozeß vollständig offenbart werden. Folglich muß zur Sicherstellung eines stabilen Gleichgewichts[3] die Annahme getroffen werden, daß die jeweiligen Marktteilnehmer die Informationen kostenlos erhalten.

Um eine Vergleichbarkeit mit den herkömmlichen Modellen zu gewährleisten, werden die Modellstruktur und die bisher getroffenen Annahmen weitgehend übernommen.

4.1 Produktionsentscheidung ohne Terminmarkt in einem Gleichwichtsmodell mit rationalen Erwartungen der Marktteilnehmer

4.1.1 Beschreibung der Modellstruktur und Annahmen

Aufbauend auf den Annahmen des Kapitels 2, die weitgehend übernommen werden, wird unterstellt, daß der gesamte Markt aus N Produzenten besteht, die alle mit derselben Technologie dasselbe Gut produzieren. Analog zu der herkömmlichen Modellierung entstehen im Zeitpunkt $t = 0$ durch die Produktion von $q(x_i)$ Einheiten des Gutes bei jedem Produzenten i ($i = 1, ..., N$) Kosten in Höhe von

$$K = \left(\frac{q(x_i)}{\alpha}\right)^2 + \beta q(x_i) + \gamma \ , \tag{4.1}$$

[3]Vgl. die Diskussion zum Informationsparadoxon in Abschnitt 3.1.

respektive realisiert jeder Produzent pro eingesetzter Einheit des Faktors X, x_i, eine Produktionsmenge in Höhe von

$$q(x_i) = \sqrt{\alpha^2 x_i + \frac{\beta^2\alpha^4}{4}} - \frac{\alpha^2\beta}{2}\,. \tag{4.2}$$

Die Möglichkeit der Lagerhaltung wird auch in dieser Modellumgebung ausgeschlossen. Demzufolge wird die gesamte produzierte Menge im Zeitpunkt $t = 1$ zum aus Sicht des Zeitpunktes $t = 0$ unsicheren Kassapreis $\tilde{p}_k$ auf dem Kassamarkt angeboten. Der Kassapreis sei normalverteilt, mit Erwartungswert $\mathrm{E}[\tilde{p}_k]$ und Varianz $\mathrm{Var}[\tilde{p}_k]$. Anders als in Kapitel 2 ist der Kassapreis jedoch nicht exogen gegeben, sondern wird durch Angebot und Nachfrage nach dem Gut bestimmt. Es wird angenommen, daß alle Produzenten Preisnehmer sind, den Kassapreis also nicht bewußt beeinflussen können, und daß eine Markträumung auf dem Kassamarkt mit Wahrscheinlichkeit Eins stattfindet. Das Angebot auf dem Kassamarkt besteht wegen der fehlenden Lagerhaltungsmöglichkeit aus der Summe der Produktionsmengen der einzelnen Produzenten. Die Nachfrage auf dem Kassamarkt Q^D sei durch die stochastische Nachfragefunktion

$$Q^D = a - c\tilde{p}_k + \tilde{\eta} \quad \text{mit} \quad a, c > 0 \tag{4.3}$$

beschrieben. Sie wird bestimmt durch die konstante Nachfrage in Höhe von a , durch eine Nachfragekomponente, die vom unsicheren Kassapreis $\tilde{p}_k$ abhängt und durch einen Nachfrageveränderungsparameter, der durch die Zufallsvariable $\tilde{\eta}$ modelliert wird. Während die Erhöhung des Kassapreises die Nachfrage auf dem Kassamarkt sinken läßt, bewirkt eine höhere Realisation η von $\tilde{\eta}$ eine Erhöhung der Nachfrage. Die exogen gegebene eindimensionale Zufallsvariable $\tilde{\eta}$ wird als normalverteilt, mit Erwartungswert 0 und Varianz σ_η^2 angenommen. Folglich wird die Nachfrage durch eine Linearkombination aus den beiden (eindimensional) normalverteilten Zufallsvariablen und einer Konstante bestimmt und ist damit ebenfalls (eindimensional) normalverteilt. Desweiteren wird angenommen, die Realisation der Zufallsvariablen $\tilde{\eta}$ sei nicht beobachtbar. Jedoch erhält jeder Produzent i ($i = 1, ..., N$) vor dem Treffen der Entscheidung, welche Produktionsmenge er realisiert, eine Information v_i in Gestalt der Realisation der Zufallsvariablen $\tilde{v}_i = \tilde{\eta} + \tilde{w}_i$. Jeder Produzent erhält also eine verrauschte Information über die tatsächliche Realisation von $\tilde{\eta}$. Die exogen gegebenen Störterme der einzelnen Produzenten $\tilde{w}_i$ seien identisch und unabhängig voneinander eindimensional normalverteilt, mit Erwartungswert 0 und Varianz σ_w^2. Die Nachfrageveränderungsvariable $\tilde{\eta}$ und die Störgrößen $\tilde{w}_i$ seien nicht miteinander korreliert. Als Linearkombination eindimensional normalverteilter Zufallsvariablen ist die Zufallsvariable $\tilde{v}_i$ folglich auch eindimensional normalverteilt. Ferner wird angenommen, daß die Zeilenvektoren $\hat{\mathbf{V}} = \left(\tilde{v}_1, \tilde{v}_2, \cdots, \tilde{v}_N\right)$ und $\check{\mathbf{V}} = \left(\tilde{v}_1, \tilde{v}_2, \cdots, \tilde{v}_N, \tilde{\eta}\right)$ multivariat normalverteilte Zufallsgrößen (Zufallsvektoren) sind. Weiterhin wird in diesem Modell die (Hilfs-)Annahme getroffen, daß jedem Produzenten i ($i = 1, ..., N$) neben der Realisation seines eigenen Informationsvariablen $\tilde{v}_i$ auch die Realisation der Summe der Informationen $\sum_{i=1}^{N} v_i$ im Preisbildungsprozeß bekannt wird.

Jeder Produzent trifft seine Entscheidung über die Höhe der eingesetzten Inputfaktoren und damit über die resultierende Produktionsmenge rational im Sinne der Theorie der rationalen Erwartungen. Er bildet seine Erwartungen also bezüglich einer Größe, die die gesamten Marktinformationen widerspiegelt, die somit als suffiziente Statistik für diese Informationen fungiert. Es wird zu zeigen sein, daß in dem vorliegenden Modell die Summe der Realisationen der individuellen Informationen als suffiziente Statistik für die gesamten verfügbaren Marktinformationen dient.[4]

In Analogie zur herkömmlichen Modellierung seien alle N Produzenten Bernoulli-Entscheider mit einer exponentiellen Nutzenfunktion $U(z_i) = -e^{-\xi_i z_i}$. $\xi_i > 0$ bezeichne hierbei den absoluten Risikoaversionskoeffizien-

[4]Vgl. den Beweis auf S. 194.

ten nach Arrow/Pratt des jeweiligen Produzenten i . ξ_i sei per Annahme für alle Produzenten gleich. Um die Notation zu vereinfachen, wird auf eine weitere Indizierung verzichtet, und die absolute Risikoaversion der Produzenten mit ξ bezeichnet. Neben der Produktionstätigkeit hat der Produzent auch in dieser Modellierung die Möglichkeit, in die Alternativanlage zum sicheren Zinssatz zu investieren beziehungsweise zum sicheren Zinssatz Kredit zu erhalten. Der sichere Zinssatz wird jedoch auch hier auf Null normiert.

4.1.2 Modell

4.1.2.1 Optimierung der Produzenten

Das Entscheidungsproblem des Produzenten i $(i = 1, ..., N)$ besteht aus der Maximierung des Erwartungsnutzens seines Endvermögens $\tilde{z}_i$, indem er die Höhe des eingesetzten Produktionsfaktors x_i optimal festlegt. Dabei berücksichtigt er seine eigene Information und bildet seine Erwartungen rational. Das Optimierungskalkül der einzelnen Produzenten unterscheidet sich zunächst ausschließlich durch die Annahme rationaler Erwartungen von dem Kalkül eines Entscheiders in Abschnitt 2.1. Formal werden jetzt bedingte Erwartungswerte und Varianzen gebildet. Die Bedingung erfolgt durch die Realisation v_i des Informationsvariablen $\tilde{v}_i$. Die rationale Erwartungsbildung wird in der formalen Schreibweise durch die Bezeichnung REE verdeutlicht.

$$\max_{\{x_i \geq 0\}} \mathrm{E}\left[U\left(\tilde{z}_i\right) \middle| \tilde{v}_i = v_i, REE\right] \tag{4.4}$$

Das Endvermögen des Produzenten i, $\tilde{z}_i$, setzt sich aus dem Erlös am Kassamarkt und den durch die Produktion entstandenen Kosten zusammen.

$$\max_{\{x_i \geq 0\}} \mathrm{E}\left[U\left(q\left(x_i\right)\tilde{p}_k - x_i - \gamma\right) \middle| \tilde{v}_i = v_i, REE\right] \tag{4.5}$$

Unter der oben angenommenen exponentiellen Nutzenfunktion ist dies gleichbedeutend mit der Aufgabe

$$\max_{\{x_i \geq 0\}} \mathrm{E}\left[-\exp\left[-\xi\left(q\left(x_i\right)\tilde{p}_k - x_i - \gamma\right)\right]\middle|\tilde{v}_i = v_i, REE\right] \quad . \tag{4.6}$$

Das Endvermögen des Produzenten i ist normalverteilt, da es neben deterministischen Variablen nur durch eine normalverteilte Größe, dem Kassapreis, bestimmt wird. Somit kann auch in dieser Modellierung das (μ, σ) - Präferenzfunktional

$$\Phi_{REE}\left(\tilde{z}_i\right) = \mathrm{E}\left[\tilde{z}_i\middle|\tilde{v}_i = v_i, REE\right] - \frac{\xi}{2}\mathrm{Var}\left[\tilde{z}_i\middle|\tilde{v}_i = v_i, REE\right] \tag{4.7}$$

des hybriden Modells zur Optimierung herangezogen werden.[5]

Die Entscheidungsaufgabe des Produzenten i lautet schließlich

$$\max_{\{x_i \geq 0\}} \Phi_{REE}\left(\tilde{z}_i\left(x_i\right)\right) \tag{4.8a}$$

mit

[5]Bezüglich der Anwendbarkeit des hybriden Modells vergleiche Abschnitt 2.1.2, insbesondere S. 22 f..

$$\Phi_{REE}\left(\tilde{z}_i\left(x_i\right)\right) = \mathrm{E}\left[q\left(x_i\right)\tilde{p}_k - x_i - \gamma \middle| \tilde{v}_i = v_i, REE\right] - \frac{\xi}{2}\mathrm{Var}\left[q\left(x_i\right)\tilde{p}_k - x_i - \gamma \middle| \tilde{v}_i = v_i, REE\right]$$

$$= q\left(x_i\right)\mathrm{E}\left[\tilde{p}_k \middle| \tilde{v}_i = v_i, REE\right] - x_i - \gamma - \frac{\xi}{2}\left(q\left(x_i\right)\right)^2 \mathrm{Var}\left[\tilde{p}_k \middle| \tilde{v}_i = v_i, REE\right]$$

$$= \left[\left(\alpha^2 x_i + \frac{\beta^2\alpha^4}{4}\right)^{\frac{1}{2}} - \frac{\alpha^2\beta}{2}\right]\mathrm{E}\left[\tilde{p}_k \middle| \tilde{v}_i = v_i, REE\right] - x_i - \gamma - \left[\left(\alpha^2 x_i + \frac{\beta^2\alpha^4}{4}\right)^{\frac{1}{2}} - \frac{\alpha^2\beta}{2}\right]^2 \frac{\xi}{2}\mathrm{Var}\left[\tilde{p}_k \middle| \tilde{v}_i = v_i, REE\right] . \tag{4.8b}$$

Die notwendige Bedingung für ein Maximum erfordert, daß die erste Ableitung des Präferenzfunktionals $\Phi_{REE}\left(\tilde{z}_i\left(x_i\right)\right)$ bezüglich der Entscheidungsvariable x_i gleich Null gesetzt wird.

$$\frac{\partial \Phi_{REE}\left(\tilde{z}_i\left(x_i\right)\right)}{\partial x_i} = \frac{1}{2}\left(\alpha^2 x_i + \frac{\beta^2\alpha^4}{4}\right)^{-\frac{1}{2}} \alpha^2 \mathrm{E}\left[\tilde{p}_k \middle| \tilde{v}_i = v_i, REE\right] - 1 - \left[\left(\alpha^2 x_i + \frac{\beta^2\alpha^4}{4}\right)^{\frac{1}{2}} - \frac{\alpha^2\beta}{2}\right] \cdot \left(\alpha^2 x_i + \frac{\beta^2\alpha^4}{4}\right)^{-\frac{1}{2}} \frac{\xi}{2}\alpha^2 \mathrm{Var}\left[\tilde{p}_k \middle| \tilde{v}_i = v_i, REE\right] \stackrel{!}{=} 0 \tag{4.9}$$

Die hinreichende Bedingung für das Vorliegen eines Maximums ist erfüllt.[6]

[6] Vgl. Anhang B.1.

Wird (4.9) nach x_i aufgelöst, erhält man die vorläufige[7], bedingt optimale Inputmenge des Produzenten i

$$x_i^* = \frac{1}{\alpha^2}\left(\frac{\mathrm{E}\left[\tilde{p}_k \middle| \tilde{v}_i = v_i, REE\right] + \xi\frac{\alpha^2\beta}{2}\mathrm{Var}\left[\tilde{p}_k \middle| \tilde{v}_i = v_i, REE\right]}{\frac{2}{\alpha^2} + \xi\mathrm{Var}\left[\tilde{p}_k \middle| \tilde{v}_i = v_i, REE\right]}\right)^2 - \frac{\beta^2\alpha^2}{4} \tag{4.10}$$

und durch Einsetzen in die Produktionsfunktion die vorläufige, bedingt optimale Produktionsmenge des Produzenten i

$$q\left(x_i^*\right) = \left(\frac{\mathrm{E}\left[\tilde{p}_k \middle| \tilde{v}_i = v_i, REE\right] - \beta}{\frac{2}{\alpha^2} + \xi\mathrm{Var}\left[\tilde{p}_k \middle| \tilde{v}_i = v_i, REE\right]}\right) \quad . \tag{4.11}$$

Entsprechend der herkömmlichen Modellierung ergibt die Umformung der Gleichung (4.11)

$$q\left(x_i^*\right) = \frac{\mathrm{E}\left[\tilde{p}_k \middle| \tilde{v}_i = v_i, REE\right] - \beta - \frac{2}{\alpha^2}q\left(x_i^*\right)}{\xi\mathrm{Var}\left[\tilde{p}_k \middle| \tilde{v}_i = v_i, REE\right]} \quad , \tag{4.12}$$

daß der erwartete Grenzdeckungsbeitrag positiv sein muß, damit überhaupt Produktion stattfindet.

Bis zu diesem Punkt unterscheidet sich die Analyse nicht von der Vorgehensweise in Abschnitt 2.1. An jener Stelle wurde dieses Ergebnis individueller Optimierung als Endresultat aufgefaßt und interpretiert. Hier geht die Untersuchung einen Schritt weiter. Die individuellen Optimierungskalküle der Produzenten gehen als Input in die Gleichgewichtsbetrachtung ein.

---

[7] In den vorläufig optimalen Lösungen wird die Nichtnegativitätsbedingung für die Inputmenge noch nicht berücksichtigt. Desweiteren sind Erwartungswert und Varianz noch bedingte Variablen.

4.1.2.2 Kassamarktgleichgewicht

Zunächst wird ein Gleichgewicht auf dem Kassamarkt mit rationalen Erwartungen der Marktteilnehmer entwickelt, um daraus nach dem erwarteten Gleichgewichtspreis auflösen zu können. Ist der erwartete Gleichgewichtspreis ermittelt, erhält man die optimalen Produktionsmengen der Produzenten.

Um ein Gleichgewicht aufzustellen, werden zuerst das Gesamtangebot und die Gesamtnachfrage auf dem Kassamarkt betrachtet. Wegen der Annahme, daß der Kassamarkt mit Wahrscheinlichkeit 1 geräumt wird, müssen sich im Gleichgewicht Gesamtangebot und Gesamtnachfrage entsprechen.

Per Annahme ist die Gesamtnachfrage auf dem Kassamarkt durch die Gesamtnachfragefunktion

$$Q^D = a - c\tilde{p}_k + \tilde{\eta} \tag{4.13}$$

gegeben.

Da Lagerhaltungsmöglichkeiten per Annahme ausgeschlossen wurden, ergibt sich das Gesamtangebot Q^S als die Summe der individuellen Produktionsmengen der einzelnen Produzenten i $(i = 1, ..., N)$.

$$\begin{aligned} Q^S &= \sum_{i=1}^{N} q\left(x_i^*\right) \\ &= \frac{\alpha^2}{2} \sum_{i=1}^{N} \frac{\mathrm{E}\left[\tilde{p}_k \middle| \tilde{v}_i = v_i, REE\right] - \beta}{1 + \frac{\alpha^2}{2}\xi \mathrm{Var}\left[\tilde{p}_k \middle| \tilde{v}_i = v_i, REE\right]} \end{aligned} \tag{4.14}$$

4.1.2.2.1 Informationsstruktur des Modells

Die Produzenten bilden ihre Erwartungen über den Kassapreis, beziehungsweise über den Nachfrageveränderungsparameter $\tilde{\eta}$, bedingt unter der Realisation ihrer individuellen Informationsvariablen v_i , $(i = 1, ..., N)$, und indem sie den Preisbildungsprozeß korrekt antizipieren. Die Annahme rationaler Erwartungen impliziert hierbei, daß alle Produzenten ihre Erwartungen über den Kassapreis nicht ausschließlich aufgrund der Realisation ihres eigenen Informationssignals bilden, sondern aufgrund einer Größe, die die gesamten im Markt verfügbaren, preisrelevanten Informationen widerspiegelt, und die ferner die zusätzliche Beachtung der Realisation des eigenen Informationsvariablen überflüssig macht. Diese Größe wird als suffiziente Statistik bezeichnet. Die durch die suffiziente Statistik bedingten Erwartungen und Varianzen sind für alle Produzenten i $(i = 1, ..., N)$ gleich, so daß unter den getroffenen Annahmen die Produktionsmengen der einzelnen Produzenten gleich sind. Die gesamte Produktionsmenge und damit das Gesamtangebot auf dem Markt ergibt sich folglich als die N-fache individuelle Produktionsmenge $q(x_i^*)$.

Zentral für das Modell ist die Annahme, daß alle Produzenten i $(i = 1, ..., N)$ durch den Preisbildungsprozeß in der Lage sind, die Realisation der Summe der im Markt vorhandenen Informationen $\sum_{i=1}^{N} v_i$ zu beobachten. Sie kennen zwar nur die Realisation ihres eigenen Informationsvariablen und nicht die einzelnen Realisationen der Informationsvariablen der anderen Produzenten, wissen jedoch, wie die Summe der Realisationen aussieht. Wie die Produzenten diese Information erhalten, wird hier nicht problematisiert. Diese Annahme stellt lediglich ein Hilfskonstrukt dar, um ein Pendant zum in Abschnitt 2.1 beschriebenen Modell im Gleichgewicht mit rationalen Erwartungen entwickeln zu können. Falls ein Terminmarkt zur Verfügung steht, übernimmt unter der Annahme rationaler Erwartungen der Terminpreis die Kommunikation der Informationen an die Marktteilnehmer.

Im Folgenden wird zu beweisen sein, daß $\sum_{i=1}^{N} v_i$ eine suffiziente Statistik darstellt, und somit eine Aggregation über die bedingten Erwartungswerte und Varianzen der Marktteilnehmer problemlos möglich ist. Dazu deduziert der folgende Satz 1, daß $\sum_{i=1}^{N} \tilde{v}_i$ eine suffiziente Statistik ist. Der Beweis erfolgt im Anhang B.2. Satz 2 nutzt diese Eigenschaft von $\sum_{i=1}^{N} \tilde{v}_i$, um zu zeigen, daß für die Marktteilnehmer ausreichend ist $\sum_{i=1}^{N} \tilde{v}_i$ zu kennen, um die Nachfrageveränderung korrekt zu antizipieren.

Satz 1
Sei $h_i\left(\tilde{v}_i, \sum_{i=1}^{N} \tilde{v}_i \middle| \tilde{\eta} = \eta\right)$ *die unter der Realisation des Zufallsvariablen* $\tilde{\eta}$ *bedingte gemeinsame Dichtefunktion von* $\tilde{v}_i$ *und* $\sum_{i=1}^{N} \tilde{v}_i$. *Dann ist* $\sum_{i=1}^{N} v_i$ *eine suffiziente Statistik für* $h_i\left(\tilde{v}_i, \sum_{i=1}^{N} \tilde{v}_i \middle| \tilde{\eta} = \eta\right)$.

Beweis: Siehe Anhang B.2. Die Beweisführung der Sätze 1 und 2 folgt der eingeführten Beweistechnik von Grossman (1976).[8] Die dort geführten Beweise werden lediglich auf das konkrete Modell übertragen.

Da $\sum_{i=1}^{N} v_i$ eine suffiziente Statistik für $h_i\left(\tilde{v}_i, \sum_{i=1}^{N} \tilde{v}_i \middle| \tilde{\eta} = \eta\right)$ darstellt, gilt der folgende

Satz 2
Sei $m\left(\tilde{\eta} \middle| \sum_{i=1}^{N} v_i\right)$ *die durch die Realisation von* $\sum_{i=1}^{N} \tilde{v}_i$ *bedingte Dichtefunktion von* $\tilde{\eta}$, *und* $\hat{m}\left(\tilde{\eta} \middle| v_i, \sum_{i=1}^{N} v_i\right)$ *die durch die Realisationen von* $\tilde{v}_i$ *und* $\sum_{i=1}^{N} \tilde{v}_i$ *bedingte Dichtefunktion von* $\tilde{\eta}$.
Dann gilt

$$\hat{m}\left(\tilde{\eta} \middle| v_i, \sum_{i=1}^{N} v_i\right) = m\left(\tilde{\eta} \middle| \sum_{i=1}^{N} v_i\right) \tag{4.15a}$$

[8] Vgl. Grossman (1976), S. 578-580, Huang/Litzenberger (1988), S. 272 ff..

und somit

$$E\left(\tilde{\eta}\,\middle|\,v_i, \sum_{i=1}^{N} v_i\right) = E\left(\tilde{\eta}\,\middle|\,\sum_{i=1}^{N} v_i\right) \tag{4.15b}$$

und

$$Var\left(\tilde{\eta}\,\middle|\,v_i, \sum_{i=1}^{N} v_i\right) = Var\left(\tilde{\eta}\,\middle|\,\sum_{i=1}^{N} v_i\right) \tag{4.15c}$$

Beweis: Siehe Anhang B.2.

Für den einzelnen Produzenten i ($i = 1, ..., N$) ist es demnach ausreichend, $\sum_{i=1}^{N} \tilde{v}_i$ zu kennen. Die Kenntnis der einzelnen Realisationen der anderen Produzenten stellt überflüssige Information dar.

4.1.2.2.2 Aggregierte Position der Produzenten und Gleichgewicht

Es wurde gezeigt, daß alle Produzenten ihre Erwartungen ausschließlich an die Realisation von $\sum_{i=1}^{N} \tilde{v}_i$ knüpfen. Ist einem Produzenten also $\sum_{i=1}^{N} v_i$ bekannt, so geht die konkrete Realisation seiner individuellen Informationsvariablen v_i nicht mehr zusätzlich in seine Optimierung ein. Alle Produzenten bedingen ihre Erwartungen somit durch die gleiche Größe $\sum_{i=1}^{N} v_i$. Da zudem für jeden Produzenten die gleiche Technologie und die gleiche Risikoaversion angenommen wurden, sind ihre optimalen Produktionsmengen gleich und es kann nun das Gesamtangebot auf dem Kassamarkt Q^S gebildet werden. Es entspricht der N-fachen individuellen Produktionsmenge (vgl. Gleichung (4.11)), unter der Bedingung, daß die Erwartungen bezüglich der suffizienten Statistik $\sum_{i=1}^{N} v_i$ gebildet werden (vgl. erneut die Beziehungen (4.15) von S. 103).

$$Q^S = \frac{\alpha^2}{2} N \frac{\mathrm{E}\left[\tilde{p}_k \middle| \sum_{i=1}^{N} v_i\right] - \beta}{1 + \frac{\alpha^2}{2}\xi \mathrm{Var}\left[\tilde{p}_k \middle| \sum_{i=1}^{N} v_i\right]} \tag{4.16}$$

Ist der Kassamarkt im Gleichgewicht, müssen sich das Gesamtangebot Q^S und die Gesamtnachfrage Q^D nach dem Gut entsprechen. Aufgrund der Annahme, der Kassamarkt werde mit Wahrscheinlichkeit Eins geräumt, muß folglich

$$Q^D = Q^S \tag{4.17}$$

gelten. Werden die Gleichungen (4.3) und (4.16) für die Gesamtnachfrage und das Gesamtangebot substituiert

$$a - c\tilde{p}_k + \tilde{\eta} = \frac{\alpha^2}{2} N \frac{\mathrm{E}\left[\tilde{p}_k \middle| \sum_{i=1}^{N} v_i\right] - \beta}{1 + \frac{\alpha^2}{2}\xi \mathrm{Var}\left[\tilde{p}_k \middle| \sum_{i=1}^{N} v_i\right]} \quad , \tag{4.18}$$

ist ein Auflösen der Gleichung (4.18) nach dem unsicheren Kassapreis

$$\tilde{p}_k = -\frac{\alpha^2}{2c} N \frac{\mathrm{E}\left[\tilde{p}_k \middle| \sum_{i=1}^{N} v_i\right] - \beta}{1 + \frac{\alpha^2}{2}\xi \mathrm{Var}\left[\tilde{p}_k \middle| \sum_{i=1}^{N} v_i\right]} + \frac{a}{c} + \frac{1}{c}\tilde{\eta} \tag{4.19}$$

möglich.

Für die Bestimmung der optimalen Produktionsmenge ist die Berechnung des bedingten Erwartungswertes und der bedingten Varianz des Kassapreises erforderlich. Wie die vorhergehende Analyse gezeigt hat, ist die maßgebliche Bedingung durch die Summe der Realisationen der Informationen der einzelnen Produzenten, $\sum_{i=1}^{N} v_i$, die die suffiziente Statistik für die gesamten verfügbaren Informationen der Marktteilnehmer darstellt, gegeben. Bildet man nun den unter der Realisation der suffizienten Statistik, $\sum_{i=1}^{N} v_i$, bedingten Erwartungswert des Kassapreises

$$\begin{aligned}
\mathrm{E}\left[\tilde{p}_k \middle| \sum_{i=1}^{N} v_i\right] &= \\
&= \mathrm{E}\left[-\frac{\alpha^2}{2c} N \frac{\mathrm{E}\left[\tilde{p}_k \middle| \sum_{i=1}^{N} v_i\right] - \beta}{1 + \frac{\alpha^2}{2}\xi \mathrm{Var}\left[\tilde{p}_k \middle| \sum_{i=1}^{N} v_i\right]} + \frac{a}{c} + \frac{1}{c}\tilde{\eta} \middle| \sum_{i=1}^{N} v_i \right] \\
&= -\frac{\alpha^2}{2c} N \frac{\mathrm{E}\left[\tilde{p}_k \middle| \sum_{i=1}^{N} v_i\right] - \beta}{1 + \frac{\alpha^2}{2}\xi \mathrm{Var}\left[\tilde{p}_k \middle| \sum_{i=1}^{N} v_i\right]} + \frac{a}{c} + \frac{1}{c}\mathrm{E}\left[\tilde{\eta} \middle| \sum_{i=1}^{N} v_i\right]
\end{aligned} \tag{4.20}$$

und löst anschließend nach dem bedingten erwarteten Kassapreis auf, ergibt sich

$$\begin{aligned}
\mathrm{E}\left[\tilde{p}_k \middle| \sum_{i=1}^{N} v_i\right] &= \\
&= \frac{\left(\frac{a}{c} + \frac{1}{c}\mathrm{E}\left[\tilde{\eta} \middle| \sum_{i=1}^{N} v_i\right]\right)\left(1 + \frac{\alpha^2}{2}\xi \mathrm{Var}\left[\tilde{p}_k \middle| \sum_{i=1}^{N} v_i\right]\right) + \beta\frac{\alpha^2}{2c}N}{1 + \frac{\alpha^2}{2c}N + \frac{\alpha^2}{2}\xi \mathrm{Var}\left[\tilde{p}_k \middle| \sum_{i=1}^{N} v_i\right]} .
\end{aligned} \tag{4.21}$$

Die unter der Realisation der suffizienten Statistik, $\sum_{i=1}^{N} v_i$, bedingte Varianz des Kassapreises gewinnt man analog der Ermittlung des bedingten Erwartungswertes aus Gleichung (4.19). Sie ergibt sich als

$$\begin{aligned}
&\operatorname{Var}\left[\tilde{p}_k \,\middle|\, \sum_{i=1}^{N} v_i\right] = \\
&= \operatorname{Var}\left[-\frac{\alpha^2}{2c} N \frac{\operatorname{E}\left[\tilde{p}_k \,\middle|\, \sum_{i=1}^{N} v_i\right] - \beta}{1 + \frac{\alpha^2}{2}\xi \operatorname{Var}\left[\tilde{p}_k \,\middle|\, \sum_{i=1}^{N} v_i\right]} + \frac{a}{c} + \frac{1}{c}\tilde{\eta} \,\middle|\, \sum_{i=1}^{N} v_i \right] \qquad (4.22)\\
&= \frac{1}{c^2} \operatorname{Var}\left[\tilde{\eta} \,\middle|\, \sum_{i=1}^{N} v_i\right] \quad .
\end{aligned}$$

Der bedingte Erwartungswert $\operatorname{E}\left[\tilde{p}_k \,\middle|\, \sum_{i=1}^{N} v_i\right]$ ist in Gleichung (4.21) noch von der bedingten Varianz abhängig. Um diese Abhängigkeit zu eliminieren, wird der für die bedingte Varianz ermittelte Ausdruck (4.22) in (4.21) eingesetzt, und man erhält für den bedingten Erwartungswert

$$\begin{aligned}
&\operatorname{E}\left[\tilde{p}_k \,\middle|\, \sum_{i=1}^{N} v_i\right] = \\
&= \frac{\left(\frac{a}{c} + \frac{1}{c}\operatorname{E}\left[\tilde{\eta} \,\middle|\, \sum_{i=1}^{N} v_i\right]\right)\left(1 + \frac{\alpha^2}{2}\frac{1}{c^2}\xi \operatorname{Var}\left[\tilde{\eta} \,\middle|\, \sum_{i=1}^{N} v_i\right]\right) + \beta\frac{\alpha^2}{2c}N}{1 + \frac{\alpha^2}{2c}N + \frac{\alpha^2}{2}\xi\frac{1}{c^2}\operatorname{Var}\left[\tilde{\eta} \,\middle|\, \sum_{i=1}^{N} v_i\right]} \quad . \qquad (4.23)
\end{aligned}$$

Zur Vereinfachung der Notation werden $A := \frac{a}{c}$ und $B := \frac{N\alpha^2}{2c}$ definiert. Substituiert man sie in Gleichung (4.23), resultiert für den bedingten Erwartungswert der Ausdruck

$$\begin{aligned}
&\operatorname{E}\left[\tilde{p}_k \,\middle|\, \sum_{i=1}^{N} v_i\right] = \\
&= \frac{\left(A + \frac{1}{c}\operatorname{E}\left[\tilde{\eta} \,\middle|\, \sum_{i=1}^{N} v_i\right]\right)\left(1 + \frac{\alpha^2}{2}\frac{1}{c^2}\xi \operatorname{Var}\left[\tilde{\eta} \,\middle|\, \sum_{i=1}^{N} v_i\right]\right) + \beta B}{1 + B + \frac{\alpha^2}{2}\xi\frac{1}{c^2}\operatorname{Var}\left[\tilde{\eta} \,\middle|\, \sum_{i=1}^{N} v_i\right]} \quad . \qquad (4.24)
\end{aligned}$$

Setzt man nun aus den Gleichungen (4.24) und (4.22) die berechneten Werte für den bedingten Erwartungswert $\mathrm{E}\left[\tilde{p}_k \middle| \sum_{i=1}^{N} v_i\right]$ und die bedingte Varianz $\mathrm{Var}\left[\tilde{p}_k \middle| \sum_{i=1}^{N} v_i\right]$ in Gleichung (4.11) ein, erhält man einen vorläufigen Ausdruck zur Bestimmung der optimalen Produktionsmenge $q\left(x_i^*\right)$ eines jeden Produzenten i.

$$q\left(x_i^*\right) = \frac{\alpha^2}{2}\left(\frac{A + \frac{1}{c}\mathrm{E}\left[\tilde{\eta} \middle| \sum_{i=1}^{N} v_i\right] - \beta}{(B+1) + \frac{\alpha^2}{2}\frac{1}{c^2}\xi \mathrm{Var}\left[\tilde{\eta} \middle| \sum_{i=1}^{N} v_i\right]}\right) \tag{4.25}$$

Dieser Ausdruck enthält neben den bekannten Modellvariablen die bisher unbekannten Variablen bedingter Erwartungswert $\mathrm{E}\left[\tilde{\eta} \middle| \sum_{i=1}^{N} v_i\right]$ und bedingte Varianz $\mathrm{Var}\left[\tilde{\eta} \middle| \sum_{i=1}^{N} v_i\right]$ des Zufallsvariablen $\tilde{\eta}$. Um diese Größen berechnen zu können, greift man auf die Annahme zurück, die Vektoren $\hat{\mathbf{V}} = \left(\tilde{v}_1, \tilde{v}_2, \cdots, \tilde{v}_N\right)$ und $\check{\mathbf{V}} = \left(\tilde{v}_1, \tilde{v}_2, \cdots, \tilde{v}_N, \tilde{\eta}\right)$ seien multivariat normalverteilte Zufallsgrößen. Dann sind aber die Zufallsvariablen $\tilde{\eta}$ und $\sum_{i=1}^{N} \tilde{v}_i$ ebenfalls gemeinsam normalverteilt[9], und der bedingte Erwartungswert und die bedingte Varianz einfach zu ermitteln. Ihre Berechnung erfolgt in Anhang B.3.

Im Ergebnis sind der bedingte Erwartungswert

$$\mathrm{E}\left[\tilde{\eta} \middle| \sum_{i=1}^{N} v_i\right] = \frac{\sigma_\eta^2}{N\sigma_\eta^2 + \sigma_w^2}\left(\sum_{i=1}^{N} v_i\right) \tag{4.26a}$$

und die bedingte Varianz

$$\mathrm{Var}\left[\tilde{\eta} \middle| \sum_{i=1}^{N} v_i\right] = \frac{\sigma_\eta^2 \sigma_w^2}{N\sigma_\eta^2 + \sigma_w^2} \tag{4.26b}$$

[9]Vgl. Feller (1971), S. 87.

durch bekannte Modellvariablen darstellbar. Der unter der Kenntnis der Realisation der Summe aller Informationen der Marktteilnehmer bedingte Erwartungswert des Nachfrageveränderungsparameters $\tilde{\eta}$ ist neben der Realisation der Summe aller Informationen ferner abhängig von der Anzahl N der Produzenten und von den Varianzen des Nachfrageveränderungsparameters $\tilde{\eta}$ und der Störterme $\tilde{w}_i$. Die unter der Kenntnis der Realisation der Summe aller Informationen der Marktteilnehmer bedingte Varianz des Nachfrageveränderungsparameters $\tilde{\eta}$ hängt lediglich von der Anzahl der Produzenten und den Varianzen von $\tilde{\eta}$ und $\tilde{w}_i$ ab.

4.1.2.3 Optimale Produktionsmenge

Werden die Gleichungen (4.26) für den bedingten Erwartungswert und die bedingte Varianz in (4.25) eingesetzt und die Nichtnegativitätsbedingung für x_i berücksichtigt, resultiert die optimale Produktionsmenge des Produzenten i .

$$q\left(x_i^*\right) = \begin{cases} \frac{\alpha^2}{2}\left(\frac{A+\frac{1}{c}\frac{\sigma_\eta^2}{N\sigma_\eta^2+\sigma_w^2}\left(\sum_{i=1}^{N} v_i\right)-\beta}{(B+1)+\frac{\alpha^2}{2}\frac{1}{c^2}\xi\frac{\sigma_\eta^2\sigma_w^2}{N\sigma_\eta^2+\sigma_w^2}}\right) & \text{falls } \left(\sum_{i=1}^{N} v_i\right) > (\beta c - a)\left(N + \frac{\sigma_w^2}{\sigma_\eta^2}\right) \\ 0 & \text{sonst} \end{cases} \tag{4.27}$$

Die optimale Produktionsmenge jedes Produzenten i ist somit aus den gegebenen Modellvariablen objektiv ermittelbar und rekurriert nicht auf subjektive Erwartungen der einzelnen Produzenten.

Durch einige Umformungen erhält man die einfache Struktur

$$q\left(x_i^*\right)=\begin{cases}\frac{\alpha^2}{2}\left[G+H\left(\sum\limits_{i=1}^{N}v_i\right)-\beta\frac{G}{A}\right] & \text{falls}\left(\sum\limits_{i=1}^{N}v_i\right)>(\beta c-a)\left(N+\frac{\sigma_w^2}{\sigma_\eta^2}\right)\\ \\ 0 & \text{sonst}\end{cases}$$

$$\text{mit } G=\frac{A}{(B+1)+\frac{\alpha^2}{2}\frac{1}{c^2}\xi\frac{\sigma_\eta^2\sigma_w^2}{N\sigma_\eta^2+\sigma_w^2}} \quad \text{und} \quad H=\frac{1}{c}\frac{\sigma_\eta^2}{N\sigma_\eta^2+\sigma_w^2}\frac{G}{A} \tag{4.28}$$

Betrachtet man die (leicht umgeformte) Bedingung für eine positive Produktionsmenge,

$$\frac{1}{N}\sum_{i=1}^{N}v_i>(\beta c-a)\left(1+\frac{\sigma_w^2}{N\sigma_\eta^2}\right)\ , \tag{4.29}$$

ist leicht ersichtlich, daß die durchschnittliche Information über eine positive Nachfrageveränderung weder notwendig noch hinreichend für die Aufnahme der Produktion ist. Vielmehr ist es durchaus möglich, daß trotz einer durchschnittlichen Information, die die Verringerung der Nachfrage ankündigt, produziert wird. Die Produktion wird aufgenommen, wenn die durchschnittliche Information eine Schwelle überschreitet, die von der konstanten Nachfragekomponente (a), von Parametern der Nachfragefunktion (c) und der Kostenfunktion (β), von der Anzahl der Marktteilnehmer (N)[10] sowie von den Varianzen der Nachfrageveränderungsvariable (σ_η^2) und der Störvariable (σ_w^2) festgelegt wird. Je höher das Niveau der konstanten Nachfrage ist, desto niedriger ist die zu erreichende Schwelle,

[10]Maßgeblich ist die Anzahl der Marktteilnehmer, die eine Information erhalten. Da in diesem Modell die Gesamtheit der Marktteilnehmer auf die N Produzenten beschränkt ist, und diese alle eine Information erhalten, bestimmt N die Schwelle mit.

bei der die Produktion bereits aufgenommen wird. Ist die Anzahl der Marktteilnehmer, die eine Information erhalten „sehr groß" ,($N \rightarrow \infty$), so spielen die Streuungen der Störvariablen und der Nachfrageveränderungsvariablen praktisch keine Rolle mehr. In dem Fall strömt so viel Information in den Markt, daß die Nachfrageveränderungsvariable den Marktteilnehmern „sehr genau" bekannt wird. Schließlich verschiebt eine höhere (Kassa-)Preisreagibilität der Nachfrage (c) die Nullproduktionsschwelle nach oben. Da die absolute Risikoaversion der Produzenten diese Nullproduktionsschwelle nicht mitbestimmt, ist die Entscheidung, ob die Produktion überhaupt aufgenommen wird von der Risikoeinstellung des Produzenten unabhängig. Lediglich die Höhe des Outputs wird von der absoluten Risikoaversion der Produzenten ξ mitbestimmt (vgl. Gleichung (4.27)).

4.1.3 Komparativ-statische Analyse der optimalen Produktionsmenge eines Produzenten

Im folgenden Abschnitt wird gezeigt, wie die marginale Veränderung einer Variablen auf die optimale Produktionsmenge eines Produzenten wirkt. Um den Einfluß der jeweils betrachteten Modellvariable zu isolieren, werden alle anderen Modellvariablen konstant gehalten. Während komparativ-statische Analysen in den herkömmlichen Modellen weitverbreitet sind[11], existieren derartige Untersuchungen für das vorliegende Modell bislang nicht. Es zeigt sich, daß manche Modellvariablen in herkömmlichen wie in Gleichgewichtsmodellen die gleiche Wirkung entfalten, so daß einige der folgenden Ergebnisse mit den Resultaten des Abschnitts 2.1.3 übereinstimmen. Das Gleichgewichtsmodell baut jedoch auf einer anderen Menge von Modellvariablen auf als das herkömmliche Modell. Dadurch sind zusätzliche Aussagen zu erwarten. Leider sind die partiellen Ableitungen nach manchen Variablen nicht eindeutig.[12] In diesen Fällen lassen sich aber durch Fallunterscheidung

[11] Vgl. Abschnitt 2.1.3.

[12] Es handelt sich um die Variablen N, σ_η^2, σ_w^2 und c.

die genauen Grenzen für den Vorzeichenwechsel bestimmen. Dies erfolgt der Übersichtlichkeit halber im Anhang. Die Analyse beschränkt sich auf den ökonomisch relevanten Fall positiver Produktionsmengen und läßt den Grenzfall der Nullproduktion außer Betracht.

Die optimale Produktionsmenge des einzelnen Produzenten ist ceteris paribus umso höher, je „positiver“ die Realisation der Summe der Informationen der Marktteilnehmer ausfällt.

$$\frac{\partial q\left(x_i^*\right)}{\partial\left(\sum\limits_{i=1}^{N} v_i\right)} = \frac{\frac{\alpha^2}{2}\frac{1}{c}\frac{\sigma_\eta^2}{N\sigma_\eta^2+\sigma_w^2}}{\frac{N\alpha^2}{2c}+1+\frac{\alpha^2}{2}\frac{1}{c^2}\xi\frac{\sigma_\eta^2\sigma_w^2}{N\sigma_\eta^2+\sigma_w^2}} > 0 \tag{4.30}$$

Wenn die Summe der im Markt verfügbaren Informationen eine höhere Gesamtnachfrage auf dem Kassamarkt signalisiert, wird ceteris paribus auch das Angebot und damit die optimale Produktionsmenge ausgeweitet.

Die Wirkung einer Erhöhung der Anzahl der Produzenten und damit auch der Anzahl der Marktteilnehmer auf die optimale Produktionsmenge des einzelnen Produzenten

$$\begin{aligned} \frac{\partial q\left(x_i^*\right)}{\partial N} = & \frac{-\alpha^2 c}{\left[\left(N\sigma_\eta^2+\sigma_w^2\right)c\left(N\alpha^2+2c\right)+\alpha^2\xi\sigma_\eta^2\sigma_w^2\right]^2} \cdot \\ & \cdot\left\{(a-\beta c)\,\alpha^2\left[c\left(N\sigma_\eta^2+\sigma_w^2\right)^2-\xi\sigma_\eta^2\sigma_w^2\right]\right. \\ & \left.+\left(\sum_{i=1}^{N} v_i\right)\sigma_\eta^2 c\left[\alpha^2\sigma_w^2+2\alpha^2N\sigma_\eta^2+2c\sigma_\eta^2\right]\right\} \\ & \gtrless 0 \end{aligned} \tag{4.31}$$

ist nicht eindeutig bestimmbar.[13] Die Veränderung hängt von der jeweiligen Realisation der Summe der im Markt vorhandenen Informationen ab. Eine

[13]Siehe Anhang B.4 für die genaue Fallunterscheidung.

Produktionsverringerung der einzelnen Produzenten aufgrund der Erhöhung der Anzahl der Produzenten erscheint plausibel und stellt zweifelsohne den Normalfall dar. Jedoch ist, wie in Anhang B.4 gezeigt wird, in einem (eng) begrenzten Intervall auch eine Ausweitung der Produktion möglich.

Wird ein Produzent ceteris paribus risikoaverser, so sinkt seine optimale Produktionsmenge.

$$\frac{\partial q\left(x_i^*\right)}{\partial \xi} = \frac{-\frac{\alpha^4}{4}\frac{1}{c^2}\frac{\sigma_\eta^2\sigma_w^2}{N\sigma_\eta^2+\sigma_w^2}\left[\frac{a}{c}+\frac{1}{c}\frac{\sigma_\eta^2}{N\sigma_\eta^2+\sigma_w^2}\left(\sum_{i=1}^{N} v_i\right)-\beta\right]}{\left(\frac{N\alpha^2}{2c}+1+\frac{\alpha^2}{2}\frac{1}{c^2}\xi\frac{\sigma_\eta^2\sigma_w^2}{N\sigma_\eta^2+\sigma_w^2}\right)^2} \tag{4.32}$$
$$< 0 \text{ für } q\left(x_i^*\right) > 0$$

Durch die gesunkene Risikobereitschaft ist er nicht mehr bereit, den gleichen Anteil seines Anfangsbudgets in die riskante Produktion zu investieren. Er weicht auf die risikofreie Anlage aus und verringert seine optimale Produktionsmenge.

Die Wirkung einer infinitesimalen Erhöhung der Unsicherheit[14] der Nachfrageveränderungsvariablen auf die Produktionsmenge des Produzenten i $(i = 1, ..., N)$

$$\frac{\partial q\left(x_i^*\right)}{\partial \sigma_\eta} = \frac{-2\alpha^2 c\sigma_\eta\sigma_w^2}{\left[\left(N\sigma_\eta^2+\sigma_w^2\right)c\left(N\alpha^2+2c\right)+\alpha^2\xi\sigma_\eta^2\sigma_w^2\right]^2} \cdot \left[\alpha^2\xi\sigma_w^2\left(a-\beta c\right)-\left(\sum_{i=1}^{N} v_i\right)c\left(N\alpha^2+2c\right)\right] \tag{4.33}$$
$$\gtrless 0$$

ist ambivalent.[15] Durch die höhere Standardabweichung von $\tilde{\eta}$ wird nicht nur eine stärkere Verringerung der Nachfrage sondern auch eine größere

[14]Die Standardabweichung des Zufallsvariablen $\tilde{\eta}$ wird erhöht.

[15]Siehe Anhang B.4 für die genaue Fallunterscheidung.

Nachfragesteigerung wahrscheinlicher. Obwohl der Produzent risikoavers ist und deswegen eine erhöhte Unsicherheit negativ bewertet, ist es also durchaus möglich, daß die Erhöhung von σ_η auch eine höhere optimale Produktionsmenge bewirken kann.

Die infinitesimale Erhöhung der Standardabweichung des Zufallsvariablen $\tilde{w}_i$ und damit ein infinitesimal höheres Rauschen in der Informationsvariable $\tilde{v}_i$ der einzelnen Produzenten

$$\begin{aligned} \frac{\partial q\left(x_i^*\right)}{\partial \sigma_w} = & \frac{-2\alpha^2 c \sigma_\eta^2 \sigma_w}{\left[\left(N\sigma_\eta^2 + \sigma_w^2\right) c \left(N\alpha^2 + 2c\right) + \alpha^2 \xi \sigma_\eta^2 \sigma_w^2\right]^2} \cdot \\ & \cdot \left[\left(\sum_{i=1}^{N} v_i\right)\left(N\alpha^2 c + 2c^2 + \alpha^2 \xi \sigma_\eta^2\right) + N\alpha^2 \xi \sigma_\eta^2 \left(a - \beta c\right)\right] \\ & \gtrless 0 \end{aligned} \tag{4.34}$$

hat ebenfals keine eindeutige Auswirkung auf die optimale Produktionshöhe des einzelnen Produzenten.[16] Das höhere Rauschen des Informationsvariablen bewirkt, daß die Information des einzelnen Produzenten unsicherer wird. Diese Tatsache bewerten risikoaverse Produzenten negativ und reagieren mit einer niedrigeren Produktionsmenge. Durch die höhere Standardabweichung der Informationsvariablen werden aber nicht nur niedrigere sondern auch höhere Ausprägungen von $\tilde{v}_i$ wahrscheinlicher. Dadurch wird in einigen Fällen eine höhere Nachfragesteigerung signalisiert, die dazu führen kann, daß die optimale Produktionsmenge steigt.

Wird die konstante Nachfrage um eine Einheit erhöht, wird der Produzent i seine Produktion ebenfalls ausdehnen.

---

[16] Siehe Anhang B.4 für die genaue Fallunterscheidung.

$$\frac{\partial q\left(x_i^*\right)}{\partial a} = \frac{1}{N + \frac{2c}{\alpha^2} + \frac{1}{c}\xi\frac{\sigma_\eta^2\sigma_w^2}{N\sigma_\eta^2+\sigma_w^2}} \qquad (4.35)$$
$$> 0$$

Jedoch steigt die optimale Produktionsmenge des einzelnen Produzenten wegen $\frac{\partial q(x_i^*)}{\partial a} < 1$ weniger stark an als die Nachfrage.

Die Untersuchung der Auswirkungen der Erhöhung der Preissensitivität c der Nachfragefunktion auf die optimale Produktionshöhe

$$\frac{\partial q\left(x_i^*\right)}{\partial c} = \frac{-\alpha^2}{\left[\left(N\sigma_\eta^2+\sigma_w^2\right)c\left(N\alpha^2+2c\right)+\alpha^2\xi\sigma_\eta^2\sigma_w^2\right]^2} \cdot$$
$$\cdot \left\{\left(N\sigma_\eta^2+\sigma_w^2\right)\left[\left(\sum_{i=1}^N v_i\right)\sigma_\eta^2\left(2c^2+\frac{\alpha^2\xi\sigma_w^2}{N\sigma_\eta^2+\sigma_w^2}\right)\right.\right. \qquad (4.36)$$
$$\left.\left. + c^2\left(2a+N\alpha^2\beta\right)\left(N\sigma_\eta^2+\sigma_w^2\right) - \alpha^2\xi a\sigma_\eta^2\sigma_w^2\right]\right\}$$
$$\gtrless 0$$

ergibt keine eindeutige Lösung.[17] Intuitiv plausibel wäre jedoch eine Verringerung der optimalen Produktionsmenge, wenn durch die Erhöhung von c der (negative) Einfluß des Kassapreises auf die Nachfrage verstärkt wird.

Die optimale Produktionsmenge des Produzenten i ist unabhängig von seinen fixen Kosten γ. Die Vorzeichen der partiellen Ableitungen der optimalen Produktionsmenge nach den übrigen Parametern der Kostenfunktion entsprechen denen der herkömmlichen Modellierung. Die im Optimum herzustellende Produktionmenge steigt ceteris paribus mit steigendem α

[17] Siehe Anhang B.4 für die genaue Fallunterscheidung.

$$\frac{\partial q\left(x_i^*\right)}{\partial \alpha}=\frac{\alpha\left[\frac{a}{c}+\frac{1}{c}\frac{\sigma_\eta^2}{N\sigma_\eta^2+\sigma_w^2}\left(\sum_{i=1}^N v_i\right)-\beta\right]}{\left(\frac{N\alpha^2}{2c}+1+\frac{\alpha^2}{2}\frac{1}{c^2}\xi\frac{\sigma_\eta^2\sigma_w^2}{N\sigma_\eta^2+\sigma_w^2}\right)^2} \tag{4.37}$$
$$> 0 \text{ für } q\left(x_i^*\right)>0$$

und sinkt ceteris paribus mit steigendem β

$$\frac{\partial q\left(x_i^*\right)}{\partial \beta}=\frac{-\frac{\alpha^2}{2}}{\frac{N\alpha^2}{2c}+1+\frac{\alpha^2}{2}\frac{1}{c^2}\xi\frac{\sigma_\eta^2\sigma_w^2}{N\sigma_\eta^2+\sigma_w^2}} \tag{4.38}$$
$$<0\,.$$

In diesem Modellrahmen sinkt die optimale Produktionsmenge also ceteris paribus ebenfalls durch steigende variable Kosten, also durch ein höheres β beziehungsweise ein niedrigeres α .

4.2 Produktionsentscheidung und simultanes Hedging am Terminmarkt in einem Gleichgewichtsmodell mit rationalen Erwartungen der Marktteilnehmer

4.2.1 Beschreibung der Modellstruktur und Annahmen

Analog zu der herkömmlichen Modellierung wird an dieser Stelle ein Terminmarkt eingeführt, an dem Futures mit passender Fälligkeit (Fälligkeit in $t = 1$) und Kontraktspezifikationen (Forward-Kontrakte) zum (nichtstochastischen) Preis p_{f_0} kontrahiert werden können. Im Unterschied zur herkömmlichen Modellierung ist der Futurespreis p_{f_0} jedoch nicht exogen gegeben, sondern wird modellendogen ermittelt. Hedgingmöglichkeiten mit anderen Futures oder mit Optionen werden auch hier ausgeschlossen. Die Modellierung folgt Grossman (1977) und Danthine (1978), deren Modelle an die bisher getroffenen Annahmen angepaßt wurden. Sie richtet sich weitgehend nach einem parametrischen Beispiel Danthines.[18] Lediglich die Produktionsfunktion wurde unterschiedlich definiert. Grossman (1977) betrachtet statt einem Produktionsprozeß den Lagerungsprozeß eines Gutes. Jedoch können Grossmans Entscheidungen über die Lagerbestandhaltung und seine Lagerungskosten als Produktionsentscheidungen und Produktionskosten uminterpretiert werden. Im Gegensatz zu Danthine (1978) und dem folgenden Modell, die sich beide vollständig enthüllender Gleichgewichte rationaler Erwartungen bedienen, werden ferner die Informationen der Marktteilnehmer in Grossman (1977) nur teilweise enthüllt.

Eine wesentliche Änderung bezüglich der bisher behandelten Modelle besteht in der Struktur der Marktteilnehmer. In den herkömmlichen

[18] Vgl. Danthine (1978), S. 87-89.

Modellen wurde nur die individuelle Entscheidungsfindung eines einzelnen Produzenten betrachtet. Im Gleichgewichtsmodell ohne Terminmarkt war die Nachfrageseite durch eine modellexogene Nachfragefunktion gegeben und es wurden nur die Entscheidungsfindung der N Produzenten und die Preisbildung analysiert. Hier nehmen zusätzlich zu den N Produzenten auch n Spekulanten am Marktgeschehen teil. Die im ersten Augenblick unter Umständen etwas irreführende Bezeichnung einzelner Marktteilnehmer als „Spekulant“ hat keine wertende Funktion. Die Aufteilung der Marktteilnehmer in Produzenten und Spekulanten resultiert vielmehr aus den Annahmen über die Tätigkeiten dieser beiden Gruppen. Die Produzenten sind, wie ihr Name schon sagt, an der physischen Produktion des Gutes beteiligt, wogegen die Spekulanten per Annahme die Möglichkeit zur Herstellung des Gutes nicht haben. Somit gehören auch Produzenten von Gütern, die das hier betrachtete Gut in $t = 1$ als Inputfaktor benötigen und deswegen am Marktgeschehen teilnehmen, zu der Gruppe der Spekulanten.[19] Auf dem Markt herrscht auch in diesem Modell vollkommene Konkurrenz, so daß beide Marktteilnehmergruppen Preisnehmer sind. Dies wird durch die Informationsstruktur des Modells sichergestellt.

Konkret stellen die Produzenten i $(i = 1, ..., N)$ weiterhin im Zeitpunkt $t = 0$ $q(x_i)$ Einheiten eines Gutes her, welches bei jedem Produzenten Kosten in Höhe von

$$K = \left(\frac{q(x_i)}{\alpha}\right)^2 + \beta q(x_i) + \gamma \; , \tag{4.39}$$

verursacht. Pro eingesetzter Einheit des Faktors x_i erzielt demzufolge jeder Produzent eine Produktionsmenge in Höhe von

$$q(x_i) = \sqrt{\alpha^2 x_i + \frac{\beta^2 \alpha^4}{4}} - \frac{\alpha^2 \beta}{2} \quad . \tag{4.40}$$

[19] Die Abgrenzung von „Hedgern“ und „Spekulanten“ ist in der Literatur sehr uneinheitlich. Zu einigen unterschiedlichen Abgrenzungen von Hedging, Arbitrage und Spekulation vergleiche beispielsweise Kaldor (1939), S. 24 f., Johnson (1960), S. 142, und Working (1962), S. 443.

Entsprechend den bisherigen Modellen ist die Lagerhaltung des hergestellten Produktes auch in diesem Modell nicht möglich, so daß die gesamte produzierte Menge angeboten wird. Die Produzenten haben nun die Wahl, ob sie ihre Produktionsmenge erst in $t = 1$ am Kassamarkt zum dann vorherrschenden, aus Sicht des Zeitpunktes $t = 0$ unsicheren Kassapreis $\tilde{p}_k$ oder schon im Zeitpunkt $t = 0$ am Terminmarkt zum aus Sicht des Zeitpunktes $t = 0$ sicheren Futurespreis p_{f_0} per Termin $t = 1$ verkaufen. Da die Lagerhaltung des Produktes ausgeschlossen wurde, kann ein Zusammenhang zwischen dem Kassapreis und dem Futurespreis mittels Lagerarbitrage nicht beschrieben werden.[20] Die Produzenten seien weiterhin risikoaverse Bernoulli-Entscheider mit der Nutzenfunktion $U(z_i) = -e^{-\xi_i z_i}$, wobei mit $\xi_i > 0$ der absolute Risikoaversionskoeffizient nach Arrow/Pratt des jeweiligen Produzenten i bezeichnet wird. Da per Annahme die ξ_i aller Produzenten gleich ist, wird auch an dieser Stelle auf eine weitere Indizierung verzichtet, und die absolute Risikoaversion der Produzenten mit ξ bezeichnet.

Die Spekulanten seien ebenfalls risikoaverse Bernoulli-Entscheider und $W(z_j) = -e^{-\chi_j z_j}$ beschreibe die Nutzenfunktion des Spekulanten j $(j = 1, ..., n)$, wobei $\chi_j > 0$ den absoluten Risikoaversionskoeffizienten nach Arrow/Pratt des Spekulanten j bezeichnet. Auch hier wird die Annahme getroffen, daß alle Spekulaten j eine gleiche absolute Risikoaversion aufweisen, und auf die Indizierung verzichtet. Es wird jedoch keine Annahme über das Verhältnis der Risikoaversionen zwischen den Produzenten und den Spekulanten getroffen. Produzenten können risikoaverser, gleich risikoavers oder auch weniger risikoavers als die Spekulanten sein.

Neben der Produktionstätigkeit haben die Produzenten die Möglichkeit, auf dem Terminmarkt eine Position einzunehmen und zum sicheren Zinssatz zu

[20]Die fehlende Lagerhaltungsmöglichkeit determiniert somit auch die Struktur dieses Modells. Durch Einschränkung der Alternativenmenge der Marktteilnehmer scheidet die Bewertungsmöglichkeit nach dem „Cost of Carry“ Ansatz aus.

investieren beziehungsweise Kredit zu erhalten. Den Spekulanten steht die Möglichkeit der Produktion nicht offen. Der sichere Zinssatz wird weiterhin auf Null normiert.

Der Kassapreis sei auch in diesem Modell normalverteilt mit Erwartungswert $E[\tilde{p}_k]$ und Varianz $Var[\tilde{p}_k]$. Das Angebot der Produzenten auf dem Kassamarkt im Zeitpunkt $t = 1$ ergibt sich wegen der fehlenden Möglichkeit der Lagerhaltung aus der Differenz zwischen ihrer Produktionsmenge und der in $t = 0$ per Termin verkauften bzw. hinzugekauften Menge des Gutes. Verkauft ein Produzent i per Termin, geht er also eine Short Position ein, so ist seine Position auf dem Terminmarkt $y_{P_i} > 0$. Eine Long Position wird durch $y_{P_i} < 0$ realisiert. Kauft ein Spekulant j in $t = 0$ per Termin, erwirbt er damit das Recht, die Ware in $t = 1$ geliefert zu bekommen, und die Pflicht, die Ware zu dem in $t = 0$ herrschenden Terminpreis p_{f_0} abzunehmen. Diese Long Position auf dem Terminmarkt wird durch $y_{S_j} > 0$ beschrieben, und durch einen Verkauf auf dem Kassamarkt finanziert. Umgekehrt bedeutet eine Short Position des Spekulanten auf dem Terminmarkt ($y_{S_j} < 0$), daß er am Kassamarkt die Ware im gleichen Volumen kaufen muß, um seine Lieferverpflichtungen aus dem Termingeschäft erfüllen zu können. Zu beachten ist hierbei die unterschiedliche Vorzeichendefinition von y_{P_i} und y_{S_j}. Während ein positiver y_{P_i} eine Short Position des Produzenten i am Terminmarkt angibt, steht ein positiver y_{S_j} für eine Long Position des Spekulanten j. Diese Form der Notation wurde gewählt, um die jeweils „übliche“ Position eines Marktteilnehmers mit einem positiven Vorzeichen zu versehen.

Die exogene Nachfrage auf dem Kassamarkt Q^D ist wieder durch die stochastische Nachfragefunktion

$$Q^D = a - c\tilde{p}_k + \tilde{\eta} \quad \text{mit} \quad a, c > 0 \tag{4.41}$$

beschrieben. Es wird die Annahme getroffen, daß Kassamarkt und Terminmarkt mit Wahrscheinlichkeit Eins geräumt werden. Die konstante Nachfrage in Höhe von a, die vom unsicheren Kassapreis $\tilde{p}_k$ beeinflußte Nachfragekomponente und der stochastische Nachfrageveränderungsparameter $\tilde{\eta}$ determinieren wieder die exogene Nachfrage auf dem Kassamarkt. Die Zusammenhänge beschreibt bereits Abschnitt 4.1. $\tilde{\eta}$ sei eine eindimensionale normalverteilte Zufallsvariable mit Erwartungswert 0 und Varianz σ_η^2. Demnach ist die Nachfrage auf dem Kassamarkt ebenfalls (eindimensional) normalverteilt. Die Realisation des Zufallsvariablen $\tilde{\eta}$ sei weiterhin nicht beobachtbar. Einige Marktteilnehmer erhalten jedoch eine verrauschte Information über die Realisation der Nachfrageveränderung.

Hier ändert sich im Vergleich zur Gleichgewichtsmodellierung ohne Terminmarkt auch die Informationsstruktur des Modells. Die Spekulanten erhalten in diesem Modellrahmen die Informationen über die Nachfrageseite, die Produzenten bleiben uninformiert. Sie bilden jedoch ihre Erwartungen rational im Sinne der Theorie der rationalen Erwartungen und können somit die Informationen der Spekulanten im Preisbildungsprozeß korrekt antizipieren. Die Einteilung der Marktteilnehmer in Produzenten und Spekulanten in dieser Modellierung betont eine neue Rolle der Preisbildung, die über die Informationsaggregation des Abschnitts 4.1 hinausgeht. Neben der Aggregation der im Markt vorhandenen Informationen werden diese zudem durch den Preisbildungsprozeß an die uninformierten Marktteilnehmer übermittelt. Die Annahme der Existenz von Marktteilnehmern, die besser als die übrigen Marktteilnehmer informiert sind, folgt der Literatur.[21] Diese Marktteilnehmer werden zumeist als Informierte oder als Spekulanten bezeichnet. Die Annahme, Produzenten seien schlechter informiert als Nicht-Produzenten,

---

[21] Vgl. beispielsweise die informationsbasierten Modelle in O'Hara (1995), S. 53-272. Als Ursprung der informationsbasierten Modellwelt wird der Artikel von Bagehot (1971) erachtet.

mag auf den ersten Blick als etwas willkürlich angesehen werden.[22] Wird aber berücksichtigt, daß beispielsweise auch Nicht-Produzenten, die das Gut als Inputfaktor benötigen, zu der Gruppe der Spekulanten zählen, erscheint plausibel, daß diese Gruppe über die Nachfrageentwicklung nach dem Gut besser informiert ist als die Produzenten.[23]

Jeder Spekulant j ($j = 1, ..., n$) erhält vor dem Treffen der Entscheidung, welche Position er auf dem Terminmarkt einnimmt, eine verrauschte Information über die Realisation von $\tilde{\eta}$. Auf der Grundlage dieser Information und indem die Spekulanten ihre Erwartungen rational bilden, treffen sie ihre Entscheidung über die Art und Höhe ihrer Partizipation am Terminmarkt. Die Produzenten erhalten keine Informationen, können jedoch auch auf dem Terminmarkt tätig werden. In bezug auf den Terminpreis bilden sie ihre Erwartungen rational im Sinne der Theorie der rationalen Erwartungen und legen ihre optimale Position auf dem Terminmarkt und ihre optimale Produktionsmenge simultan fest. Obwohl die Produzenten nicht informiert sind, können sie die Informationen aus dem Preisbildungsprozeß am Terminmarkt „ablesen". Um ein Informationsparadoxon zu vermeiden, muß daher angenommen werden, daß die Informationen kostenlos erhältlich und verwertbar sind. Dies wurde bereits am Anfang des Kapitels 4 angesprochen. Es gibt jedoch eine Möglichkeit, diese Annahme zu vermeiden. Bray (1981) stellt eine, zum in diesem Abschnitt beschriebenen Modell ähnliche Modellierung vor, wobei sie Unsicherheiten und Informationen auf beiden Marktseiten betrachtet. Da der Preis in ihrer Modellumgebung keine suffiziente Statistik für alle verfügbaren Informationen darstellt, werden diese im Preisbildungsprozeß auch nicht vollständig offenbart. So kann in

---

[22]Diese Annahme ist in der Literatur jedoch durchaus üblich. Vgl. beispielsweise Danthine (1978) und Bray (1985).

[23]Als Beispiel seien große Lebensmittelhersteller angeführt, die Agrarprodukte als Inputfaktoren benötigen. Diese Hersteller, die nach der hier verfolgten Definition als Spekulanten bezeichnet werden, sind über die Nachfrageentwicklung auf dem betrachteten und verbundenen Märkten zumeist besser informiert als die einzelnen Produzenten.

ihrem Modell der Markt nicht streng informationseffizient sein. Jedoch kann durch diese Modellierung die häufig kritisierte Annahme kostenloser Informationen vermieden werden. In Bray (1981) ist aber im Gegensatz zu dem hier beschriebenen Simultanmodell die Primärposition (die Menge an Inputfaktoren) exogen vorgegeben.[24] Damit betrachtet sie ein sogenanntes Standardmodell und kann die Auswirkungen des Terminmarktes auf die Produktionsentscheidung nicht analysieren.[25]

Die verrauschte Information, die jeder Spekulant j erhält, wird wieder in der Form der Beobachtung der Realisation v_j einer stochastischen Informationsvariablen $\tilde{v}_j$ konkretisiert.[26] Die Zufallsvariable $\tilde{v}_j = \tilde{\eta} + \tilde{w}_j$ setzt sich additiv aus dem Nachfrageveränderungsvariablen $\tilde{\eta}$ und einem Störterm $\tilde{w}_j$ zusammen.[27] Die Störterme der einzelnen Spekulanten $\tilde{w}_j$ sind identisch und unabhängig voneinander eindimensional normalverteilt, mit Erwartungswert 0 und Varianz σ_w^2. Die Nachfrageveränderungsvariable $\tilde{\eta}$ und die Störgrößen $\tilde{w}_j$ sind nicht miteinander korreliert. Folglich ist die Zufallsvariable $\tilde{v}_j$ eine Linearkombination unabhängiger eindimensional normalverteilter Zufallsvariablen und somit auch eindimensional normalverteilt. Ferner wird die Annahme getroffen, daß die Vektoren $\hat{\mathbf{V}} = \left(\tilde{v}_1, \tilde{v}_2, \cdots, \tilde{v}_n\right)$ und $\check{\mathbf{V}} = \left(\tilde{v}_1, \tilde{v}_2, \cdots, \tilde{v}_n, \tilde{\eta}\right)$ multivariat normalverteilte Zufallsgrößen (Zufallsvektoren) sind.

[24]Vgl. Bray (1981), S. 577.

[25]Vgl. Bray (1981), S. 584.

[26]Der Wechsel der Laufvariable im Vergleich zum Modell ohne Terminmarkt von i zu j verdeutlicht nochmals die veränderte Informationsstruktur des Modells.

[27]Die folgenden Verteilungsannahmen sind analog zum Modell ohne Terminmarkt.

4.2.2 Modell

4.2.2.1 Optimierung der Produzenten

Das Entscheidungsproblem des Produzenten i ($i = 1, ..., N$) besteht in der Maximierung des Erwartungsnutzens seines Endvermögens $\tilde{z}_i$, indem er die optimale Höhe des eingesetzten Produktionsfaktors X, x_i^{**}, und gleichzeitig seine optimale Position auf dem Terminmarkt, $y_{P_i}^{**}$, bestimmt. Geht der Produzent auf dem Terminmarkt short (long), d.h. verkauft (kauft) er Futures-Kontrakte, um sich zur Lieferung (Abnahme) des Gutes zu verpflichten, so ist $y_{P_i} > 0$ ($y_{P_i} < 0$). Die Produzenten erhalten keine individuellen Informationen, bilden aber ihre Erwartungen rational im Sinne der Theorie der rationalen Erwartungen. In diesem ersten Schritt unterscheidet sich das Optimierungskalkül des einzelnen Produzenten i nur durch die Annahme rationaler Erwartungen von dem Kalkül eines Entscheiders in Abschnitt 2.2. Formal werden jetzt bedingte Erwartungswerte und Varianzen gebildet. Die Bedingung erfolgt im Gegensatz zum Abschnitt 4.1 nur durch die rationale Erwartungsbildung aber ohne eine zusätzliche Information v_i. Sie wird in der formalen Schreibweise durch die Bezeichnung REE verdeutlicht.

$$\max_{\{x_i \geq 0\ ,\ y_{P_i} \in \mathbb{R}\}} \mathrm{E}[U(\tilde{z}_i) | REE] \tag{4.42}$$

Das Endvermögen des Produzenten besteht aus den Erlösen (falls $y_{P_i} > 0$) beziehungsweise Kosten (falls $y_{P_i} < 0$) am Terminmarkt, den Erlösen (falls $q(x_i) > y_{P_i}$) beziehungsweise Kosten (falls $q(x_i) < y_{P_i}$) am Kassamarkt und den bei der Produktion entstandenen variablen Kosten x_i und Fixkosten γ.

$$\tilde{z}_i = [q(x_i) - y_{P_i}]\tilde{p}_k + p_{f0} y_{P_i} - x_i - \gamma \tag{4.43}$$

Eingesetzt in die Optimierungsaufgabe ergibt sich

$$\max_{\{x_i \geq 0\ ,\ y_{P_i} \in \mathbb{R}\}} \mathrm{E}[U([q(x_i) - y_{P_i}]\tilde{p}_k + p_{f0} y_{P_i} - x_i - \gamma) | REE]\ . \tag{4.44}$$

Berücksichtigt man die Annahmen über die Nutzenfunktion des Produzenten, resultiert

$$\max_{\{x_i \geq 0\ ,\ y_{P_i} \in \mathbb{R}\}} \mathrm{E}[-\exp\left[-\xi\left[\left(q\left(x_i\right)-y_{P_i}\right)\tilde{p}_k+p_{f0}y_{P_i}-x_i-\gamma\right]\right]|REE] \ . \tag{4.45}$$

Das Endvermögen des Produzenten $\tilde{z}_i$ wird von deterministischen Variablen und der normalverteilten Zufallsvariablen $\tilde{p}_k$ bestimmt, ist somit ebenfalls (eindimensional) normalverteilt. Folglich kann auch in dieser Modellierung das Präferenzfunktional

$$\hat{\Phi}_{REE}\left(\tilde{z}_i\right)=\mathrm{E}[\tilde{z}_i\,|REE]-\frac{\xi}{2}\mathrm{Var}[\tilde{z}_i\,|REE] \tag{4.46}$$

des hybriden Modells angewandt werden. Maximiert wird nun

$$\hat{\Phi}_{REE}\left(\tilde{z}_i\left(x_i,y_{P_i}\right)\right)\ , \tag{4.47a}$$

mit

$$\begin{aligned}
&\hat{\Phi}_{REE}\left(\tilde{z}_i\left(x_i,y_{P_i}\right)\right)=\\
&=\mathrm{E}[\left(q\left(x_i\right)-y_{P_i}\right)\tilde{p}_k+p_{f0}y_{P_i}-x_i-\gamma\,|REE]\\
&-\frac{\xi}{2}\mathrm{Var}[\left(q\left(x_i\right)-y_{P_i}\right)\tilde{p}_k+p_{f0}y_{P_i}-x_i-\gamma\,|REE]\\
&=\left(\left(\alpha^2x_i+\frac{\beta^2\alpha^4}{4}\right)^{\frac{1}{2}}-\frac{\beta\alpha^2}{2}-y_{P_i}\right)\mathrm{E}[\tilde{p}_k\,|REE]\\
&+p_{f0}y_{P_i}-x_i-\gamma\\
&-\left(\left(\alpha^2x_i+\frac{\beta^2\alpha^4}{4}\right)^{\frac{1}{2}}-\frac{\beta\alpha^2}{2}-y_{P_i}\right)^2\frac{\xi}{2}\mathrm{Var}[\tilde{p}_k\,|REE]\ .
\end{aligned} \tag{4.47b}$$

Um bei der Optimierung ein Maximum zu erhalten, erfordern die notwendigen Bedingungen, daß die partiellen Ableitungen von $\hat{\Phi}_{REE}(\tilde{z}_i)$ bezüglich den Entscheidungsvariablen x_i und y_{P_i} gleich Null gesetzt werden.

Analog der Gleichung (2.28) ergibt die Ableitung des Präferenzfunktionals nach x_i

$$\begin{aligned}\frac{\partial\hat{\Phi}_{REE}(\tilde{z}_i(x_i, y_{P_i}))}{\partial x_i} &= \mathrm{E}[\tilde{p}_k | REE]\frac{1}{2}\left(\alpha^2 x_i + \frac{\beta^2\alpha^4}{4}\right)^{-\frac{1}{2}}\alpha^2 - 1 \\ &- \xi\mathrm{Var}[\tilde{p}_k | REE]\left(\alpha^2 x_i + \frac{\beta^2\alpha^4}{4}\right)^{-\frac{1}{2}} \cdot \\ &\cdot \frac{1}{2}\alpha^2\left(\left(\alpha^2 x_i + \frac{\beta^2\alpha^4}{4}\right)^{\frac{1}{2}} - \frac{\beta\alpha^2}{2} - y_{P_i}\right) \\ &\stackrel{!}{=} 0\,.\end{aligned} \tag{4.48}$$

Wird $\frac{\partial\hat{\Phi}_{REE}(\tilde{z}_i(x_i,y_{P_i}))}{\partial x_i}$ gleich Null gesetzt, kann nach x_i aufgelöst werden, und man erhält für jeden Produzenten i eine vorläufige (von der Position am Terminmarkt abhängige) optimale Einsatzmenge des variablen Inputfaktors x_i^{**}.

$$\begin{aligned}x_i^{**} = &\frac{1}{\alpha^2}\left(\frac{\mathrm{E}[\tilde{p}_k | REE] + \frac{\beta\alpha^2}{2}\xi\mathrm{Var}[\tilde{p}_k | REE] + \xi\mathrm{Var}[\tilde{p}_k | REE]\, y_{P_i}}{\frac{2}{\alpha^2} + \xi\mathrm{Var}[\tilde{p}_k | REE]}\right)^2 \\ &- \frac{\alpha^2\beta^2}{4}\end{aligned} \tag{4.49}$$

Durch Umformung resultiert die vorläufig optimale Produktionsmenge $q(x_i^{**})$.

$$q(x_i^{**}) = \frac{\mathrm{E}[\tilde{p}_k | REE] - \beta + \xi\mathrm{Var}[\tilde{p}_k | REE]\, y_{P_i}}{\frac{2}{\alpha^2} + \xi\mathrm{Var}[\tilde{p}_k | REE]} \tag{4.50}$$

Der Gleichung (2.29) entsprechend liefert die Ableitung des Präferenzfunktionals nach der anderen Entscheidungsvariable y_{P_i}

$$\begin{aligned}\frac{\partial\hat{\Phi}_{REE}\left(\tilde{z}_i\left(x_i, y_{P_i}\right)\right)}{\partial y_{P_i}} &= -\mathrm{E}[\tilde{p}_k\,|REE] + p_{f_0} \\ &+ \xi\mathrm{Var}[\tilde{p}_k\,|REE]\left(\left(\alpha^2 x_i + \frac{\beta^2\alpha^4}{4}\right)^{\frac{1}{2}} - \frac{\beta\alpha^2}{2} - y_{P_i}\right) \\ &\stackrel{!}{=} 0\,.\end{aligned} \tag{4.51}$$

Nullsetzen und Auflösen von (4.51) nach y ergibt die vorläufig optimale Position des Produzenten i auf dem Terminmarkt $y^{**}_{P_i}$.

$$y^{**}_{P_i} = \left(\alpha^2 x_i + \frac{\beta^2\alpha^4}{4}\right)^{\frac{1}{2}} - \frac{\beta\alpha^2}{2} - \frac{\mathrm{E}[\tilde{p}_k\,|REE] - p_{f_0}}{\xi\mathrm{Var}[\tilde{p}_k\,|REE]} \tag{4.52}$$

Die hinreichenden Bedingungen für das Vorliegen eines Maximums sind für risikoaverse[28] Produzenten und $p_{f_0} > 0$ erfüllt.[29]

Die simultane Optimierung über die beiden Entscheidungsvariablen x_i und y_{P_i} erfordert das Einsetzen von $y^{**}_{P_i}$ in die Ableitung nach dem ersten Entscheidungsvariablen (Gleichung (4.50)). Auflösen nach $q(x_i)$ unter Berücksichtigung der Nichtnegativitätsbedingung der Produktionsmenge ergibt die optimale Produktionsmenge des Produzenten i $q\left(x^{**}_i\right)$ als eine Funktion des Futurespreises p_{f_0}

[28]Risikoneutrale und risikofreudige Produzenten würden, falls $\mathrm{E}[\tilde{p}_k\,|REE] \neq p_{f_0}$ ist, im Optimum unbegrenzt hohe Terminkäufe beziehungsweise Terminverkäufe tätigen. Insofern ist die Annahme einer positiven absoluten Risikoaversion der Produzenten grundlegend für das Modell.

[29]Vgl. Anhang C.1.

$$q\left(x_i^{**}\right) = \begin{cases} \frac{\alpha^2}{2}\left(p_{f_0} - \beta\right) & \text{falls } p_{f_0} > \beta \\ & \\ 0 & \text{sonst.} \end{cases} \tag{4.53}$$

Setzt man wiederum (4.53) in (4.52) ein, resultiert das bedingt optimale Hedgingvolumen des Produzenten i als Funktion des Futurespreises

$$y_{P_i}^{**} = \begin{cases} \frac{\alpha^2}{2}\left(p_{f_0} - \beta\right) + \frac{p_{f_0} - \mathrm{E}[\tilde{p}_k|REE]}{\xi \mathrm{Var}[\tilde{p}_k|REE]} & \text{falls} \quad q\left(x_i^{**}\right) > 0 \\ & \\ -\frac{\mathrm{E}[\tilde{p}_k|REE] - p_{f_0}}{\xi \mathrm{Var}[\tilde{p}_k|REE]} & \text{falls} \quad q\left(x_i^{**}\right) = 0 \, . \end{cases} \tag{4.54}$$

Bis zu diesem Punkt entspricht die Vorgehensweise der herkömmlichen Modellierung in Abschnitt 2.2, so daß die Struktur der Gleichungen (4.53) und (4.54) gleich den Ergebnissen des herkömmlichen Modells ist, und das in Abschnitt 2.2 Gesagte weiterhin Gültigkeit besitzt.[30]

Da die optimale Produktionsmenge des Produzenten i $(i = 1, ..., N)$ ausschließlich durch Parameter der Produktionsfunktion und durch den Terminpreis p_{f_0} determiniert wird, ist unter der Voraussetzung, daß alle Produzenten die gleiche Technologie benutzen (gleiche Produktionsfunktion, gleiche Inputkosten) die Produktionsmenge für alle Produzenten gleich und unabhängig von unterschiedlichen Erwartungen. Unterschiede in den Erwartungen werden durch den Spekulationsterm der Hedgeposition korrigiert.

4.2.2.2 Gleichgewicht auf dem Kassamarkt

Ab dieser Stelle wird die bisherige Modellierung des Abschnitts 2.2 erweitert. Als nächster Schritt wird ein bedingtes Gleichgewicht auf dem Kassamarkt

[30] Vgl. insbesondere S. 36 f..

entwickelt. Dazu muß zuerst das Gesamtangebot des Gutes ermittelt werden. Im Modell ohne Terminmarkt des Abschnittes 4.1 bestand das Gesamtangebot aus der Summe der Produktionsmengen der N Produzenten, da sie ihr Produkt nur am Kassamarkt absetzen konnten. Hier dagegen können die Produzenten an Kassa- und Terminmarkt aktiv werden. Haben die Produzenten Terminverkäufe getätigt, so bieten sie auf dem Kassamarkt die (Rest)Menge an, die sie nicht schon per Termin verkauft haben. Sollten sie per Termin zu ihrer eigenen produzierten Menge noch hinzugekauft haben, so wird diese Menge zusätzlich am Kassamarkt angeboten. Da aber auf dem Terminmarkt die Gegenposition nur von den Spekulanten eingenommen werden kann, und die Möglichkeit der Lagerhaltung ausgeschlossen wurde, werden diese Mengen von den Spekulanten auch am Kassamarkt angeboten. Letztlich wird exakt die Menge am Kassamarkt angeboten, die von den Produzenten erstellt wurde. Da alle Produzenten die gleiche optimale Produktionsmenge herstellen und annahmegemäß N Produzenten am Markt sind, besteht das Gesamtangebot Q^S demnach aus der N-fachen individuellen Produktionsmenge.

$$Q^S = Nq(x_i) = N\frac{\alpha^2}{2}(p_{f_0} - \beta) \qquad (4.55)$$

Die Gesamtnachfrage auf dem Kassamarkt läßt sich per Annahme als

$$Q^D = a - c\tilde{p}_k + \tilde{\eta} \qquad \text{mit } a, c > 0 \qquad (4.56)$$

modellieren. Die Gesamtnachfrage ist exogen gegeben und wird durch eine konstante Nachfrage in Höhe von a und durch zwei stochastische Nachfragekomponenten bestimmt. Je höher der Kassapreis ausfällt, desto niedriger ist die Gesamtnachfrage. Einen gegensätzlichen Effekt übt ein hoher realisierter Nachfrageveränderungsparameter η aus.

Im Gleichgewicht wird der Kassamarkt per Annahme mit Wahrscheinlichkeit Eins geräumt, so daß sich das Gesamtangebot Q^S und die Gesamtnachfrage Q^D entsprechen müssen.

$$Q^S = Q^D \tag{4.57}$$

Werden die Gleichungen (4.55) und (4.56) für das Gesamtangebot und die Gesamtnachfrage in die Gleichung (4.57) eingesetzt

$$N\frac{\alpha^2}{2}p_{f_0} - N\frac{\alpha^2}{2}\beta = a - c\tilde{p}_k + \tilde{\eta} \quad , \tag{4.58}$$

kann nach dem Kassapreis $\tilde{p}_k$ aufgelöst werden.

$$\tilde{p}_k = \frac{a}{c} + \frac{1}{c}\tilde{\eta} - N\frac{\alpha^2}{2c}p_{f_0} + N\frac{\alpha^2}{2c}\beta \tag{4.59}$$

Werden $A = \frac{a}{c} > 0$ und $B = N\frac{\alpha^2}{2c} > 0$ substituiert, ergibt sich der Gleichgewichtskassapreis in Abhängigkeit von p_{f_0} und $\tilde{\eta}$.

$$\tilde{p}_k = A + \frac{1}{c}\tilde{\eta} - Bp_{f_0} + B\beta \tag{4.60}$$

Der Gleichgewichtskassapreis ist ceteris paribus umso niedriger, je höher der Terminpreis ist. Dies ist ein intuitiver Zusammmenhang, da die realisierte Gesamtproduktionsmenge, und damit auch das Gesamtangebot auf dem Kassamarkt, bei steigendem Terminpreis steigt. Bei steigendem Gesamtangebot fällt aber ceteris paribus wegen der Markträumungsannahme der Gleichgewichtskassapreis. Eine höhere konstante Nachfrage a und eine höhere Realisation des Nachfrageveränderungsparameters $\tilde{\eta}$ bewirken ceteris paribus durch die Erweiterung der Gesamtnachfrage einen höheren Kassapreis.

4.2.2.3 Optimierung der Spekulanten

Obwohl Spekulanten auf dem Kassamarkt tätig werden, spielten in der bisherigen Betrachtung die Auswirkungen ihrer Aktionen keine direkte Rolle. Es ist jedoch wichtig festzuhalten, daß sie durch ihre Spekulationstätigkeit den Futurespreis p_{f_0} mitbestimmen, der die optimale Produktionsmenge, das Gesamtangebot auf dem Kassamarkt und somit den Gleichgewichtskassapreis determiniert.

Auf dem Terminmarkt müssen die Gesamtpositionen von beiden Marktteilnehmergruppen, Spekulanten und Produzenten, explizit betrachtet werden. Hierzu ist zunächst notwendig, die Entscheidungskalküle der Spekulanten nachzuvollziehen.

Das Entscheidungsproblem des Spekulanten j $(j = 1, ..., n)$ besteht in der Maximierung des Erwartungsnutzens seines Endvermögens $\tilde{z}_j$, indem er seine optimale Position y_{S_j} auf dem Terminmarkt festlegt. Dabei berücksichtigt er seine eigene Information v_j und bildet seine Erwartungen rational im Sinne der Theorie der rationalen Erwartungen.

$$\max_{\{y_{S_j} \in \mathbb{R}\}} \mathrm{E}[U(\tilde{z}_j) \,|\tilde{v}_j = v_j, REE] \tag{4.61}$$

Einsetzen der angenommenen exponentiellen Nutzenfunktion ergibt die Maximierungsaufgabe

$$\max_{\{y_{S_i} \in \mathbb{R}\}} \mathrm{E}[-\exp(-\chi \tilde{z}_j) \,|\tilde{v}_j = v_j, REE] \ . \tag{4.62}$$

Per definitionem haben die Spekulanten keine physische Position durch Produktion, werden dennoch an Termin- und Kassamarkt tätig, wenn aufgrund ihrer Informationen ein Preisunterschied in beiden Märkten vorhanden ist. Erwarten sie, daß der Kassapreis $\tilde{p}_k$ höher sein wird als der Terminpreis p_{f_0}, so gehen sie auf dem Terminmarkt long, tätigen also Future-Käufe $\left(y_{S_j} > 0\right)$.

Halten sie hingegen $p_{f_0} > \tilde{p}_k$ für wahrscheinlich, so nehmen sie auf dem Terminmarkt eine Short Position ein $\left(y_{S_j} < 0\right)$. Das Endvermögen eines Spekulanten j ergibt sich demnach als Produkt aus der Preisdifferenz am Kassa- und Terminmarkt und dem Volumen des Terminmarktengagements.

$$\tilde{z}_j = (\tilde{p}_k - p_{f_0})\, y_{S_j} \tag{4.63}$$

Das erwartete Endvermögen eines Spekulanten ist positiv, falls ein Unterschied zwischen dem Terminpreis und dem Kassapreis besteht. Ist der Terminpreis martingaleffizient, stellt also p_{f_0} den besten Schätzer für den Kassapreis dar und gilt deshalb $\mathrm{E}\left[\tilde{p}_k|\cdot\right] = p_{f_0}$, so haben risikoneutrale Spekulanten keinen Anreiz zum Handeln, sehr wohl aber risikoaverse oder risikofreudige.[31]

Setzt man für den Kassapreis $\tilde{p}_k$ die aus dem Kassamarktgleichgewicht ermittelte Beziehung (4.60) ein,

$$\begin{aligned} \tilde{z}_j &= [\tilde{p}_k - p_{f_0}]\, y_{S_j} \\ &= \left[A - Bp_{f_0} + B\beta + \frac{1}{c}\tilde{\eta} - p_{f_0}\right] y_{S_j} \\ &= \left[A - (B+1)\, p_{f_0} + B\beta + \frac{1}{c}\tilde{\eta}\right] y_{S_j} \end{aligned} \tag{4.64}$$

so erhält man das zu optimierende Endvermögen des Spekulanten j und damit die Optimierungsaufgabe

$$\max_{\{y_{S_i} \in \mathbb{R}\}} \mathrm{E}\left[-\exp\left\{-\chi\left[A - (B+1)\, p_{f_0} + B\beta + \frac{1}{c}\tilde{\eta}\right] y_{S_j}\right\}\middle|\, \tilde{v}_j = v_j, REE\right]. \tag{4.65}$$

[31] Die Beschränkung der Analyse auf risikoaverse Spekulanten wird auf S. 134 begründet. Vgl. auch Fußnote 33.

Das Endvermögen des Spekulanten j ist eine Linearkombination aus deterministischen Variablen und dem (eindimensional) normalverteilten Zufallsvariablen $\tilde{\eta}$, ist somit (eindimensional) normalverteilt. Für das Entscheidungskalkül der Spekulanten j $(j = 1, ..., n)$ kann daher ebenfalls das (μ, σ)- Präferenzfunktional

$$\hat{\Psi}_{REE}\left(\tilde{z}_j\left(y_{S_j}\right)\right) = \mathrm{E}[\tilde{z}_j \,|\tilde{v}_j = v_j, REE] - \frac{\chi}{2}\mathrm{Var}[\tilde{z}_j \,|\tilde{v}_j = v_j, REE] \tag{4.66}$$

des hybriden Modells zur Optimierung herangezogen werden.[32]

Die Optimierungsaufgabe des Spekulanten j lautet nun

$$\max_{\{y_{S_j}\in\mathbb{R}\}} \hat{\Psi}_{REE}\left(\tilde{z}_j\left(y_{S_j}\right)\right) \quad , \tag{4.67a}$$

mit dem Präferenzfunktional

$$\begin{aligned}\hat{\Psi}_{REE}\left(\tilde{z}_j\left(y_{S_j}\right)\right) &= \mathrm{E}\left[y_{S_j}\left(A - (B+1)\,p_{f_0} + B\beta + \frac{1}{c}\tilde{\eta}\right)\middle|\,\tilde{v}_j = v_j, REE\right] \\ &\quad - \frac{\chi}{2}\,\mathrm{Var}\left[y_{S_j}\left(A - (B+1)\,p_{f_0} + B\beta + \frac{1}{c}\tilde{\eta}\right)\middle|\,\tilde{v}_j = v_j, REE\right] \\ &= y_{S_j}\left(A - (B+1)\,p_{f_0} + B\beta + \frac{1}{c}\,\mathrm{E}[\tilde{\eta}|\,\tilde{v}_j = v_j, REE]\right) \\ &\quad - \frac{\chi}{2}\frac{1}{c^2}y_{S_j}^2\,\mathrm{Var}[\tilde{\eta}\,|\tilde{v}_j = v_j, REE] \ .\end{aligned} \tag{4.67b}$$

Die notwendige Bedingung für ein Maximum erfordert, daß die partielle Ableitung des Präferenzfunktionals bezüglich des Entscheidungsvariablen des Spekulanten j , y_{S_j} , gleich Null gesetzt wird. Die Ableitung von $\hat{\Psi}_{REE}\left(\tilde{z}_j\right)$ nach y_{S_j} ergibt

[32]Bezüglich der Anwendbarkeit des hybriden Modells vergleiche Abschnitt 2.1.2, insbesondere S. 22 f. .

$$\frac{\partial \hat{\Psi}_{REE}\left(\tilde{z}_j\left(y_{S_j}\right)\right)}{\partial y_{S_j}} = A - (B+1)\, p_{f_0} + B\beta + \frac{1}{c}\,\mathrm{E}[\tilde{\eta}|\,\tilde{v}_j = v_j, REE] \\ - \chi \frac{1}{c^2} y_{S_j} \mathrm{Var}[\tilde{\eta}\,|\tilde{v}_j = v_j, REE] \\ \overset{!}{=} 0\,. \tag{4.68}$$

Die hinreichende Bedingung für das Vorliegen eines Maximums ist für risikoaverse[33] Spekulanten erfüllt.[34]

Wird die notwendige Bedingung nach y_{S_j} aufgelöst, erhält man die bedingt optimale Position des Spekulanten j $(j = 1, ..., n)$ am Terminmarkt, $y_{S_j}^{**}$.

$$y_{S_j}^{**} = \frac{c^2}{\chi \mathrm{Var}[\tilde{\eta}\,|\tilde{v}_j = v_j, REE]} \cdot \\ \cdot \left[A - (B+1)\, p_{f_0} + B\beta + \frac{1}{c}\,\mathrm{E}[\tilde{\eta}|\,\tilde{v}_j = v_j, REE)\right] \tag{4.69}$$

Für die Analyse eines Gleichgewichtes auf dem Terminmarkt benötigt man die aggregierten Positionen aller Marktteilnehmer. Die bedingt optimale Position des Produzenten i $(i = 1, ..., N)$ am Terminmarkt ergibt sich durch Einsetzen von (4.60) in (4.54) als

$$y_{P_i}^{**} = \frac{\alpha^2}{2}\left(p_{f_0} - \beta\right) + \frac{p_{f_0} - A + Bp_{f_0} - B\beta - \frac{1}{c}\mathrm{E}[\tilde{\eta}\,|REE]}{\xi \frac{1}{c^2} \mathrm{Var}[\tilde{\eta}\,|REE]}\,. \tag{4.70}$$

Nachdem die bedingten (individuell) optimalen Positionen eines Produzenten i und eines Spekulanten j ermittelt wurden, geht es im Folgenden um

[33]Risikoneutrale oder risikofreudige Spekulanten würden analog zu risikoneutralen oder risikofreudigen Produzenten in unbegrenzter Höhe spekulieren, falls $\mathrm{E}[\tilde{\eta}\,|\tilde{v}_j = v_j, REE] \neq p_{f_0}$ ist. Die hinreichende Voraussetzung für das Vorliegen eines Maximums kann demnach für nicht risikoaverse Spekulanten nicht erfüllt sein. Somit ist die Beschränkung der Analyse auf risikoaverse Spekulanten eine notwendige Voraussetzung für das Vorliegen eines Maximums.

[34]Siehe Anhang C.2.

die Betrachtung der aggregierten Positionen dieser zwei Marktteilnehmergruppen.

4.2.2.4 Gleichgewicht auf dem Terminmarkt

Um die aggregierten Positionen von Produzenten und Spekulanten auf dem Terminmarkt bilden zu können, muß die Informationsstruktur des Modells näher betrachtet werden.

4.2.2.4.1 Informationsstruktur des Modells

Jeder Spekulant j $(j = 1, ..., n)$ erhält eine Information v_j in Gestalt der Beobachtung der Realisation der Zufallsvariablen $\tilde{v}_j$, die aus der Summe der unbeobachtbaren Zufallsvariablen $\tilde{\eta}$ und des individuellen Störterms $\tilde{w}_j$ besteht. Die Information des Spekulanten j ist folglich lediglich eine verrauschte Information. Die Produzenten erhalten keine Informationen. Die folgenden Verteilungsannahmen wurden getroffen: (1) $\tilde{\eta}$ ist (eindimensional) normalverteilt mit Erwartungswert 0 und Varianz σ_η^2. (2) Die Störterme der einzelnen Spekulanten sind identisch und unabhängig voneinander (eindimensional) normalverteilt mit Erwartungswert Null und Varianz σ_w^2. (3) $\tilde{\eta}$ und die $\tilde{w}_j$ $(j = 1, ..., n)$ sind nicht miteinander korreliert. (4) Die Vektoren $\hat{\mathbf{V}} = \left(\tilde{v}_1, \ \cdots, \ \tilde{v}_n\right)$ und $\check{\mathbf{V}} = \left(\tilde{v}_1, \ \cdots, \ \tilde{v}_n, \ \tilde{\eta}\right)$ sind multivariat normalverteilte Zufallsgrößen (Zufallsvektoren).

Jeder Marktteilnehmer handelt rational im Sinne der Theorie der rationalen Erwartungen. Die Spekulanten bilden ihre Erwartungen über den Nachfrageveränderungsparameter $\tilde{\eta}$, bedingt unter der Realisation v_j ihres individuellen Signals und indem sie den Preisbildungsprozeß korrekt antizipieren. Die Produzenten erhalten keine individuellen Informationen, können den Preisbildungsprozeß aber auch korrekt antizipieren. Die Annahme rationaler Erwartungen hat in diesem Modell zur Folge, daß die Informationen der Spekulanten nicht nur aggregiert, sondern ferner an die nicht informierten Produzenten übermittelt werden. Aufgrund der Annahme rationaler Erwartungen bilden folglich alle Marktteilnehmer ihre Erwartungen bedingt unter einer Größe, die die gesamten preisrelevanten Informationen der Marktteilnehmer widerspiegelt. Diese Größe ist die suffiziente Statistik für die gesamten Marktinformationen.

Im Folgenden wird gezeigt, daß es auch in diesem Modell eine suffiziente Statistik in Gestalt der in diesem Modell unbeobachtbaren Summe der Informationen $\sum_{j=1}^{n} v_j$ beziehungsweise des beobachtbaren Terminpreises p_{f_0} gibt. Die durch die suffiziente Statistik bedingten Erwartungen und Varianzen sind für alle Marktteilnehmer gleich. Eine Aggregation der Positionen auf dem Terminmarkt ist folglich unproblematisch. Der folgende Satz 3 deduziert analog Satz 1 des Modells ohne Terminmarkt, daß $\sum_{j=1}^{n} v_j$ in diesem Modell eine suffiziente Statistik der Marktinformationen darstellt. Der Beweis erfolgt im Anhang. Satz 4 wiederum zeigt analog Satz 2 des Abschnitts 4.1, daß die Kenntnis von $\sum_{j=1}^{n} v_j$ ausreicht, um die benötigten bedingten Erwartungswerte und Varianzen korrekt zu ermitteln. Der sich in Abschnitt 4.2.2.4.3 anschließende Satz 5 geht über die Betrachtungen des Abschnitts 4.1 hinaus. Anstatt die Hilfsannahme zu treffen, $\sum_{j=1}^{n} v_j$ sei den Marktteilnehmern bekannt, wird gezeigt, daß durch die Beobachtung des Terminpreises p_{f_0} unter der Annahme rationaler Erwartungen $\sum_{j=1}^{n} v_j$ den Marktteilnehmern tatsächlich kommuniziert wird.

Satz 3

Sei $h_j\left(\tilde{v}_j, \sum_{j=1}^{n} \tilde{v}_j \,\middle|\, \tilde{\eta} = \eta\right)$ *die durch die Realisation des Zufallsvariablen* $\tilde{\eta}$ *bedingte gemeinsame Dichtefunktion von* $\tilde{v}_j$ *und* $\sum_{j=1}^{n} \tilde{v}_j$*. Dann ist* $\sum_{j=1}^{n} v_j$ *eine suffiziente Statistik für* $h_j\left(\tilde{v}_j, \sum_{j=1}^{n} \tilde{v}_j \,\middle|\, \tilde{\eta} = \eta\right)$.

Beweis: Siehe Anhang B.2.[35]

Wenn $\sum_{j=1}^{n} v_j$ eine suffiziente Statistik für die durch die Realisation des Zufallsvariablen $\tilde{\eta}$ bedingte gemeinsame Dichtefunktion von $\sum_{j=1}^{n} \tilde{v}_j$ und $\tilde{v}_j$ darstellt, wird für den Fall, daß die Realisation von $\sum_{j=1}^{n} \tilde{v}_j$ bekannt ist, die Beobachtung von v_j überflüssig, um auf die Realisation von $\tilde{\eta}$ schließen zu können. Die Beobachtung von v_j bringt keine zusätzliche Information.[36] Diesen Zusammenhang formuliert der folgende

Satz 4
Sei $m\left(\tilde{\eta}\,\middle|\,\sum_{j=1}^{n} v_j\right)$ *die durch die Realisation von* $\sum_{j=1}^{n} \tilde{v}_j$ *bedingte Dichtefunktion von* $\tilde{\eta}$, *und* $\hat{m}\left(\tilde{\eta}\,\middle|\,v_j, \sum_{j=1}^{n} v_j\right)$ *die durch die Realisationen von* $\tilde{v}_j$ *und* $\sum_{j=1}^{n} \tilde{v}_j$ *bedingte Dichtefunktion von* $\tilde{\eta}$.
Dann gilt

$$\hat{m}\left(\tilde{\eta}\,\middle|\,v_j, \sum_{j=1}^{n} v_j\right) = m\left(\tilde{\eta}\,\middle|\,\sum_{j=1}^{n} v_j\right) \tag{4.71a}$$

und somit

$$E\left(\tilde{\eta}\,\middle|\,v_j, \sum_{j=1}^{n} v_j\right) = E\left(\tilde{\eta}\,\middle|\,\sum_{j=1}^{n} v_j\right) \tag{4.71b}$$

und

$$\mathrm{Var}\left(\tilde{\eta}\,\middle|\,v_j, \sum_{j=1}^{n} v_j\right) = \mathrm{Var}\left(\tilde{\eta}\,\middle|\,\sum_{j=1}^{n} v_j\right) \tag{4.71c}$$

Beweis: Siehe Anhang B.2.[37]

---

[35] Satz 3 wird analog Satz 1 bewiesen, jedoch mit n statt N und j statt i.

[36] An dieser Stelle wird deutlich, daß die Annahme einer kostenlosen Information grundlegend für das Modell ist. Wäre die Informationsbeschaffung mit Kosten verbunden, würde an dieser Stelle ein Informationsparadoxon auftreten. Vgl. dazu Grossman/Stiglitz (1980).

[37] Satz 4 wird analog Satz 2 bewiesen, jedoch mit n statt N und j statt i.

Somit wurde gezeigt, daß es für alle Marktteilnehmer ausreicht, $\sum_{j=1}^{n} v_j$ zu kennen und ihre Erwartungen darauf zu basieren. Durch die Annahme rationaler Erwartungen bedingt stellt die zusätzliche Beobachtung der eigenen Information v_j für den einzelnen Spekulanten j $(j = 1, ..., n)$ somit eine überflüssige Information dar. Die Kenntnis der einzelnen Realisationen v_j $(j = 1, ..., n)$ der anderen Marktteilnehmer ist für den einzelnen Spekulanten j oder den einzelnen Produzenten i ebenfalls nicht von Bedeutung, solange die Summe der Informationen am Markt kommuniziert wird.

4.2.2.4.2 Aggregierte Positionen der Marktteilnehmer

Durch die Annahme rationaler Erwartungen bezüglich des Preisbildungsprozesses am Terminmarkt entsprechen die individuell bedingten Erwartungswerte und Varianzen der Spekulanten ($\mathrm{E}[\tilde{\eta}\,|\tilde{v}_j = v_j, REE]$ und $\mathrm{Var}[\tilde{\eta}\,|\tilde{v}_j = v_j, REE]$) und der Produzenten ($\mathrm{E}[\tilde{\eta}\,|REE]$ und $\mathrm{Var}[\tilde{\eta}\,|REE]$) somit dem „objektiviert" bedingten Erwartungswert $\mathrm{E}\left[\tilde{\eta}\,\middle|\,\sum_{j=1}^{n} v_j\right]$ und Varianz $\mathrm{Var}\left[\tilde{\eta}\,\middle|\,\sum_{j=1}^{n} v_j\right]$.

Die optimale Gesamtposition der Spekulanten am Terminmarkt besteht aus der Summe ihrer Einzelpositionen $\sum_{j=1}^{n} y_{S_j}^{**}$. Da alle Parameter der Nutzenfunktion für alle Spekulanten j $(j = 1, ..., n)$ identisch angenommen wurden, und auch die Erwartungen bezüglich $\tilde{\eta}$ bedingt durch die gleiche Größe $\sum_{j=1}^{n} v_j$ gebildet werden, ergibt sich aus den Einzelpositionen (vgl. Gleichung (4.69)) die folgende aggregierte Position der Spekulanten am Terminmarkt

$$\sum_{j=1}^{n} y_{S_j}^{**} = \frac{c^2 n}{\chi \mathrm{Var}\left[\tilde{\eta}\,\middle|\,\sum_{j=1}^{n} v_j\right]} \left[A - (B+1)\,p_{f_0} + B\beta + \frac{1}{c}\mathrm{E}\left[\tilde{\eta}\,\middle|\,\sum_{j=1}^{n} v_j\right]\right] \tag{4.72}$$

Entsprechend setzt sich die aggregierte Position der Produzenten am Terminmarkt aus der Summe ihrer Einzelpositionen $\sum_{i=1}^{N} y_{P_i}^{**}$ zusammen. Da die Parameter der Nutzenfunktionen und der Produktionsfunktionen für alle Produzenten i $(i = 1, ..., N)$ qua Annahme identisch sind, und durch die Annahme rationaler Erwartungen zudem sichergestellt ist, daß sie ihre Erwartungen bedingt durch die suffiziente Statistik $\sum_{j=1}^{n} v_j$ einheitlich bilden, entspricht ihre Gesamtposition am Terminmarkt der N-fachen Position eines einzelnen Produzenten i (vgl. Gleichung (4.70)).

$$\begin{aligned} Ny_{P_i}^{**} &= N\frac{\alpha^2}{2}p_{f_0} - N\frac{\alpha^2\beta}{2} \\ &- N\frac{c^2}{\xi \operatorname{Var}\left[\tilde{\eta}\,\middle|\,\sum_{j=1}^{n} v_j\right]}\left[A - (B+1)\,p_{f_0} + B\beta + \frac{1}{c}\mathrm{E}\left[\tilde{\eta}\,\middle|\,\sum_{j=1}^{n} v_j\right]\right] \end{aligned} \tag{4.73}$$

4.2.2.4.3 Gleichgewichtsterminpreis

Im Terminmarktgleichgewicht entsprechen sich die Gesamtposition der Produzenten und die Gesamtposition der Spekulanten,

$$\begin{aligned} & N\frac{\alpha^2}{2}p_{f_0} - N\frac{\alpha^2\beta}{2} - N\frac{c^2}{\xi \operatorname{Var}\left[\tilde{\eta}\,\middle|\,\sum_{j=1}^{n} v_j\right]}\left[A - (B+1)\,p_{f_0} + B\beta + \frac{1}{c}\mathrm{E}\left[\tilde{\eta}\,\middle|\,\sum_{j=1}^{n} v_j\right]\right] \\ &= \frac{c^2 n}{\chi \operatorname{Var}\left[\tilde{\eta}\,\middle|\,\sum_{j=1}^{n} v_j\right]}\left[A - (B+1)\,p_{f_0} + B\beta + \frac{1}{c}\mathrm{E}\left[\tilde{\eta}\,\middle|\,\sum_{j=1}^{n} v_j\right]\right] \end{aligned} \tag{4.74}$$

und es kann nach dem Gleichgewichtsterminpreis p_{f_0}

$$p_{f_0} = \frac{1}{M}\left\{ N\frac{\alpha^2}{2}\beta + \frac{Nc^2}{\xi \mathrm{Var}\left[\tilde{\eta} \middle| \sum_{j=1}^{n} v_j\right]}\left[A + B\beta + \frac{1}{c}\mathrm{E}\left[\tilde{\eta}\middle|\sum_{j=1}^{n} v_j\right]\right]\right.$$

$$\left. + \frac{nc^2}{\chi \mathrm{Var}\left[\tilde{\eta} \middle| \sum_{j=1}^{n} v_j\right]}\left[A + B\beta + \frac{1}{c}\mathrm{E}\left[\tilde{\eta}\middle|\sum_{j=1}^{n} v_j\right]\right]\right\} \tag{4.75}$$

$$\text{mit } M = \left[\frac{Nc^2 (B+1)}{\xi \mathrm{Var}\left[\tilde{\eta} \middle| \sum_{j=1}^{n} v_j\right]} + \frac{N\alpha^2}{2} + \frac{nc^2 (B+1)}{\chi \mathrm{Var}\left[\tilde{\eta} \middle| \sum_{j=1}^{n} v_j\right]}\right]$$

aufgelöst werden. Dieser Terminpreis wird nicht ausschließlich durch bekannte Modellvariablen determiniert. Vielmehr hängt er primär von den bisher noch unbestimmten Größen $\mathrm{E}\left[\tilde{\eta}\middle|\sum_{j=1}^{n} v_j\right]$ und $\mathrm{Var}\left[\tilde{\eta}\middle|\sum_{j=1}^{n} v_j\right]$ ab. Unter den getroffenen Annahmen über die involvierten Zufallsvariablen ist ihre Berechnung jedoch möglich[38], und der bedingte Erwartungswert errechnet sich zu

$$\mathrm{E}\left[\tilde{\eta}\middle|\sum_{j=1}^{n} v_j\right] = \frac{\sigma_\eta^2}{n\sigma_\eta^2 + \sigma_w^2}\left(\sum_{j=1}^{n} v_j\right) . \tag{4.76}$$

Die bedingte Varianz ergibt sich als

$$\mathrm{Var}\left[\tilde{\eta}\middle|\sum_{j=1}^{n} v_j\right] = \frac{\sigma_\eta^2\sigma_w^2}{n\sigma_\eta^2 + \sigma_w^2} . \tag{4.77}$$

[38]Die Berechnungen erfolgen analog den Rechnungen in Anhang B.3, indem statt N nun n und statt i nun j gesetzt werden.

Werden die Ausdrücke (4.76) für den bedingten Erwartungswert und (4.77) für die bedingte Varianz in (4.75) substituiert

$$p_{f_0} = \left(\frac{Nc^2(B+1)}{\xi \frac{\sigma_\eta^2 \sigma_w^2}{n\sigma_\eta^2 + \sigma_w^2}} + \frac{N\alpha^2}{2} + \frac{nc^2(B+1)}{\chi \frac{\sigma_\eta^2 \sigma_w^2}{n\sigma_\eta^2 + \sigma_w^2}} \right)^{-1} \cdot$$
$$\cdot \left(\frac{Nc^2}{\xi \frac{\sigma_\eta^2 \sigma_w^2}{n\sigma_\eta^2 + \sigma_w^2}} \left[A + B\beta + \frac{1}{c} \frac{\sigma_\eta^2}{n\sigma_\eta^2 + \sigma_w^2} \left(\sum_{j=1}^{n} v_j \right) \right] + \right. \tag{4.78}$$
$$\left. + \frac{nc^2}{\chi \frac{\sigma_\eta^2 \sigma_w^2}{n\sigma_\eta^2 + \sigma_w^2}} \left[A + B\beta + \frac{1}{c} \frac{\sigma_\eta^2}{n\sigma_\eta^2 + \sigma_w^2} \left(\sum_{j=1}^{n} v_j \right) \right] + N\frac{\alpha^2}{2}\beta \right)$$

erhält man den (unbedingten) Gleichgewichtsterminpreis

$$p_{f_0} = \frac{N\frac{\alpha^2}{2}\beta\xi\chi\frac{1}{c^2}\frac{\sigma_\eta^2\sigma_w^2}{n\sigma_\eta^2+\sigma_w^2} + (N\chi + n\xi)\left[A + B\beta + \frac{1}{c}\frac{\sigma_\eta^2}{n\sigma_\eta^2+\sigma_w^2}\left(\sum_{j=1}^{n} v_j\right)\right]}{N\frac{\alpha^2}{2}\xi\chi\frac{1}{c^2}\frac{\sigma_\eta^2\sigma_w^2}{n\sigma_\eta^2+\sigma_w^2} + (N\chi + n\xi)(B+1)} . \tag{4.79}$$

Dieser Terminpreis ist eine lineare Funktion der Realisation der Summe der Informationen im Modell. Er ist im Zeitpunkt $t = 0$, nachdem den Spekulanten die Informationen zugegangen sind, nur von nichtstochastischen Größen abhängig, somit keine Zufallsvariable. Der Terminpreis in diesem Modell ist jedoch im Gegensatz zu den Terminpreisen der Modelle des Abschnitts 2.2 keine exogen gegebene Größe, sondern wurde aus dem gegebenen Modellrahmen endogen entwickelt.

Nun wurde in dieser Modellumgebung nicht die Hilfsannahme des Abschnitts 4.1, $\sum_{j=1}^{n} v_j$ sei allen Marktteilnehmern bekannt, getroffen. Es wurde nur angenommen, daß alle Marktteilnehmer ihre Erwartungen bezüglich der Preisbildung rational im Sinne der Theorie der rationalen Erwartungen bilden. Es wurde also implizit unterstellt, der Terminpreis fungiere in diesem Modell als suffiziente Statistik. Daß es aber in der Tat ausreicht, die Erwartungen auf den Terminpreis zu basieren, da dies die gleichen Ergebnisse liefert wie die Berücksichtigung von $\sum_{j=1}^{n} v_j$, zeigt der folgende

Satz 5

Es gilt

$$E[\tilde{\eta}\,|p_{f_0}] = E\left[\tilde{\eta}\,\middle|\sum_{j=1}^{n} v_j\right] \tag{4.80a}$$

und

$$Var[\tilde{\eta}\,|p_{f_0}] = Var\left[\tilde{\eta}\,\middle|\sum_{j=1}^{n} v_j\right] \,. \tag{4.80b}$$

Beweis:

Da p_{f_0} eine umkehrbar eindeutige Funktion von $\sum_{j=1}^{n} v_j$ ist[39], stellt p_{f_0} ebenfalls eine suffiziente Statistik für die relevanten Marktinformationen dar.[40]

Dann gilt aber analog Satz 4

$$\mathrm{E}[\tilde{\eta}\,|REE] \equiv \mathrm{E}[\tilde{\eta}\,|p_{f_0}] = \mathrm{E}\left[\tilde{\eta}\,\middle|\sum_{j=1}^{n} v_j\right] \tag{4.81a}$$

und

$$\mathrm{Var}[\tilde{\eta}\,|REE] \equiv \mathrm{Var}[\tilde{\eta}\,|p_{f_0}] = \mathrm{Var}\left[\tilde{\eta}\,\middle|\sum_{j=1}^{n} v_j\right] \tag{4.81b}$$

Q.E.D.

---

[39]Vgl. Gleichung (4.79).

[40]Vgl. Mood/Graybill (1963), S. 169, Theorem 8.2.

4.2.2.5 Optimale Produktionsmenge und Terminmarktposition der Produzenten

Der Gleichgewichtsterminpreis p_{f_0} determiniert insbesondere die optimale Produktionsmenge und die optimale Position der Produzenten auf dem Terminmarkt.[41]

Durch Einsetzen der Beziehung (4.79) für den Terminpreis in die Gleichung (4.53) resultiert die (unbedingte) optimale Produktionsmenge des Produzenten i $(i = 1, ..., N)$

$$q\left(x_i^{**}\right) =$$

$$\begin{cases} \frac{\alpha^2}{2} \frac{\left(A + \frac{1}{c} \frac{\sigma_\eta^2}{n\sigma_\eta^2 + \sigma_w^2} \left(\sum_{j=1}^{n} v_j\right) - \beta\right)(N\chi + n\xi)}{(N\chi + n\xi)(B+1) + N\frac{\alpha^2}{2}\xi\chi\frac{1}{c^2}\frac{\sigma_\eta^2 \sigma_w^2}{n\sigma_\eta^2 + \sigma_w^2}} & \text{falls} \left(\sum_{j=1}^{n} v_j\right) > (\beta c - a)\left(n + \frac{\sigma_w^2}{\sigma_\eta^2}\right) \\ 0 & \text{sonst .} \end{cases} \tag{4.82}$$

Eine Umformung liefert die Beziehung

[41] Im weiteren Verlauf der Untersuchung sind nur diese zwei Größen von Bedeutung, so daß die Bestimmung und Analyse der nicht bedingten optimalen Positionen der Spekulanten der Übersichtlichkeit halber unterbleibt. Sie kann selbstverständlich analog den anderen Größen durch Einsetzen ermittelt werden.

$$q\left(x_i^{**}\right)=\frac{\alpha^2}{2}\left[\hat{G}+\hat{H}\left(\sum_{j=1}^{n} v_j\right)-\beta\frac{\hat{G}}{A}\right]$$
$$\text{mit } \hat{G}=\frac{A\left(N\chi+n\xi\right)}{\left(N\chi+n\xi\right)\left(B+1\right)+N\frac{\alpha^2}{2}\xi\chi\frac{1}{c^2}\frac{\sigma_\eta^2\sigma_w^2}{n\sigma_\eta^2+\sigma_w^2}}$$
$$\text{und } \hat{H}=\frac{1}{c}\frac{\sigma_\eta^2}{n\sigma_\eta^2+\sigma_w^2}\frac{\hat{G}}{A} \tag{4.83}$$

$$\text{falls } \left(\sum_{j=1}^{n} v_j\right) > (\beta c-a)\left(n+\frac{\sigma_w^2}{\sigma_\eta^2}\right) ,$$

$$\text{sonst } q\left(x_i^{**}\right)=0 .$$

Die Schwelle, ab der die Produktion erst aufgenommen wird

$$\left(\sum_{j=1}^{n} v_j\right) > (\beta c-a)\left(n+\frac{\sigma_w^2}{\sigma_\eta^2}\right) \tag{4.84}$$

hängt von (fast) den gleichen Parametern, wie im Modell ohne Terminmarkt, ab (vgl. Gleichung (4.29)). Unterschiede ergeben sich lediglich aus der Tatsache, daß im Modell ohne Terminmarkt die Anzahl der Produzenten die Schwelle mitbestimmt, während in der vorliegenden Modellierung nur die Anzahl der Spekulanten von Bedeutung ist. In beiden Modellierungen kommt es faktisch auf die Anzahl derjenigen Marktteilnehmer an, die Informationen erhalten. Die übrigen Aussagen des Modells ohne Terminmarkt sind auch in diesem Modellrahmen weiterhin gültig. Insbesondere ist die Aufnahme der Produktion auch in diesem Modell von der Risikoeinstellung des Produzenten unabhängig und trotz einer durchschnittlichen Information über eine Nachfrageverringerung möglich. Unterschiede ergeben sich jedoch zu wichtigen Aussagen des herkömmlichen Modells mit Terminmarkt. Dort wird die Höhe der Produktionsmenge ausschließlich durch Parameter der Kostenfunktion und den Terminpreis bestimmt. Risikoaversion und Unsicherheit über den Kassapreis gehen nicht in die Betrachtung mit ein. Diese Sichtweise ist jedoch nur dann zulässig, wenn man den Terminpreis als eine exogen gegebene Größe und damit unabhängig vom Marktgeschehen und von Erwartungen der Marktteilnehmer annimmt. Da der Terminpreis auf realen Märkten, wie in der vorliegenden Modellierung, ebenfalls durch Angebot und Nachfrage auf dem Terminmarkt bestimmt wird, greift die Sichtweise der herkömmlichen Modelle zu kurz. Die Produktionsmenge weist somit auch dann eine Abhängigkeit von dem Preisrisiko des Gutes und der Risikoeinstellung der Marktteilnehmer auf, wenn ein Terminmarkt vorhanden ist.

Analog zu der Ermittlung der unbedingten Produktionsmenge bestimmt sich die unbedingte optimale Position des Produzenten i $(i = 1, ..., N)$ auf dem Terminmarkt als[42]

$$y_{P_i}^{**} = \begin{cases} \frac{\alpha^2}{2} \frac{n\xi\left(A + \frac{1}{c}\frac{\sigma_\eta^2}{n\sigma_\eta^2+\sigma_w^2}\left(\sum_{j=1}^{n} v_j\right) - \beta\right)}{(N\chi+n\xi)(B+1)+N\frac{\alpha^2}{2}\xi\chi\frac{1}{c^2}\frac{\sigma_\eta^2\sigma_w^2}{n\sigma_\eta^2+\sigma_w^2}} & \text{falls } q\left(x_i^{**}\right) > 0 \\ -\frac{\alpha^2}{2} \frac{N\chi\left(A + \frac{1}{c}\frac{\sigma_\eta^2}{n\sigma_\eta^2+\sigma_w^2}\left(\sum_{j=1}^{n} v_j\right) - \beta\right)}{(N\chi+n\xi)(B+1)+N\frac{\alpha^2}{2}\xi\chi\frac{1}{c^2}\frac{\sigma_\eta^2\sigma_w^2}{n\sigma_\eta^2+\sigma_w^2}} & \text{falls } q\left(x_i^{**}\right) = 0\,. \end{cases} \tag{4.85}$$

Gemäß Gleichung (4.82) ist $q\left(x_i^{**}\right) > 0$, wenn $\left(\sum_{j=1}^{n} v_j\right) > (\beta c - a)\left(n + \frac{\sigma_w^2}{\sigma_\eta^2}\right)$ gilt. Dann ist $A + \frac{1}{c}\frac{\sigma_\eta^2}{n\sigma_\eta^2+\sigma_w^2}\left(\sum_{j=1}^{n} v_j\right) - \beta$ und damit auch $y_{P_i}^{**}$ im ersten Fall der obigen Gleichung (4.85) positiv. Wird nicht produziert $\left(q\left(x_i^{**}\right) = 0\right)$, so gilt laut Gleichung (4.82) $\left(\sum_{j=1}^{n} v_j\right) \leq (\beta c - a)\left(n + \frac{\sigma_w^2}{\sigma_\eta^2}\right)$ und daher

[42]Die Berechnung der optimalen Position auf dem Terminmarkt erfolgt in Anhang C.3.

$A + \frac{1}{c}\frac{\sigma_\eta^2}{n\sigma_\eta^2+\sigma_w^2}\left(\sum_{j=1}^{n} v_j\right) - \beta \leq 0$. Somit ist im zweiten Fall $y_{P_i}^{**} \geq 0$. $y_{P_i}^{**}$ ist folglich in beiden Fällen positiv[43], der Produzent nimmt also immer eine Short Position auf dem Terminmarkt ein und verpflichtet sich damit zur Lieferung der Ware im Zeitpunkt $t = 1$ im Volumen $y_{P_i}^{**}$ zu dem Terminpreis p_{f_0}.

Da $y_{P_i}^{**} = q(x_i^{**}) \cdot \frac{n\xi}{N\chi+n\xi}$[44] ist und wegen der Annahme risikoaverser Produzenten und Spekulanten $\frac{n\xi}{N\chi+n\xi} \in [0;1]$ gilt, liegt im Bereich positiver Produktionsmengen die absolute Höhe der Short Position am Terminmarkt unter der Produktionshöhe. Wird nicht produziert, ist abgesehen vom Randfall die absolute Höhe der Short Position auch über der Produktionshöhe. Dies entspricht einer Normal Hedge Position, wenn die optimale Produktionsmenge positiv ist und einer Reversed Hedge Position, wenn die Produktion unterbleibt. Eine optimale Terminmarktposition im Bereich des Texas Hedge ist in diesem Modell nicht möglich[45], da $y_{P_i}^{**}$ nicht negativ werden kann.

Ist die optimale Produktionsmenge des Produzenten i $(i = 1, ..., N)$ positiv, so gilt ferner folgende Beziehung zwischen optimaler Terminmarktposition und optimaler Produktionsmenge.

$$y_{P_i}^{**} = q(x_i^{**}) \cdot \frac{n\xi}{N\chi + n\xi} \tag{4.86}$$

In diesem Bereich ist die optimale Hedge-Ratio $\frac{y_{P_i}^{**}}{q(x_i^{**})}$ des Produzenten

---

[43]Der Fall, in dem $\left(\sum_{j=1}^{n} v_j\right) = (\beta c - a)\left(n + \frac{\sigma_w^2}{\sigma_\eta^2}\right)$ und damit $y_{P_i}^{**} = 0$ gilt, kann als Grenzfall betrachtet werden, bei der die optimale Short Position des Produzenten Null beträgt.

[44]Vgl. ausführlicher die Analyse der folgenden Gleichung (4.86).

[45]Vgl. dazu näher auch Abschnitt 4.3.

$$\frac{y_{P_i}^{**}}{q(x_i^{**})} = \frac{n\xi}{N\chi + n\xi} \tag{4.87}$$

ausschließlich von der Anzahl der einzelnen Marktteilnehmergruppen und deren Risikoaversionskoeffizienten abhängig. Insbesondere sieht man sofort, daß eine Analogie zur Tobin-Separation der Portefeuille-Selektion in diesem Modell nicht hergestellt werden kann, da die Hedge-Ratio zwar von der Anfangsausstattung[46], nicht jedoch von der Risikoaversion des Entscheiders unabhängig ist.[47]

Die komparativ-statische Analyse des Hedge-Ratio ergibt, daß die anteilige Absicherung der Produktionsmenge des Produzenten i ceteris paribus umso höher ist, je risikoaverser der Produzent wird

$$\frac{\partial\left(\frac{y_{P_i}^{**}}{q(x_i^{**})}\right)}{\partial\xi} = \frac{nN\chi}{(N\chi + n\xi)^2} > 0 \tag{4.88}$$

und je mehr Spekulanten im Markt sind, die das Risiko übernehmen

$$\frac{\partial\left(\frac{y_{P_i}^{**}}{q(x_i^{**})}\right)}{\partial n} = \frac{\chi\xi N}{(N\chi + n\xi)^2} > 0\ . \tag{4.89}$$

Erhöht man hingegen den Risikoaversionskoeffizienten der Spekulanten

$$\frac{\partial\left(\frac{y_{P_i}^{**}}{q(x_i^{**})}\right)}{\partial\chi} = -\frac{nN\xi}{(N\chi + n\xi)^2} < 0\ , \tag{4.90}$$

oder steigt die Anzahl der Produzenten, so daß insgesamt ceteris paribus mehr abgesichert werden muß

[46] Die Unabhängigkeit von der Anfangsausstattung folgt aus der Annahme einer CARA-Nutzenfunktion.

[47] Vgl. hierzu ausführlicher Abschnitt 2.4.1.

$$\frac{\partial\left(\frac{y_{P_i}^{**}}{q(x_i^{**})}\right)}{\partial N}=-\frac{n\xi\chi}{\left(N\chi+n\xi\right)^2}<0\ , \tag{4.91}$$

werden nur kleinere Teile der produzierten Menge durch den Produzenten i gehedgt.

4.2.3 Komparativ-statische Analyse der optimalen Produktionsmenge und der optimalen Terminmarktposition eines Produzenten

In den komparativ-statischen Analysen der folgenden Abschnitte wird wieder gezeigt, wie eine marginalen Veränderung einzelner Modellvariablen die optimale Produktionsmenge und die optimale Position eines Produzenten am Terminmarkt beeinflußt. Während zu den herkömmlichen Modellen eine Vielzahl solcher Untersuchungen existiert[48], wurde eine komparativ-statische Analyse im Rahmen des vorliegenden Modells nocht nicht geführt. Einige der Ergebnisse stimmen wieder mit den Resultaten des Abschnitts 2.2.3 überein. An anderen Stellen ergibt sich jedoch ein klarer Widerspruch zu den herkömmlichen Modellen. Diese Widersprüche, die der gleichgewichtstheoretischen Natur des Modells entstammen, sind indes intuitiv plausibel und unterstreichen damit die Notwendigkeit einer Gleichgewichtsanalyse. Die Darstellung der genauen Fallunterscheidungen der ambivalenten Ergebnisse erfolgt erneut im Anhang.

4.2.3.1 Komparative Statik der Produktionsmenge

Die Analyse der Einflüsse auf die optimale Produktionsmenge wird auf den ökonomisch relevanten Fall positiver Produktionsmengen beschränkt. Negative Produktionsmengen und der Grenzfall der Nullproduktion werden nicht betrachtet.

---

[48]Vgl. Abschnitt 2.2.3.

Fällt die Realisation der Summe der Informationen der Spekulanten infinitesimal höher aus, so erhöht sich ceteris paribus auch die im Optimum herzustellende Produktionsmenge.

$$\frac{\partial q\left(x_i^{**}\right)}{\partial \sum_{j=1}^{n} v_j} = \frac{\frac{\alpha^2}{2}\sigma_\eta^2\left(N\chi + n\xi\right)}{c\left(n\sigma_\eta^2 + \sigma_w^2\right)\left[\left(N\chi + n\xi\right)\left(\frac{N\alpha^2}{2c} + 1\right) + N\frac{\alpha^2}{2}\xi\chi\frac{1}{c^2}\frac{\sigma_\eta^2\sigma_w^2}{n\sigma_\eta^2 + \sigma_w^2}\right]} \qquad (4.92)$$

$$> 0$$

Die Ursache ist, wie auch im Modell ohne Terminmarkt, daß eine höhere Realisation von $\sum_{j=1}^{n} \tilde{v}_j$ eine höhere Gesamtnachfrage auf dem Kassamarkt signalisiert, worauf die Produzenten mit einer entsprechenden Ausweitung ihrer Produktionsmengen reagieren können.

Wird die Anzahl der Produzenten ceteris paribus erhöht, steht der gleichbleibenden Nachfrage eine höhere Anzahl (identischer) Produzenten entgegen, so daß die vom einzelnen Produzenten im Optimum herzustellende Menge sich verringert. Die partielle Ableitung der optimalen Produktionsmenge nach N

$$\frac{\partial q\left(x_i^{**}\right)}{\partial N} = \frac{-\alpha^4 c\left[\left(n\sigma_\eta^2 + \sigma_w^2\right)c\left(N\chi + n\xi\right)^2 + n\xi^2\chi\sigma_\eta^2\sigma_w^2\right]}{\left[\left(n\sigma_\eta^2 + \sigma_w^2\right)\left(N\chi + n\xi\right)c\left(N\alpha^2 + 2c\right) + N\alpha^2\xi\chi\sigma_\eta^2\sigma_w^2\right]^2} \cdot$$

$$\cdot \left[\left(a - \beta c\right)\left(n\sigma_\eta^2 + \sigma_w^2\right) + \sigma_\eta^2\left(\sum_{j=1}^{n} v_j\right)\right] \qquad (4.93)$$

$$< 0 \text{ für } q\left(x_i^{**}\right) > 0$$

ist daher für den Bereich positiver Produktionsmengen negativ.

Die Auswirkung der Variaton der Anzahl der Spekulanten, die dem Markt Informationen zutragen,

$$\frac{\partial q\left(x_i^{**}\right)}{\partial n} = \frac{-\alpha^2 c \sigma_\eta^2}{\left[\left(n\sigma_\eta^2 + \sigma_w^2\right)\left(N\chi + n\xi\right) c \left(N\alpha^2 + 2c\right) + N\alpha^2 \xi \chi \sigma_\eta^2 \sigma_w^2\right]^2} \cdot$$
$$\cdot \left\{ \left(\sum_{j=1}^{n} v_j\right) \sigma_\eta^2 \left[\left(N\chi + n\xi\right)^2 c \left(2c + N\alpha^2\right) - N\alpha^2 \xi^2 \chi \sigma_\eta^2\right] \right. \tag{4.94}$$
$$\left. + \left(\beta c - a\right) N\alpha^2 \xi \chi \sigma_w^2 \left[2n\xi\sigma_\eta^2 + N\sigma_\eta^2 + \sigma_w^2\right] \right\}$$
$$\gtrless 0$$

ist ambivalent.[49] Da durch die Erhöhung von n einer gleichbleibenden Menge an Produzenten eine höhere Anzahl Spekulanten gegenübersteht und damit mehr Marktteilnehmer bereit sind die Risiken der Produktion zu tragen, wird im Normalfall eine Erhöhung der Produktion bewirkt. Jedoch ist in Spezialfällen auch eine Produktionsverringerung möglich. Damit kann ein generell negativer Einfluß von Spekulanten an den Terminmärkten, wie sie in der politischen Diskussion häufig auftaucht, eindeutig verneint werden.

Wird ein Produzent ceteris paribus risikoaverser, so ist er nicht mehr bereit, den gleichen Anteil seines Anfangsvermögens riskant zu investieren, sondern schichtet seine Anlage in das risikofreie Wertpapier um, selbst wenn er Teile seiner Produktion am Terminmarkt absichern kann. Die partielle Ableitung der optimalen Produktionsmenge nach dem absoluten Risikoaversionskoeffizienten des Produzenten

$$\frac{\partial q\left(x_i^{**}\right)}{\partial \xi} = \frac{-\alpha^4 \sigma_\eta^2 \sigma_w^2 \chi^2 N^2 c \left[\left(a - \beta c\right)\left(n\sigma_\eta^2 + \sigma_w^2\right) + \sigma_\eta^2 \left(\sum_{j=1}^{n} v_j\right)\right]}{\left[\left(n\sigma_\eta^2 + \sigma_w^2\right)\left(N\chi + n\xi\right) c \left(N\alpha^2 + 2c\right) + N\alpha^2 \xi \chi \sigma_\eta^2 \sigma_w^2\right]^2} \tag{4.95}$$
$$< 0 \text{ für } q\left(x_i^{**}\right) > 0$$

zeigt, daß die Höhe der optimalen Produktionsmenge von Veränderungen der absoluten Risikoaversion nur dann nicht betroffen wird, wenn im Optimum

[49] Siehe Anhang C.4.1 für die genaue Fallunterscheidung.

nicht produziert wird. In Abschnitt 4.3.1 wird gezeigt, daß nur in diesem Fall die vollständige Absicherung am Terminmarkt optimal ist. In allen übrigen Fällen, in denen die Produktionsmenge nur partiell am Terminmarkt gehedgt wird, verringert sich die optimale Produktionsmenge des Produzenten, wenn sich seine Risikoaversion erhöht. Dies steht im Widerspruch zu den Aussagen der komparativ-statischen Analyse des herkömmlichen Modells des Abschnitts 2.2. In der herkömmlichen Modellierung erlaubt das Vorhandensein eines Terminmarktes mit Termingeschäften von passender Laufzeit und Kontraktgestaltung die Abkoppelung der Entscheidung des Produzenten über die Produktionshöhe von seiner Risikoaversion.[50] Nach Aussage der herkömmlichen Modellierung berücksichtigt der Produzent in der Festlegung seiner Produktionsmenge nur den Terminpreis p_{f_0}. Dieser Terminpreis, der in der herkömmlichen Modellierung exogen gegeben war, wird hier endogen ermittelt. In ihn gehen die Informationen und Erwartungen der Marktteilnehmer ein. Dadurch ist er selbstverständlich nicht von der Risikoaversion der Marktteilnehmer unabhängig! Die Produktionsmenge als eine Funktion des Terminpreises weist dementsprechend ebenfalls eine Abhängigkeit von der Risikoaversion der Produzenten auf.

Die Erhöhung der Risikoaversion der Spekulanten bewirkt ebenfalls eine Verringerung der optimalen Produktionshöhe der Produzenten. Die partielle Ableitung der optimalen Produktionsmenge nach dem absoluten Risikoaversionskoeffizienten der Spekulanten

$$\frac{\partial q\left(x_i^{**}\right)}{\partial \chi} = \frac{-\alpha^4\sigma_\eta^2\sigma_w^2\xi^2 Nnc\left[\left(a-\beta c\right)\left(n\sigma_\eta^2+\sigma_w^2\right)+\sigma_\eta^2\left(\sum_{j=1}^{n} v_j\right)\right]}{\left[\left(n\sigma_\eta^2+\sigma_w^2\right)\left(N\chi+n\xi\right)c\left(N\alpha^2+2c\right)+N\alpha^2\xi\chi\sigma_\eta^2\sigma_w^2\right]^2} \tag{4.96}$$
$$< 0 \text{ für } q\left(x_i^{**}\right) > 0$$

verdeutlicht, daß die optimale Produktionsmenge nur dann von Änderungen der absoluten Risikoaversion der Spekulanten nicht beeinflußt wird, wenn

[50] Vgl. Abschnitt 2.2.3.1 und die in Abschnitt 2.2 angegebene Literatur.

sie Null beträgt, die Produktion also unterbleibt. Sind die Spekulanten risikoaverser, sind sie nicht mehr bereit die gleiche Menge an Risiko zu dem selben Preis zu übernehmen. Damit wird die Absicherung für die Produzenten teuerer, so daß diese bei gleichbleibender absoluter konstanter Risikoaversion weniger riskant investieren und demzufolge ihre optimale Produktionsmenge verringern.

Das Vorzeichen der partiellen Ableitung der optimalen Produktionsmenge nach der Standardabweichung des Nachfrageveränderungsvariablen σ_η

$$\begin{aligned}\frac{\partial q\left(x_i^{**}\right)}{\partial \sigma_\eta} = &\frac{2\alpha^2 c \sigma_\eta \sigma_w^2 \left(N\chi + n\xi\right)}{\left[\left(n\sigma_\eta^2 + \sigma_w^2\right)\left(N\chi + n\xi\right) c\left(N\alpha^2 + 2c\right) + N\alpha^2 \xi \chi \sigma_\eta^2 \sigma_w^2\right]^2} \cdot \\ &\cdot \left[\left(\sum_{j=1}^{n} v_j\right)\left(N\chi + n\xi\right) c\left(N\alpha^2 + 2c\right) + N\alpha^2 \xi \chi \sigma_w^2 \left(\beta c - a\right)\right] \qquad (4.97) \\ &\gtrless 0\end{aligned}$$

ist nicht eindeutig.[51] Wie im Modell ohne Terminmarkt bewirkt die stärkere Streuung der Nachfrageveränderungsvariablen, daß nicht nur einer stärkeren Verringerung sondern auch einer größeren Steigerung der Nachfrage eine höhere Wahrscheinlichkeit zukommt. So kann die erhöhte Streuung trotz der negativen Bewertung eines höheren Risikos durch den risikoaversen Produzenten zu einer Ausweitung der Produktionsmenge führen. Den Normalfall dürfte aber eine Einschränkung der Produktionsmenge markieren.

Die infinitesimale Erhöhung der Standardabweichung des Zufallsvariablen $\tilde{w}_j$ bedingt ein höheres Rauschen in der Informationsvariable $\tilde{v}_j$ des einzelnen Spekulanten j $(j = 1, ..., n)$ und beeinflußt durch den Preisbildungsprozeß auch die optimale Produktionsmenge des einzelnen Produzenten i $(i = 1, ..., N)$. Die partielle Ableitung der optimalen Produktionsmenge nach σ_w

[51] Siehe Anhang C.4.1 für die genaue Fallunterscheidung.

$$\frac{\partial q\left(x_i^{**}\right)}{\partial \sigma_w} = \frac{-2\alpha^2 c\sigma_\eta^2\sigma_w\left(N\chi+n\xi\right)}{\left[\left(n\sigma_\eta^2+\sigma_w^2\right)\left(N\chi+n\xi\right)c\left(N\alpha^2+2c\right)+N\alpha^2\xi\chi\sigma_\eta^2\sigma_w^2\right]^2}\cdot$$
$$\cdot\left[\left(\sum_{j=1}^n v_j\right)\left[\left(N\chi+n\xi\right)c\left(N\alpha^2+2c\right)+N\alpha^2\xi\chi\sigma_\eta^2\right]\right. \tag{4.98}$$
$$\left.+Nn\alpha^2\xi\chi\sigma_\eta^2\left(a-\beta c\right)\right]$$
$$\gtrless 0$$

läßt jedoch keine eindeutige Aussage über eine negative oder positive Beeinflussung der optimalen Produktionshöhe durch die erhöhte Unsicherheit des Variablen $\tilde{w}_j$ zu.[52] Das höhere Rauschen bedingt, daß die Information des einzelnen Spekulanten und damit auch die gesamte am Markt verfügbare Information unsicherer wird. Diese erhöhte Unsicherheit wird von den risikoaversen Produzenten negativ bewertet. Jedoch bewirkt eine höhere Standardabweichung von $\tilde{w}_j$, daß auch die Standardabweichung des Informationsvariablen $\tilde{v}_j$ zunimmt. Dadurch werden nicht nur niedrigere sondern auch höhere Ausprägungen von $\tilde{v}_j$ wahrscheinlicher, so daß in einigen Fällen eine so hohe Nachfrageänderung signalisiert wird, daß für die Produzenten eine Erhöhung der Produktionsmenge optimal werden kann. Somit ist neben dem intuitiv plausiblen Fall der Produktionsmengenverringerung auch eine Produktionsmengenerhöhung denkbar.

Analog zum Modell ohne Terminmarkt zeigt die partielle Ableitung der Produktionsmenge nach dem Parameter a

$$\frac{\partial q\left(x_i^{**}\right)}{\partial a} = \frac{1}{N+\frac{2c}{\alpha^2}+\frac{1}{c}\xi\frac{N\chi}{N\chi+n\xi}\frac{\sigma_\eta^2\sigma_w^2}{n\sigma_\eta^2+\sigma_w^2}} \tag{4.99}$$
$$>0$$

[52]Siehe Anhang C.4.1 für die genaue Fallunterscheidung.

daß zwar die ceteris paribus Erhöhung der konstanten Nachfrage im Optimum zu einer Ausweitung der Produktionsmenge führt, jedoch jeder Produzent nur einen Teil der Gesamterhöhung für die Ausweitung der eigenen Produktionsmenge für sich beanspruchen kann. Die erhöhte Nachfrage wird auf die N Produzenten aufgeteilt.

Ebenfalls analog zum Modell ohne Terminmarkt ist das Vorzeichen der partiellen Ableitung der optimalen Produktionsmenge nach dem Parameter c

$$\begin{aligned}\frac{\partial q\left(x_i^{**}\right)}{\partial c} = & \frac{-\alpha^2\left(N\chi+n\xi\right)}{\left[\left(n\sigma_\eta^2+\sigma_w^2\right)\left(N\chi+n\xi\right)c\left(N\alpha^2+2c\right)+N\alpha^2\xi\chi\sigma_\eta^2\sigma_w^2\right]^2}\cdot \\ & \cdot\left\{2\left(\sum_{j=1}^{n}v_j\right)\sigma_\eta^2c^2\left[\left(N\chi+n\xi\right)\left(n\sigma_\eta^2+\sigma_w^2\right)-N\frac{\alpha^2}{2}\xi\chi\frac{1}{c^2}\sigma_\eta^4\right]\right. \\ & +\left(N\chi+n\xi\right)\left(n\sigma_\eta^2+\sigma_w^2\right)^2c^2\left(N\alpha^2\beta+2a\right) \\ & \left.+\left(n\sigma_\eta^2+\sigma_w^2\right)N\alpha^2\xi\chi\sigma_\eta^2\sigma_w^2\left(2\beta c-a\right)\right\} \\ & \gtrless 0\end{aligned} \tag{4.100}$$

indeterminiert.[53] Wird durch die Erhöhung von c der (negative) Einfluß des Kassapreises auf die Nachfrage verstärkt, resultiert im Normalfall eine niedrigere optimale Produktionsmenge. In Sonderfällen kann sie aber auch eine Erhöhung der Produktionsmenge bewirken.

Die optimale Produktionsmenge ist auch in diesem Modell von den Fixkosten γ unabhängig. Analog der herkömmlichen Modellierung ist die partielle Ableitung der optimalen Produktionsmenge nach dem Parameter α

[53]Siehe Anhang C.4.1 für die genaue Fallunterscheidung.

$$\frac{\partial q\left(x_i^{**}\right)}{\partial \alpha}=\frac{4\alpha c^3\left(N\chi+n\xi\right)^2\left(n\sigma_\eta^2+\sigma_w^2\right)}{\left[\left(n\sigma_\eta^2+\sigma_w^2\right)\left(N\chi+n\xi\right)c\left(N\alpha^2+2c\right)+N\alpha^2\xi\chi\sigma_\eta^2\sigma_w^2\right]^2}\cdot$$
$$\cdot\left[\left(n\sigma_\eta^2+\sigma_w^2\right)\left(a-\beta c\right)+\sigma_\eta^2\left(\sum_{j=1}^{n}v_j\right)\right] \tag{4.101}$$
$$>0 \text{ für } q\left(x_i^{**}\right)>0$$

positiv und nach dem Parameter β

$$\frac{\partial q\left(x_i^{**}\right)}{\partial \beta}=\frac{-\frac{\alpha^2}{2}\left(N\chi+n\xi\right)}{\left(N\chi+n\xi\right)\left(\frac{N\alpha^2}{2c}+1\right)+N\frac{\alpha^2}{2}\xi\chi\frac{1}{c^2}\frac{\sigma_\eta^2\sigma_w^2}{n\sigma_\eta^2+\sigma_w^2}}<0 \tag{4.102}$$

negativ. Die optimale Produktionsmenge sinkt, wenn die variablen Kosten ceteris paribus steigen, wenn also β steigt beziehungsweise α sinkt.

4.2.3.2 Komparative Statik des Hedgevolumens

Die partielle Ableitung der optimalen Terminmarktposition (Gleichung (4.85)) jedes Produzenten i $(i=1,...,N)$ nach $\sum_{j=1}^{n} v_j$

$$\frac{\partial y_{P_i}^{**}}{\partial\left(\sum_{j=1}^{n}v_j\right)}=\begin{cases}\dfrac{\frac{\alpha^2}{2}n\xi\sigma_\eta^2}{c\left(n\sigma_\eta^2+\sigma_w^2\right)\left[\left(N\chi+n\xi\right)\left(\frac{N\alpha^2}{2c}+1\right)+N\frac{\alpha^2}{2}\xi\chi\frac{1}{c^2}\frac{\sigma_\eta^2\sigma_w^2}{n\sigma_\eta^2+\sigma_w^2}\right]}>0 \\ \text{falls } q\left(x_i^{**}\right)>0 \\ -\dfrac{\frac{\alpha^2}{2}N\chi\sigma_\eta^2}{c\left(n\sigma_\eta^2+\sigma_w^2\right)\left[\left(N\chi+n\xi\right)\left(\frac{N\alpha^2}{2c}+1\right)+N\frac{\alpha^2}{2}\xi\chi\frac{1}{c^2}\frac{\sigma_\eta^2\sigma_w^2}{n\sigma_\eta^2+\sigma_w^2}\right]}<0 \\ \text{falls } q\left(x_i^{**}\right)=0\end{cases} \tag{4.103}$$

beschreibt die Auswirkung einer infinitesimalen Erhöhung der Summe der Realisationen der Informationsvariablen $\tilde{v}_j$ $(j=1,...,n)$ auf die optimale Position eines Produzenten am Terminmarkt unter der getroffenen ceteris paribus Annahme. Das positive Vorzeichen der partiellen Ableitung im Normal Hedge Bereich zeigt, daß eine höhere Realisation zu einem Ansteigen der optimalen Position am Terminmarkt führt. In diesem Bereich kann jedoch nur die Aussage getroffen werden, daß eine infinitesimale Erhöhung der Summe der Realisationen der Informationsvariablen $\tilde{v}_j$ zu einer absoluten Erhöhung der Terminverkäufe führt. Es kann nicht gefolgert werden, daß ein größerer Teil der Produktionsmenge abgesichert wird. In der Tat ist das optimale Hedge-Ratio des Produzenten $\frac{y_{P_i}^{**}}{q(x_i^{**})}$ von $\sum_{j=1}^{n} v_j$ unabhängig.[54] Lediglich eine Änderung der Modellvariablen n, N, ξ und χ beeinflußt das Verhältnis zwischen Terminmarktposition und Produktionsmenge. Bezieht der Produzent hingegen eine Reversed Hedge Position, spekuliert er somit auf einen Preisverfall, ohne daß er die Produktion aufnimmt, so hat eine Erhöhung von $\sum_{j=1}^{n} v_j$ zur Folge, daß er seine spekulative Position auf dem Terminmarkt verringert.

Der Einfluß einer Erhöhung der Anzahl der Produzenten N auf die optimale Position des Produzenten i $(i = 1, ..., N)$ wird anhand der partiellen Ableitung

$$\frac{\partial y_{P_i}^{**}}{\partial N} = \begin{cases} \dfrac{-\alpha^2 c\xi n\left[\left(2N\chi c\alpha^2+2\chi c^2+n\chi c\alpha^2\right)+\alpha^2\chi\xi\frac{\sigma_\eta^2\sigma_w^2}{n\sigma_\eta^2+\sigma_w^2}\right]\left[(a-\beta c)+\frac{\sigma_\eta^2}{n\sigma_\eta^2+\sigma_w^2}\left(\sum_{j=1}^{n} v_j\right)\right]}{\left[(N\chi+n\xi)c(N\alpha^2+2c)+N\alpha^2\xi\chi\frac{\sigma_\eta^2\sigma_w^2}{n\sigma_\eta^2+\sigma_w^2}\right]^2} < 0 \\ \text{falls } q\left(x_i^{**}\right) > 0 \\ \\ \dfrac{-\alpha^2 c^2\chi\left(2n\xi c-N^2\chi\alpha^2\right)\left[(a-\beta c)+\frac{\sigma_\eta^2}{n\sigma_\eta^2+\sigma_w^2}\left(\sum_{j=1}^{n} v_j\right)\right]}{\left[(N\chi+n\xi)c(N\alpha^2+2c)+N\alpha^2\xi\chi\frac{\sigma_\eta^2\sigma_w^2}{n\sigma_\eta^2+\sigma_w^2}\right]^2} \gtrless 0 \\ \text{falls } q\left(x_i^{**}\right) = 0 \end{cases} \tag{4.104}$$

[54]Vgl. Gleichung (4.87) auf S. 147.

untersucht. Falls produziert wird, ist $\frac{\partial y^{**}_{P_i}}{\partial N} < 0$. In diesem Bereich baut der Produzent am Terminmarkt Short Positionen ab, wenn N ceteris paribus erhöht wird. Unter der ceteris paribus Annahme steht einer größeren Anzahl (identischer) Produzenten die unveränderte Nachfrage am Kassamarkt und die gleichbleibende Menge Spekulanten gegenüber. Die Hedge-Ratio $\frac{n\xi}{N\chi+n\xi}$ wird bei steigendem N kleiner und zugleich wird die gesamte Produktionsmenge jetzt auf mehr Produzenten verteilt, die Produktionsmenge des einzelnen Produzenten i somit verringert. Es werden folglich weniger Terminverkäufe zur partiellen Absicherung getätigt. Wenn die Produktion unterbleibt und der einzelne Produzent durch Terminverkäufe spekuliert, ist das Vorzeichen der partiellen Ableitung indeterminiert. Sie ist positiv (negativ), wenn $(2n\xi c - N^2\chi\alpha^2)\left[(a-\beta c)+\frac{\sigma_\eta^2}{n\sigma_\eta^2+\sigma_w^2}\left(\sum_{j=1}^{n} v_j\right)\right] < 0$ $\left((2n\xi c - N^2\chi\alpha^2)\left[(a-\beta c)+\frac{\sigma_\eta^2}{n\sigma_\eta^2+\sigma_w^2}\left(\sum_{j=1}^{n} v_j\right)\right] > 0\right)$ gilt.

Das Vorzeichen der partiellen Ableitung der optimalen Terminmarktposition des Produzenten nach der Anzahl der Spekulanten n

$$\frac{\partial y_{P_i}^{**}}{\partial n} = \begin{cases} \frac{\alpha^2 \xi c}{\left[(N\chi+n\xi)c(N\alpha^2+2c)+N\alpha^2\xi\chi\sigma_\eta^2\sigma_w^2\right]^2} \cdot \\ \cdot\left\{\left(\sum_{j=1}^{n} v_j\right) \frac{\sigma_\eta^2}{n\sigma_\eta^2+\sigma_w^2} \left[(N\alpha^2+2c)\, c\left(N\chi\sigma_w^2 - n^2\xi\sigma_\eta^2\right)\right] \right. \\ \left. +N\chi\,(a-\beta c)\left[(N\alpha^2+2c)\, c\left(n\sigma_\eta^2+\sigma_w^2\right)+\alpha^2\xi\sigma_\eta^2\sigma_w^2\right]\right\} \gtrless 0 \\ \text{falls } q\left(x_i^{**}\right) > 0 \\ \\ \frac{c\chi N\alpha^2}{\left[(N\chi+n\xi)c(N\alpha^2+2c)+N\alpha^2\xi\chi\sigma_\eta^2\sigma_w^2\right]^2} \cdot \\ \cdot\left\{\left(\sum_{j=1}^{n} v_j\right) \sigma_\eta^2 c\,(N\alpha^2+2c)\left(2n\sigma_\eta^2\xi + N\chi\sigma_\eta^2 + \xi\sigma_w^2\right) + \right. \\ (a-\beta c)\left[n\sigma_\eta^2\xi c\,(N\alpha^2+2c)\left(n\sigma_\eta^2+2\sigma_w^2\right)\right. \\ \left.\left. +\sigma_w^2\xi\left(2c^2\sigma_w^2 + N\alpha^2 c\sigma_w^2 - N\alpha^2\chi\sigma_\eta^4\right)\right]\right\} \gtrless 0 \\ \text{falls } q\left(x_i^{**}\right) = 0 \end{cases} \tag{4.105}$$

ist im Normal Hedge und im Reversed Hedge Bereich indeterminiert. Aussagen über die Auswirkung einer ceteris paribus höheren Anzahl Spekulanten im Markt können nur parameterabhängig gemacht werden. Ist eine größere Anzahl Spekulanten bereit Risiken zu übernehmen, so wird im Normalfall aber tendenziell eine höhere Absicherungsquote resultieren.

Werden die Produzenten ceteris paribus risikoaverser, so zeigt die entsprechende Ableitung

$$\frac{\partial y_{P_i}^{**}}{\partial \xi} = \begin{cases} \dfrac{\alpha^2 N n \chi c^2 \left(N\alpha^2+2c\right)\left[(a-\beta c)+\frac{\sigma_\eta^2}{n\sigma_\eta^2+\sigma_w^2}\left(\sum\limits_{j=1}^{n} v_j\right)\right]}{\left[\left(n\sigma_\eta^2+\sigma_w^2\right)(N\chi+n\xi)c(N\alpha^2+2c)+N\alpha^2\xi\chi\frac{\sigma_\eta^2\sigma_w^2}{n\sigma_\eta^2+\sigma_w^2}\right]^2} > 0 \\ \text{falls } q\left(x_i^{**}\right) > 0 \\ \\ \dfrac{\alpha^2 N\chi c\left[Nnc\alpha^2+2nc^2+N\alpha^2\chi\frac{\sigma_\eta^2\sigma_w^2}{n\sigma_\eta^2+\sigma_w^2}\right]\left[(a-\beta c)+\frac{\sigma_\eta^2}{n\sigma_\eta^2+\sigma_w^2}\left(\sum\limits_{j=1}^{n} v_j\right)\right]}{\left[\left(n\sigma_\eta^2+\sigma_w^2\right)(N\chi+n\xi)c(N\alpha^2+2c)+N\alpha^2\xi\chi\frac{\sigma_\eta^2\sigma_w^2}{n\sigma_\eta^2+\sigma_w^2}\right]^2} < 0 \\ \text{falls } q\left(x_i^{**}\right) = 0 \end{cases} \tag{4.106}$$

daß sie sich im Falle einer positiven Produktionsmenge am Terminmarkt stärker absichern. Wird im Optimum die Produktion unterlassen, aber eine spekulative Short Position am Terminmarkt eingenommen, so führt die Erhöhung der absoluten Risikoaversion ceteris paribus zu einer Verringerung der spekulativen Position. Die Produzenten gehen damit in beiden Fällen eine risikoärmere Position ein.

Die Reaktion der optimalen Terminmarktposition der Produzenten auf die höhere Risikoaversion seitens der Spekulanten χ

$$\frac{\partial y_{P_i}^{**}}{\partial \chi} = \begin{cases} \dfrac{-\alpha^2 N n\xi c\left[c\left(N\alpha^2+2c\right)+\alpha^2\xi\frac{\sigma_\eta^2\sigma_w^2}{n\sigma_\eta^2+\sigma_w^2}\right]\left[(a-\beta c)+\frac{\sigma_\eta^2}{n\sigma_\eta^2+\sigma_w^2}\left(\sum\limits_{j=1}^{n} v_j\right)\right]}{\left[(N\chi+n\xi)c(N\alpha^2+2c)+N\alpha^2\xi\chi\frac{\sigma_\eta^2\sigma_w^2}{n\sigma_\eta^2+\sigma_w^2}\right]^2} < 0 \\ \text{falls } q\left(x_i^{**}\right) > 0 \\ \\ -\dfrac{\alpha^2 N n\xi c^2\left(N\alpha^2+2c\right)\left[(a-\beta c)+\frac{\sigma_\eta^2}{n\sigma_\eta^2+\sigma_w^2}\left(\sum\limits_{j=1}^{n} v_j\right)\right]}{\left[(N\chi+n\xi)c(N\alpha^2+2c)+N\alpha^2\xi\chi\frac{\sigma_\eta^2\sigma_w^2}{n\sigma_\eta^2+\sigma_w^2}\right]^2} > 0 \\ \text{falls } q\left(x_i^{**}\right) = 0 \end{cases} \tag{4.107}$$

ist negativ, wenn im Optimum produziert wird. Die Spekulanten werden risikoaverser und sind nunmehr weniger bereit Risiken zu übernehmen. Dadurch können die Produzenten nur einen kleineren Teil ihres Outputs am Terminmarkt hedgen. Ist im Optimum die Produktionsmenge gleich Null und nehmen die Produzenten Short Positionen am Terminmarkt ein, so können sie andererseits mehr spekulieren, wenn die Spekulanten risikoaverser werden.

Wird die Standardabweichung des Nachfrageveränderungsvariablen erhöht und damit die Gesamtnachfrage unsicherer,

$$\frac{\partial y_{P_i}^{**}}{\partial \sigma_\eta} = \begin{cases} \dfrac{2n\alpha^2 c\xi\sigma_\eta\sigma_w^2\left[\left(\sum\limits_{j=1}^{n} v_j\right)(N\chi+n\xi)c\left(N\alpha^2+2c\right)+N\alpha^2\xi\chi\sigma_w^2(\beta c-a)\right]}{\left[\left(n\sigma_\eta^2+\sigma_w^2\right)(N\chi+n\xi)c(N\alpha^2+2c)+N\alpha^2\xi\chi\sigma_\eta^2\sigma_w^2\right]^2} \gtrless 0 \\ \text{falls } q\left(x_i^{**}\right) > 0 \\ \\ \dfrac{-2N\alpha^2 c\chi\sigma_\eta\sigma_w^2\left[\left(\sum\limits_{j=1}^{n} v_j\right)(N\chi+n\xi)c\left(N\alpha^2+2c\right)+N\alpha^2\xi\chi\sigma_w^2(\beta c-a)\right]}{\left[\left(n\sigma_\eta^2+\sigma_w^2\right)(N\chi+n\xi)c(N\alpha^2+2c)+N\alpha^2\xi\chi\sigma_\eta^2\sigma_w^2\right]^2} \gtrless 0 \\ \text{falls } q\left(x_i^{**}\right) = 0 \end{cases} \tag{4.108}$$

wirkt sich das auf die optimale Terminposition der Produzenten ambivalent aus.[55] Da die Hedge-Ratio von Änderungen der Standardabweichung σ_η nicht beeinflußt wird[56], sind die Änderungen der optimalen Position am Terminmarkt und die Änderungen der optimalen Produktionsmenge im Normal Hedge Bereich gleich.[57] Im Normalfall bewirkt also die Erhöhung der Streuung des Nachfrageveränderungsvariablen, daß der Produzent im Normal Hedge Bereich seine Short Position am Terminmarkt verringert. Hält der Produzent eine rein spekulative Reversed Hedge Position, so wird diese durch die Erhöhung von σ_η ebenfalls beeinflußt, da diese Variable den Terminpreis sowie Erwartungswert und Varianz des Kassapreises mitbestimmt.

[55] Siehe Anhang C.4.1 für die genaue Fallunterscheidung.

[56] Vgl. Gleichung (4.87).

[57] Vgl. die Erläuterungen zu der Gleichung (4.97) auf S. 152.

Über die Richtung des Einflusses kann jedoch ohne Kenntnis der genauen Modellparameter nicht einmal eine tendenzielle Aussage getroffen werden.

Die Erhöhung der Standardabweichung des Störvariablen $\tilde{w}$ verursacht ein höheres Rauschen in der Informationsvariable $\tilde{v}$ der Spekulanten. Durch den Preisbildungsprozeß beeinflußt dies auch die Position der Produzenten auf dem Terminmarkt. Das Vorzeichen der partiellen Ableitung der optimalen Terminmarktposition nach σ_w

$$\frac{\partial y_{P_i}^{**}}{\partial \sigma_w} = \begin{cases} \dfrac{-2n\alpha^2 c\xi\sigma_\eta^2\sigma_w\left[\left(\sum\limits_{j=1}^{n} v_j\right)\left[N\alpha^2\xi\chi\sigma_\eta^2+(N\chi+n\xi)c\left(N\alpha^2+2c\right)\right]+(a-\beta c)Nn\alpha^2\xi\chi\sigma_\eta^2\right]}{\left[\left(n\sigma_\eta^2+\sigma_w^2\right)(N\chi+n\xi)c(N\alpha^2+2c)+N\alpha^2\xi\chi\sigma_\eta^2\sigma_w^2\right]^2} \gtrless 0 \\ \text{falls } q\left(x_i^{**}\right) > 0 \\ \\ \dfrac{2N\alpha^2 c\chi\sigma_\eta^2\sigma_w\left[\left(\sum\limits_{j=1}^{n} v_j\right)\left[N\alpha^2\xi\chi\sigma_\eta^2+(N\chi+n\xi)c\left(N\alpha^2+2c\right)\right]+(a-\beta c)Nn\alpha^2\xi\chi\sigma_\eta^2\right]}{\left[\left(n\sigma_\eta^2+\sigma_w^2\right)(N\chi+n\xi)c(N\alpha^2+2c)+N\alpha^2\xi\chi\sigma_\eta^2\sigma_w^2\right]^2} \gtrless 0 \\ \text{falls } q\left(x_i^{**}\right) = 0 \end{cases} \tag{4.109}$$

ist indes nicht eindeutig.[58] Da die Hedge-Ratio von Änderungen der Standardabweichung σ_w ebenfalls nicht beeinflußt wird[59], sind die Änderungen der optimalen Position am Terminmarkt und die Änderungen der optimalen Produktionsmenge im Normal Hedge Bereich gleich.[60] Dadurch ist im Normal Hedge Bereich neben dem intuitiv plausiblen Fall der Erhöhung der Short Position auch deren Abbau denkbar. Auch eine rein spekulative Position seitens des Produzenten wird durch das höhere Rauschen des Informationsvariablen und dem damit verbundenen größeren Unsicherheit der am Markt verfügbaren Informationen beeinflußt. Um die Richtung dieses Einflusses bestimmen zu können, ist jedoch die genaue Kenntnis der

[58] Siehe Anhang C.4.1 für die genaue Fallunterscheidung.

[59] Vgl. Gleichung (4.87).

[60] Vgl. die Erläuterungen zu der Gleichung (4.98) auf S. 153.

Modellparameter erforderlich.

Wird die konstante Nachfrage a erhöht,

$$\frac{\partial y_{P_i}^{**}}{\partial a} = \begin{cases} \frac{\frac{\alpha^2}{2} n\xi}{c\left[(N\chi+n\xi)\left(\frac{N\alpha^2}{2c}+1\right)+N\frac{\alpha^2}{2}\xi\chi\frac{1}{c^2}\frac{\sigma_\eta^2\sigma_w^2}{n\sigma_\eta^2+\sigma_w^2}\right]} > 0 & \text{falls } q\left(x_i^{**}\right) > 0 \\ -\frac{\frac{\alpha^2}{2} N\chi}{c\left[(N\chi+n\xi)\left(\frac{N\alpha^2}{2c}+1\right)+N\frac{\alpha^2}{2}\xi\chi\frac{1}{c^2}\frac{\sigma_\eta^2\sigma_w^2}{n\sigma_\eta^2+\sigma_w^2}\right]} < 0 & \text{falls } q\left(x_i^{**}\right) = 0 \end{cases} \tag{4.110}$$

so steigt ceteris paribus auch die optimale Position des Produzenten am Terminmarkt, wenn gleichzeitig eine positive Produktionsmenge optimal ist. Findet im Optimum keine Produktion statt, spekuliert er aber auf fallende Preise, so veranlaßt ihn eine höhere konstante Nachfrage zu einer Verringerung seiner Terminmarktposition.

Der Einfluß der Preissensitivität c auf die optimale Terminmarktposition des Produzenten

$$\frac{\partial y_{P_i}^{**}}{\partial c} = \begin{cases} \frac{-\alpha^2 n\xi}{\left[\left(n\sigma_\eta^2+\sigma_w^2\right)(N\chi+n\xi)c(N\alpha^2+2c)+N\alpha^2\xi\chi\sigma_\eta^2\sigma_w^2\right]^2} \cdot \\ \cdot\left\{\left(\sum_{j=1}^{n} v_j\right)\sigma_\eta^2\left[(N\chi+n\xi)\,2c^2\left(n\sigma_\eta^2+\sigma_w^2\right)-N\alpha^2\xi\chi\sigma_\eta^2\sigma_w^2\right]\right. \\ +(N\chi+n\xi)\left(n\sigma_\eta^2+\sigma_w^2\right)^2 c^2\left(N\alpha^2\beta+2a\right) \\ \left.+\left(n\sigma_\eta^2+\sigma_w^2\right)N\xi\chi\alpha^2\sigma_\eta^2\sigma_w^2\left(2\beta c-a\right)\right\} \gtrless 0 \\ \text{falls } q\left(x_i^{**}\right) > 0 \\ \\ \frac{\alpha^2 N\chi}{\left[\left(n\sigma_\eta^2+\sigma_w^2\right)(N\chi+n\xi)c(N\alpha^2+2c)+N\alpha^2\xi\chi\sigma_\eta^2\sigma_w^2\right]^2} \cdot \\ \cdot\left\{\left(\sum_{j=1}^{n} v_j\right)\sigma_\eta^2\left[(N\chi+n\xi)\,2c^2\left(n\sigma_\eta^2+\sigma_w^2\right)-N\alpha^2\xi\chi\sigma_\eta^2\sigma_w^2\right]\right. \\ +(N\chi+n\xi)\left(n\sigma_\eta^2+\sigma_w^2\right)^2 c^2\left(N\alpha^2\beta+2a\right) \\ \left.+\left(n\sigma_\eta^2+\sigma_w^2\right)N\xi\chi\alpha^2\sigma_\eta^2\sigma_w^2\left(2\beta c-a\right)\right\} \gtrless 0 \\ \text{falls } q\left(x_i^{**}\right) = 0 \end{cases} \tag{4.111}$$

ist indeterminiert. Die Auswirkung der Erhöhung des Parameters c, wodurch der (negative) Einfluß des Kassapreises auf die Gesamtnachfrage verstärkt wird, ist somit im Normal Hedge und im Reversed Hedge Bereich parameterabhängig. Da die optimale Hedge-Ratio von c unabhängig ist[61], resultiert im Normalfall durch die Erhöhung von c im Normal Hedge Bereich eine Verringerung der Short Position. In Sonderfällen kann sie aber auch eine Erhöhung der Verkaufsposition bewirken.[62] Wenn der Produzent lediglich spekuliert, sind indes nicht einmal tendenzielle Aussagen ohne Kenntnis der genauen Modellparameter möglich.

Die optimale Position des Produzenten am Terminmarkt ist unabhängig von den Fixkosten. Die partielle Ableitung der optimalen Terminmarktposition nach dem Parameter α

[61] Vgl. Gleichung (4.87).

[62] Vgl. die Erläuterungen zu der Gleichung (4.100) auf S. 154.

$$\frac{\partial y_{P_i}^{**}}{\partial \alpha} = \begin{cases} \dfrac{4\alpha c^3 \xi n \left[(a-\beta c)+\frac{\sigma_\eta^2}{n\sigma_\eta^2+\sigma_w^2}\left(\sum_{j=1}^{n} v_j\right)\right](N\chi+n\xi)}{\left[(N\chi+n\xi)c(N\alpha^2+2c)+N\alpha^2\xi\chi\frac{\sigma_\eta^2\sigma_w^2}{n\sigma_\eta^2+\sigma_w^2}\right]^2} > 0 \\ \text{falls } q\left(x_i^{**}\right) > 0 \\ \\ -\dfrac{4\alpha c^3 \chi N \left[(a-\beta c)+\frac{\sigma_\eta^2}{n\sigma_\eta^2+\sigma_w^2}\left(\sum_{j=1}^{n} v_j\right)\right](N\chi+n\xi)}{\left[(N\chi+n\xi)c(N\alpha^2+2c)+N\alpha^2\xi\chi\frac{\sigma_\eta^2\sigma_w^2}{n\sigma_\eta^2+\sigma_w^2}\right]^2} < 0 \\ \text{falls } q\left(x_i^{**}\right) = 0 \end{cases} \tag{4.112}$$

ist analog zu der herkömmlichen Modellierung positiv, wenn im Optimum produziert wird. Im Gegensatz zur herkömmlichen Modellierung sind jedoch in diesem Modell der Terminpreis und der erwartete Kassapreis nicht exogen gegeben, sondern wurden endogen ermittelt, und weisen eine Abhängigkeit vom Parameter α auf, so daß die optimale Terminmarktposition selbst dann von α abhängt, wenn nicht produziert wird. Auch die rein spekulative Position wird erhöht, wenn ceteris paribus α steigt. Ebenso reagiert die optimale Terminmarktposition auf die ceteris paribus Erhöhung des Parameters β. Die partielle Ableitung

$$\frac{\partial y_{P_i}^{**}}{\partial \beta} = \begin{cases} \dfrac{\frac{-\alpha^2}{2} n\xi}{(N\chi+n\xi)\left(\frac{N\alpha^2}{2c}+1\right)+N\frac{\alpha^2}{2}\xi\chi\frac{1}{c^2}\frac{\sigma_\eta^2\sigma_w^2}{n\sigma_\eta^2+\sigma_w^2}} < 0 & \text{falls } q\left(x_i^{**}\right) > 0 \\ \\ \dfrac{\frac{\alpha^2}{2} N\chi}{(N\chi+n\xi)\left(\frac{N\alpha^2}{2c}+1\right)+N\frac{\alpha^2}{2}\xi\chi\frac{1}{c^2}\frac{\sigma_\eta^2\sigma_w^2}{n\sigma_\eta^2+\sigma_w^2}} > 0 & \text{falls } q\left(x_i^{**}\right) = 0 \end{cases} \tag{4.113}$$

ist negativ, wenn produziert wird und positiv, wenn die Produktion unterlassen wird. Insgesamt kann man feststellen, daß im Normal Hedge Bereich die Erhöhung der variablen Produktionskosten (Erhöhung von β beziehungsweise Verringerung von α) zu einer niedrigeren optimalen Terminmarktposition des Produzenten führt. Im Reversed Hedge Bereich bewirkt die Erhöhung der variablen Produktionskosten eine verstärkte Spekulation auf fallende Preise.

4.3 Vergleich der Produktionsentscheidungen mit und ohne Terminmarkt

4.3.1 Normal Hedge, Reversed Hedge, Texas Hedge

Analog zu der Vorgehensweise der herkömmlichen Modellierung, soll auch in diesem Modellrahmen untersucht werden, unter welchen Bedingungen ein Normal Hedge, ein 100%-Routine Hedge, ein Reversed Hedge beziehungsweise ein Texas Hedge sich als optimale Position auf dem Terminmarkt erweist.

Ein 100%-Routine Hedge liegt immer dann vor, wenn Produktionsmenge und Hedgingvolumen sich entsprechen, d.h. wenn für positive Produktionsmengen

$$\begin{aligned} q(x_i^{**}) &= \frac{\alpha^2}{2} \frac{\left(A + \frac{1}{c}\frac{\sigma_\eta^2}{n\sigma_\eta^2+\sigma_w^2}\left(\sum_{j=1}^{n} v_j\right) - \beta\right)(N\chi + n\xi)}{(N\chi + n\xi)(B+1) + N\frac{\alpha^2}{2}\xi\chi\frac{1}{c^2}\frac{\sigma_\eta^2\sigma_w^2}{n\sigma_\eta^2+\sigma_w^2}} \\ = y_{P_i}^{**} &= \frac{\alpha^2}{2} \frac{n\xi\left(A + \frac{1}{c}\frac{\sigma_\eta^2}{n\sigma_\eta^2+\sigma_w^2}\left(\sum_{j=1}^{n} v_j\right) - \beta\right)}{(N\chi + n\xi)(B+1) + N\frac{\alpha^2}{2}\xi\chi\frac{1}{c^2}\frac{\sigma_\eta^2\sigma_w^2}{n\sigma_\eta^2+\sigma_w^2}}, \end{aligned} \tag{4.114}$$

gilt. Dieser Fall tritt stets dann ein, wenn $\sum_{j=1}^{n} v_j = (\beta c - a)\left(\frac{n\sigma_\eta^2+\sigma_w^2}{\sigma_\eta^2}\right)$, beziehungsweise wenn $\mathrm{E}\left[\tilde{p}_k\middle|\cdot\right] = p_{f_0}$ ist.[63] Der 1:1-Hedge ist folglich lediglich in dem Fall optimal, wenn der (objektivierte) Erwartungswert des zukünftigen Kassapreises aller Marktteilnehmer dem Futurespreis entspricht. Gemäß Gleichung (4.85) ist der 1:1-Hedge für risikoaverse Marktteilnehmer bei positivem Produktionsvolumen aber nicht möglich. In der Tat ergibt sich ausweislich Gleichung (4.85) für den Spezialfall eines martingaleffizienten Marktes $\left(\mathrm{E}\left[\tilde{p}_k\middle|\cdot\right] = p_{f_0}\right)$ eine optimale Produktionsmenge und ein optimales

[63] Vgl. Anhang C.5 bezüglich der genauen Berechnung von $\mathrm{E}\left[\tilde{p}_k\middle|\cdot\right]$ und der Darstellung der möglichen Beziehungen zwischen $\mathrm{E}\left[\tilde{p}_k\middle|\cdot\right]$ und p_{f_0}.

Hedgingvolumen von Null. Somit ist der 100%-Routine Hedge zwar ein mögliches Ergebnis im Rahmen dieses Modells, jedoch ein Ergebnis, das keine praktische Relevanz besitzt.

Als Texas Hedge wird die Situation bezeichnet, in der das optimale Hedgingvolumen negativ wird, am Terminmarkt demnach Futures-Käufe getätigt werden. Aus Gleichung (4.85) folgt, daß eine Long Position am Terminmarkt nicht mit einer positiven Produktionsmenge vereinbar ist. Texas Hedge ist ausweislich Gleichung (4.85) auch dann nicht möglich, wenn die optimale Produktionsmenge Null beträgt. Somit sind Terminmarktpositionen im Texas Hedge Bereich in diesem Modellrahmen nicht möglich.

Als Reversed Hedge wird die Situation bezeichnet, bei der Hedgingvolumen und Produktionsmenge nichtnegativ sind, und das Hedgingvolumen größer ist als die Produktionsmenge. Da in der Gleichgewichtsmodellierung mit rationalen Erwartungen für positive Produktionsmengen die Beziehung $y_{P_i}^{**} = q(x_i^{**}) \cdot \frac{n\xi}{N\chi + n\xi}$ gilt und der Bruch $\frac{n\xi}{N\chi+n\xi}$ für risikoaverse Produzenten und Spekulanten im Intervall $(0,1)$ liegt, kann diese Situation im Bereich positiver Produktionsmengen nie eintreten. Eine optimale Position auf dem Terminmarkt kann daher kein Reversed Hedge sein, falls gleichzeitig produziert wird. Findet keine Produktion statt, weil $\sum_{j=1}^{n} v_j < c\,[\beta - A] \left(\frac{n\sigma_\eta^2+\sigma_w^2}{\sigma_\eta^2}\right)$ gilt, der erwartete Kassapreis somit niedriger als der Terminpreis ist, so kann der Produzent auf fallende Preise spekulieren, indem er eine Reversed Hedge Position in Höhe von $y_{P_i}^{**} = -\frac{\alpha^2}{2} \frac{N\chi\left(A + \frac{1}{c}\frac{\sigma_\eta^2}{n\sigma_\eta^2+\sigma_w^2}\left(\sum_{j=1}^{n} v_j\right) - \beta\right)}{(N\chi+n\xi)(B+1) + N\frac{\alpha^2}{2}\xi\chi\frac{1}{c^2}\frac{\sigma_\eta^2\sigma_w^2}{n\sigma_\eta^2+\sigma_w^2}}$ einnimmt.

Ist der erwartete Kassapreis schließlich höher als der Futurespreis, gilt also $\sum_{j=1}^{n} v_j > c\,[\beta - A] \left(\frac{n\sigma_\eta^2+\sigma_w^2}{\sigma_\eta^2}\right)$ so ist eine Position am Terminmarkt im Bereich des Normal Hedge optimal. In diesem Fall sind die optimale Produktionsmenge und das optimale Hedgevolumen positiv, und es gilt die Beziehung

$$y_{P_i}^{**} = q(x_i^{**}) \cdot \frac{n\xi}{N\chi + n\xi} \, . \tag{4.115}$$

4.3.2 Realwirtschaftliche Effekte des Hedging mit Terminkontrakten

In den vorhergehenden Abschnitten wurde gezeigt, daß im Modell mit Terminmarkt und rationalen Erwartungen der Marktteilnehmer stets

$$\begin{aligned} y_{P_i}^{**} &= \frac{\alpha^2}{2} \frac{n\xi \left(A + \frac{1}{c} \frac{\sigma_\eta^2}{n\sigma_\eta^2 + \sigma_w^2} \left(\sum_{j=1}^{n} v_j \right) - \beta \right)}{(N\chi + n\xi)(B+1) + N\frac{\alpha^2}{2}\xi\chi\frac{1}{c^2}\frac{\sigma_\eta^2\sigma_w^2}{n\sigma_\eta^2+\sigma_w^2}} \\ &= q(x_i^{**}) \cdot \frac{n\xi}{N\xi + n\chi} \end{aligned} \tag{4.116}$$

gilt, falls eine positive Produktionsmenge realisiert wird.

Bei positiver Produktionsmenge $q(x_i^{**})$ ist also unter der getroffenen Annahme über die Risikoaversionen der Marktteilnehmer $y_{P_i}^{**}$ stets positiv, so daß der Produzent i eine Short Position am Terminmarkt einnimmt. Das Ergebnis der herkömmlichen Modelle besagt, daß eine Short Position des Produzenten auf dem Terminmarkt stets einen positiven realwirtschaftlichen Effekt induziert.[64] Es liegt somit die Vermutung nahe, daß in der Modellierung mit rationalen Erwartungen der Marktteilnehmer immer ein positiver realwirtschaftlicher Effekt resultiert, wenn simultan zu der Festlegung der Produktionsmenge am Terminmarkt gehedgt wird, daß folglich stets $q(x_i^{**}) > q(x_i^*)$ ist.

[64] Vgl. beispielsweise Batlin (1983a), S. 691 und Bamberg/Baur (1987), S. 391.

Die Relation $q(x_i^{**}) > q(x_i^*)$ gilt jedoch nur, wenn nach Einsetzen der Gleichungen (4.27) und (4.82) die Ungleichung

$$\frac{\alpha^2}{2}\frac{\left(A+\frac{1}{c}\frac{\sigma_\eta^2}{n\sigma_\eta^2+\sigma_w^2}\left(\sum_{j=1}^{n}v_j\right)-\beta\right)(N\chi+n\xi)}{(N\chi+n\xi)(B+1)+N\frac{\alpha^2}{2}\xi\chi\frac{1}{c^2}\frac{\sigma_\eta^2\sigma_w^2}{n\sigma_\eta^2+\sigma_w^2}}$$
$$> \tag{4.117}$$
$$\frac{\alpha^2}{2}\left(\frac{A+\frac{1}{c}\frac{\sigma_\eta^2}{N\sigma_\eta^2+\sigma_w^2}\left(\sum_{i=1}^{N}v_i\right)-\beta}{(B+1)+\frac{\alpha^2}{2}\frac{1}{c^2}\xi\frac{\sigma_\eta^2\sigma_w^2}{N\sigma_\eta^2+\sigma_w^2}}\right)$$

erfüllt ist.

Für die Untersuchung dieser Bedingung muß eine Vergleichbarkeit zwischen den Modellen mit und ohne Terminmarkt hergestellt werden. Um diese Vergleichbarkeit zwischen den Modellen zu gewährleisten, wird angenommen, daß die Realisation der Summe der Informationen im Modell ohne Terminmarkt $\sum_{i=1}^{N} v_i$ gleich der Realisation der Summe der Informationen im Simultanmodell mit Terminmarkt $\sum_{j=1}^{n} v_j$ ist. Unterschiede in der Produktionsmenge, die allein durch unterschiedliche Informationen entstehen, werden damit ausgeschlossen. Formal wird im folgenden

$$\left(\sum_{i=1}^{N} v_i\right) = \left(\sum_{j=1}^{n} v_j\right) = S \tag{4.118}$$

gesetzt. Über die genaue Ausprägung von S wird zunächst keine Annahme getroffen. Diese Annahme impliziert ferner auch nicht, daß $n = N$ gilt.

Umformung der Gleichung (4.117) ergibt, daß die Bedingung

$$N\chi\xi\alpha^2 c\sigma_\eta^2\sigma_w^2\beta\,(N-n) + S\sigma_\eta^2\,(N-n)\,(N\chi+n\xi)\,c\left(\alpha^2 N+2c\right)$$
$$+\,\alpha^2\xi\sigma_w^2\left[aNn\chi\sigma_\eta^2 - aN^2\chi\sigma_\eta^2 + an^2\xi\sigma_\eta^2 + an\xi\sigma_w^2 + n\xi\sigma_\eta^2 S\right] \qquad (4.119)$$
$$> 0$$

untersucht werden muß. Ist sie nicht für jede mögliche Parameterkonstellation erfüllt, so besteht ein Widerspruch zu der allgemeinen Aussage der herkömmlichen Modelle und es gilt

$$N\chi\xi\alpha^2 c\sigma_\eta^2\sigma_w^2\beta\,(N-n) + S\sigma_\eta^2\,(N-n)\,(N\chi+n\xi)\,c\left(\alpha^2 N+2c\right)$$
$$+\,\alpha^2\xi\sigma_w^2\left[aNn\chi\sigma_\eta^2 - aN^2\chi\sigma_\eta^2 + an^2\xi\sigma_\eta^2 + an\xi\sigma_w^2 + n\xi\sigma_\eta^2 S\right] \qquad (4.120)$$
$$< 0\,.$$

Es soll nun für eine optimale Kombination von Produktionsmenge und Terminmarktposition im Normal Hedge Bereich ($q(x_i^{**}) > 0$, $y_{P_i}^{**} > 0$ und $q(x_i^{**}) > y_{P_i}^{**}$) untersucht werden, ob die Widerspruchsbedingung (Gleichung 4.120) herbeigeführt werden kann. Dazu werden verschiedene Spezialfälle analysiert.

Entspricht die Anzahl der am Marktgeschehen beteiligten Spekulanten der Anzahl der Produzenten ($n = N$), so sind die ersten beiden Summanden der Ungleichung (4.120) gleich Null. Um die obige Widerspruchsbedingung zu erfüllen, müßte also

$$\alpha^2\xi\sigma_w^2\left[aNn\chi\sigma_\eta^2 - aN^2\chi\sigma_\eta^2 + an^2\xi\sigma_\eta^2 + an\xi\sigma_w^2 + n\xi\sigma_\eta^2 S\right] < 0 \qquad (4.121)$$

bei positiver Produktionsmenge gelten. Formt man die Ungleichung (4.121) um, so resultiert die Bedingung

$$\alpha^2\xi\sigma_w^2\left[aN\xi\sigma_\eta^2\,(n-N) + n\xi\sigma_\eta^2\left(a\left(n+\frac{\sigma_w^2}{\sigma_\eta^2}\right)+S\right)\right] < 0\,. \qquad (4.122)$$

Die Parameter α^2 , ξ und σ_w^2 sind per Annahme positiv und der erste Summand wegen $n = N$ gleich Null. Um ein Widerspruch herbeizuführen, müßte somit

$$S < -a\left(n + \frac{\sigma_w^2}{\sigma_\eta^2}\right) \tag{4.123}$$

bei gleichzeitig positivem $q(x_i^{**})$ gelten. Aus Gleichung (4.84) folgt jedoch, daß erst ab der Schwelle (mit $S = \sum_{j=1}^{n} v_j$)

$$S > (\beta c - a)\left(n + \frac{\sigma_w^2}{\sigma_\eta^2}\right) \tag{4.124}$$

Produktion stattfindet. Wegen den Annahmen $\beta > 0$ und $c > 0$ kann die Bedingung für einen Widerspruch nicht erfüllt werden. Sind gleich viel Spekulanten wie Produzenten vorhanden, so gilt die Aussage der herkömmlichen Modelle und eine Normal Hedge Position des Produzenten führt stets zu einem positiven realwirtschaftlichen Effekt.

Gleichwohl besitzt die übliche Aussage der herkömmlichen Modellierung, die simultane Optimierung der Produktionsmenge und der Terminmarktposition führe grundsätzlich im Normal Hedge Bereich zu einer Ausweitung der Produktionsmenge im Vergleich zu einer einfachen Produktionsmengenoptimierung ohne Einbeziehung des Terminmarktes, in der Gleichgewichtsmodellierung mit rationalen Erwartungen der Marktteilnehmer keine Allgeimeingültigkeit. Dies wird im Folgenden anhand eines Gegenbeispiels demonstriert.

Gilt $N > n$, sind folglich mehr Produzenten als Spekulanten am Marktgeschehen beteiligt, so wird gezeigt, daß trotz einer positiven optimalen Produktionsmenge und damit einer Terminmarktposition im Normal Hedge Bereich $q(x_i^{**}) < q(x_i^*)$ sein kann. In bestimmten, in den nächsten Absätzen näher zu spezifizierenden Parameterkonstellationen führt somit die simultane Einbeziehung des Terminmarktes nicht zu einer Möglichkeit zur Ausweitung der Produktionsmenge. Die simultane Optimierung von Produktionsmenge und Terminmarktposition induziert vielmehr selbst im Normal Hedge Bereich manchmal einen negativen realwirtschaftlichen Effekt.

Wann kann also eine Absicherung im Normal Hedge Bereich ein negatives realwirtschaftliches Effekt zur Folge haben? Es wird nun der Fall betrachtet, daß $N > n$ gilt, die Anzahl der Produzenten somit höher ist als die Anzahl der Spekulanten.

Zunächst setzt man $\beta = 0$ und betrachtet damit den Spezialfall einer rein quadratischen (variablen) Kostenfunktion, wie er in der Literatur häufig angenommen wird[65]. Die zu untersuchende Widerspruchsbedingung (4.120) lautet nun, da der erste Summand wegfällt

$$\begin{aligned} &S\sigma_\eta^2 (N-n)(N\chi + n\xi)\, c\left(\alpha^2 N + 2c\right) \\ &+ \alpha^2 \xi \sigma_w^2 \left[aNn\chi\sigma_\eta^2 - aN^2\chi\sigma_\eta^2 + an^2\xi\sigma_\eta^2 + an\xi\sigma_w^2 + n\xi\sigma_\eta^2 S\right] \\ &\qquad < 0\,. \end{aligned} \tag{4.125}$$

Eine Umformung ergibt, daß die Ungleichung erfüllt ist und damit ein negativer realwirtschaftlicher Effekt realisiert wird, wenn (1) $S < -a\left(n + \frac{\sigma_w^2}{\sigma_\eta^2}\right) + a\frac{N}{n}\frac{\chi}{\xi}(N-n)$ und (2) S negativ ist. Bedingung (2) ist redundant, wenn der absolute Risikoaversionskoeffizient der Spekulanten χ im Intervall $\left(0; \frac{n\xi}{N[N-n]}\left[n + \frac{\sigma_w^2}{\sigma_\eta^2}\right]\right)$ liegt. Zu prüfen ist nur noch, ob in diesem Bereich Produktion stattfindet. Gemäß Gleichung (4.84) in Verbindung mit der Annahme $\beta = 0$ wird produziert, falls $S > -a\left(n + \frac{\sigma_w^2}{\sigma_\eta^2}\right)$ ist.

In diesem Fall ist also für einen negativen realwirtschaftlichen Effekt ausreichend, wenn die Risikoaversion der Spekulanten χ im Intervall $\left(0; \frac{n\xi}{N[N-n]}\left[n + \frac{\sigma_w^2}{\sigma_\eta^2}\right]\right)$ und die Realisation von S im Intervall

[65] Vgl. Fußnote 13 auf S. 18.

$\left(-a\left[n+\frac{\sigma_w^2}{\sigma_\eta^2}\right];-a\left[n+\frac{\sigma_w^2}{\sigma_\eta^2}\right]+a\frac{N}{n}\frac{\chi}{\xi}\left[N-n\right]\right)$ liegt. In dieser Parameterkonstellation wird von den Produzenten i $(i=1,...,N)$ eine positive Produktionsmenge hergestellt und eine Short Position am Terminmarkt eingenommen. Trotzdem ist die im Optimum zu realisierende Produktionsmenge $q(x_i^{**})$ kleiner als die optimale Produktionsmenge ohne Terminmarktaktivität $q(x_i^*)$.

Es stellt sich die Frage, wie speziell dieses Ergebnis ist. Die Beschränkung der Risikoaversion der Spekulanten auf das obige Intervall bedeutet nicht, daß die Risikoaversion der Spekulanten kleiner sein muß als die Risikoaversion der Produzenten. Eine komparativ-statische Analyse der oberen Grenze des Intervalls zulässiger Risikoaversionen der Spekulanten

$$\frac{\partial\left(\frac{n\xi}{N[N-n]}\left[n+\frac{\sigma_w^2}{\sigma_\eta^2}\right]\right)}{\partial N}=\frac{n\xi\left(n\sigma_\eta^2+\sigma_w^2\right)(n-2N)}{N^2\left(n-N\right)^2\sigma_\eta^2}<0 \qquad (4.126)$$

ergibt zudem, daß die Breite des Intervalls umso kleiner ist, je mehr Produzenten am Markt tätig werden

$$\frac{\partial\left(\frac{n\xi}{N[N-n]}\left[n+\frac{\sigma_w^2}{\sigma_\eta^2}\right]\right)}{\partial n}=\frac{n\xi+\xi\left[n+\frac{\sigma_w^2}{\sigma_\eta^2}\right]}{N\left(N-n\right)}+\frac{n\xi\left[n+\frac{\sigma_w^2}{\sigma_\eta^2}\right]}{N\left(N-n\right)^2}>0 \qquad (4.127)$$

und umso weiter ist, je mehr Spekulanten am Marktgeschehen teilnehmen. Besteht zwischen der Anzahl der Produzenten und der Anzahl der Spekulanten kein sehr großer Unterschied, ist das Intervall groß genug, um nicht nur einige Spezialfälle zu erfassen.

Spezieller ist die Bedingung bezüglich der Summe der Realisationen der Informationen S. Ein negativer realwirtschaftlicher Effekt kann nur dann das Ergebnis sein, wenn die Marktinformationen eine Nachfrageänderung innerhalb des vorgegebenen Intervalls signalisieren. Dieses Intervall ist umso kleiner, je kleiner der Unterschied zwischen der Anzahl der Produzenten und der Anzahl der Spekulanten ist.

Der demonstrierte negative realwirtschaftliche Effekt im Normal Hedge Bereich ist somit nur ein Spezialfall, jedoch ein Fall, der auftreten kann und von den herkömmlichen Modellen nicht erfaßt wird.

Betrachtet man den allgemeineren Fall mit der auf S. 20 hergeleiteten Kostenfunktion (α , β und $\gamma > 0$), so kann in analoger Vorgehensweise zum obigen speziellen Fall die Bedingung angegeben werden, unter der bei positiver Produktionsmenge und Short Position am Terminmarkt ein negativer realwirtschaftlicher Effekt durch die simultane Einbeziehung des Terminmarktes resultiert. Die Bedingung hierfür ist, daß S im Intervall $\left([\beta c - a]\left[n + \frac{\sigma_w^2}{\sigma_\eta^2}\right] ; \frac{N\chi\xi\alpha^2 c\sigma_w^2\beta(n-N)+\alpha^2\xi\sigma_w^2\left[aN\chi(N-n)-an\xi\left(n+\frac{\sigma_w^2}{\sigma_\eta^2}\right)\right]}{(N-n)(N\chi+n\xi)c(\alpha^2 N+2c)+n\xi^2\alpha^2\sigma_w^2} \right)$ liegt, und ferner $\beta c - a < 0$ gilt.[66] Diese Bedingung zeigt ebenfalls, daß ein negativer realwirtschaftlicher Effekt nur in begrenzten Bereichen der Modellparameter auftritt. Sie widerlegt aber die verbreitete Aussage der herkömmlichen Modelle, daß eine Normal Hedge Position am Terminmarkt zwingend eine positive Rückwirkung auf den leistungswirtschaftlichen Bereich eines Produzenten induziert. Damit ist diese Aussage nur in dem vorgegebenen Modellrahmen gültig und selbst auf ähnlich konstruierte Modelle[67] nicht übertragbar.

Zusammenfassend läßt sich also feststellen, daß in der vorgestellen gleichgewichtstheoretischen Modellierung, im Gegensatz zu den herkömmlichen Modellen, keine allgemeingültige Aussage über die realwirtschaftliche Wirkung von Terminmärkten getroffen werden kann. Die simultane Einbeziehung

[66] Die zweite Bedingung stellt sicher, daß die obere Intervallgrenze größer ist, als die untere, daß also bei einem S aus diesem Intervall tatsächlich Produktion stattfindet.

[67] Die in Kapitel 4 analysierten Gleichgewichtsmodelle enthalten die vollständige Struktur der herkömmlichen Modelle des Kapitels 2. Sie gehen bei der Analyse lediglich einen Schritt weiter.

des Terminmarktes in die Produktionsentscheidung führt nicht in allen von den herkömmlichen Modellen angegebenen Fällen zu der Möglichkeit der Produktionssteigerung. Dies liegt in den unterschiedlichen Funktionen der Terminmärkte in den beiden Modellierungen begründet. Während in den herkömmlichen Modellen die Möglichkeit der Risikostreuung durch die Einbeziehung des Terminmarktes im Vordergrund steht, wird in dem betrachteten Gleichgewichtsmodell mit rationalen Erwartungen der Marktteilnehmer zusätzlich dessen Informationsaggregations- und -übertragungsfunktion mitberücksichtigt.

Kapitel 5

Schlußfolgerungen

Den Ausgangspunkt der vorliegenden Arbeit bildete das Problem eines risikoaversen Produzenten, der bei der Verwertung seiner hergestellten Güter einem Preisänderungsrisiko unterliegt. Im Mittelpunkt der Untersuchungen stand insbesondere die Ermittlung seiner optimalen Produktionsmenge und deren Analyse unter verschiedenen Gegebenheiten. Dazu wurden in zwei unterschiedlichen Modellumgebungen jeweils zwei Szenarien analysiert. Zum einen wurde als Rahmen ein Partialmodell vorgegeben, in dem ausschließlich die Entscheidung eines einzelnen Produzenten betrachtet wurde (Kapitel 2). Zum anderen kam ein Gleichgewichtsmodell mit N Produzenten und n Spekulanten, die als unterschiedlich informierte Marktteilnehmer angenommen wurden, zur Anwendung (Kapitel 4). Im Mittelpunkt stand zuerst in beiden Modellumgebungen die optimale Produktionsentscheidung des Produzenten für den Fall, daß ihm ausschließlich die Möglichkeit des Verkaufs seiner Produkte am Kassamarkt offenstand (Kapitel 2.1 und 4.1). Sodann wurde dieser Modellrahmen um die Möglichkeit der Verminderung des Risikos sich ändernder Kassapreise unter Zuhilfenahme von Terminkontrakten erweitert (Kapitel 2.2 und 4.2). Als analytisches Werkzeug diente in allen Modellen die Methode der Portefeuille-Selektion nach Tobin (1958).

Partialmodelle, die lediglich die Entscheidungsfindung eines einzelnen Produzenten abbilden und analysieren, sind in der Literatur wohldokumentiert.[1] Diese herkömmlichen Modelle kommen innerhalb ihres Modellrahmens zu diversen Aussagen bezüglich der Bestimmung der optimalen Produktionsmenge und der optimalen Art des Risikomanagements, die in Kapitel 2 ausführlich dargestellt wurden. Einige dieser Resultate haben jedoch, bedingt durch die Endogenisierung der Preisbildung, in einer Gleichgewichtsmodellierung kein Bestand. Damit sind die Empfehlungen auf der Grundlage der herkömmlichen Modelle nicht allgemeingültig. In dem Aufzeigen dieser Unterschiede bestand das primäre Ziel der vorliegenden Arbeit.

Das Hauptaugenmerk richtete sich insbesondere auf die durch Hedging erzielbaren realwirtschaftlichen Effekte. In den herkömmlichen Modellen kann der Produzent eine höhere Produktionsmenge erzielen, wenn er sich zusätzlich zu seiner Produktionstätigkeit am Terminmarkt betätigt. Damit ist dann stets ein positiver realwirtschaftlicher Effekt verbunden, wenn die optimale Terminmarktposition ein Terminverkauf ist. Befindet sich der Produzent im Optimum in einem Normal Hedge, 1:1-Hedge oder Reversed Hedge Bereich, so ist als Folge seiner Hedgingtätigkeit eine erhöhte Produktionsmenge zu realisieren. Die Partizipation am Terminmarkt führt lediglich dann nicht zu einer höheren optimalen Produktionsmenge, wenn ein Texas Hedge optimal ist, der Produzent also Terminkäufe tätigt. In Abschnitt 4.3.2 konnte gezeigt werden, daß diese Aussage im Gleichgewichtsmodell nicht gilt. Obwohl in dem betrachteten Gleichgewichtsmodell ein Terminkauf und damit ein Texas Hedge nie optimal sein kann, und daher stets ein Terminverkauf realisiert wird, führt das simultane Hedging nicht in jedem Fall zu einer erhöhten optimalen Produktionsmenge. Vielmehr kann durch Hedging sogar ein negativer realwirtschaftlicher Effekt entstehen. Damit kann man, im Gegensatz zu den herkömmlichen Modellen, im Gleichgewichtsmodell von dem Vorzeichen der Terminmarktposition nicht eindeutig auf die Richtung

[1] Vgl. dazu Kapitel 2.

eines realwirtschaftlichen Effekts schließen. Der allgemeinen Empfehlung der herkömmlichen Modelle, stets zu hedgen, wenn sich eine Short Position als optimal erweist, kann somit nicht immer gefolgt werden. Ein aktives Risikomanagement kann sich unter Umständen als kontraproduktiv erweisen.

Wird die Produktionsentscheidung unter Unsicherheit getroffen, dann hängt die optimale Höhe der Produktionsmenge von dem (Kassa)Preisrisiko und insbesondere von der Risikoaversion des Entscheiders ab. Nimmt der Entscheider jedoch simultan zu der Festlegung der Produktionsmenge eine optimale Position am Terminmarkt ein, so zeigen die herkömmlichen Modelle, daß in die Bestimmung der optimalen Produktionshöhe lediglich der Terminpreis und die Parameter der Kostenfunktion eingehen. Dabei wird der Terminpreis als eine exogen gegebene Größe betrachtet. In der Gleichgewichtsmodellierung ist der Terminpreis endogen aus dem Terminmarktgleichgewicht ermittelt worden und stellt damit das Ergebnis einer Optimierung der Teilnehmer am Terminmarkt dar. In dieser Optimierung kommt aber der Risikoeinstellung der Marktteilnehmer eine entscheidende Rolle zu. Damit konnte in der Gleichgewichtsmodellierung gezeigt werden, daß nicht nur der Terminpreis von der Risikoaversion der Produzenten abhängig ist, sondern auch alle auf diesem Terminpreis basierende Größen. Insbesondere wird die optimale Produktionshöhe von den konkreten Risikoaversionskoeffizienten der Produzenten mitbestimmt, unabhängig davon, ob am Terminmarkt gleichzeitig gehedgt wird oder nicht.

Bei der Analyse der herkömmlichen Modelle wurde weiterhin gezeigt, daß die häufig propagierte vollständige Absicherung der Produktionsmenge sich lediglich in wenigen Spezialfällen als optimal erweist. Im Gleichgewichtsmodell mit rationalen Erwartungen beschränkt sich die Möglichkeit des 100%-Routine-Hedge sogar ausschließlich auf den Grenzfall der Nullproduktion, ist somit praktisch bedeutungslos. Um das in der Praxis vermeintlich vielfach beobachtete Phänomen des 1:1-Hedge[2] zu erklären, entwickelte Lien (2000) kürzlich einen interessanten, zum Modell des Abschnitts 2.2 parallelen Ansatz, der die Entscheidungsfindung eines Produzenten unter Unsicherheit im engeren Sinne[3] untersucht. Einer Maximin-Strategie folgend, werden Produktionsmenge und Hedgevolumen simultan bestimmt. Dabei wird die optimale Produktionsmenge analog zu den Modellen der Abschnitte 2.2 und 4.2 derart festgelegt, daß die Grenzkosten der Produktion dem sicheren Terminpreis entsprechen. Jedoch ist die vollständige Absicherung der Produktionsmenge mittels Forward-Kontrakten nicht nur im Falle martingaleffizienter Terminmärkte, sondern in einem größeren Bereich des Terminpreises optimal. Das Intervall, in dem der Terminpreis liegen muß, um 100%-Hedge als Optimallösung zu erhalten, wird von der Volatilität des Kassapreises bestimmt. Je volatiler der Kassapreis ist, desto größer ist dieser Bereich und umso wahrscheinlicher ist, daß vollständige Absicherung der Produktionsmenge die Optimallösung ist. Das in der Praxis beobachtbare Verhalten mancher Produzenten, ihre gesamte Produktionsmenge abzusichern, läßt sich also vermutlich darauf zurückführen, daß sie sich in Wirklichkeit nicht in einer Risikosituation sondern in einer Ungewißheitssituation befinden. Diese Ungewißheitssituation ist oftmals darauf zurückzuführen, daß der Produzent über keine verwertbaren Daten oder über mangelnde Kenntnisse (beziehungsweise mangelndes Interesse) bei der Verwendung der Daten für die Schätzung der erforderlichen Parameter verfügt. Dieses Problem betrifft oftmals betriebliche Entscheidungen, zu deren Lösung zumeist Entscheidungshilfen aus der

[2]Bereits Working (1962) betont jedoch, daß eine vollständige Absicherung auch empirisch lediglich die Ausnahme darstellt: „*Outside the grain and cotton trades, which appear to be the principal ones in which routine hedging is accepted as standard practice in most parts of the country, selectivity in hedging is so common as to suggest that in a considerable number of futures markets the greater part of the short hedging done may be selective.*"; Working (1962), S. 440.

[3]Unsicherheit im engeren Sinne, auch als Ungewißheit oder Knight´sche Unsicherheit bezeichnet, liegt vor, wenn der Entscheider über die Wahrscheinlichkeit der Umweltzustände keine Aussage treffen kann. Vgl. z.B. Bamberg/Coenenberg (2000), S. 128 ff.

Risikotheorie angeboten werden. Der Schlüssel zur Lösung einiger bislang unerklärbarer Phänomene liegt möglicherweise in der Betrachtung von Entscheidungsproblemen unter Ungewißheit.

Anhang A

Beweise und Berechnungen in den herkömmlichen Modellen

A.1 Hybrides Modell

Beweis Lemma 1 : [1]

Zu zeigen ist, daß für normalverteilte Zufallsvariablen $\tilde{X}$ mit Erwartungswert $\mathrm{E}\left[\tilde{X}\right]$ und Varianz $\mathrm{Var}\left[\tilde{X}\right]$ die Beziehung $\mathrm{E}\left[e^{\tilde{X}}\right] = e^{\mathrm{E}[\tilde{X}]+\frac{1}{2}\mathrm{Var}[\tilde{X}]}$ gilt.

Werden Erwartungswert und Standardabweichung der Zufallsvariablen mit μ und σ bezeichnet, so ist die Dichtefunktion der Normalverteilung durch die Funktion

$$f(x) = \frac{1}{\sqrt{2\pi}\sigma} e^{\frac{(x-\mu)^2}{2\sigma^2}} \tag{A.1}$$

definiert.

Ist $g : \mathbb{R} \to \mathbb{R}$ eine reellwertige Funktion von X, mit der Eigenschaft, daß X und $Y = g(X)$ Zufallsvariablen sind, so läßt sich der Erwartungswert von Y gemäß

[1] Vgl. Bamberg (1986), S. 47 f.

$$\mathrm{E}[Y] = \mathrm{E}[g(X)] = \int_{-\infty}^{\infty} g(x)f(x)\,dx \tag{A.2}$$

berechnen.[2]

Im vorliegenden Fall gilt

$$\mathrm{E}\left[e^{\tilde{X}}\right] = \frac{1}{\sqrt{2\pi}\sigma} \int_{-\infty}^{\infty} e^{z} \cdot e^{-\frac{1}{2}\left(\frac{z-\mu}{\sigma}\right)^2} dz\ . \tag{A.3}$$

Die Variablensubstitution $\hat{z} := \frac{z-\mu}{\sigma}$, durch die die normalverteilte Zufallsvariable z in die standardnormalverteilte Zufallsvariable $\hat{z}$ transformiert wird, und bei der die Beziehung $dz = \sigma\ d\hat{z}$ zu beachten ist, ergibt

$$\begin{aligned} \mathrm{E}\left[e^{\tilde{X}}\right] &= \frac{1}{\sqrt{2\pi}} \int_{-\infty}^{\infty} e^{\sigma\hat{z}+\mu} \cdot e^{-\frac{1}{2}\hat{z}^2} d\hat{z} \\ &= \frac{1}{\sqrt{2\pi}} \int_{-\infty}^{\infty} e^{\mu+\sigma\hat{z}-\frac{1}{2}\hat{z}^2} d\hat{z}\ . \end{aligned} \tag{A.4}$$

Eine quadratische Ergänzung im Integranden resultiert in

$$\begin{aligned} \mathrm{E}\left[e^{\tilde{X}}\right] &= \frac{1}{\sqrt{2\pi}} \int_{-\infty}^{\infty} e^{\mu-\frac{1}{2}\left(\hat{z}^2\ -2\sigma\hat{z}+\sigma^2\right)+\frac{1}{2}\sigma^2} d\hat{z} \\ &= \frac{1}{\sqrt{2\pi}} \int_{-\infty}^{\infty} e^{\mu+\frac{1}{2}\sigma^2} \cdot e^{-\frac{1}{2}(\hat{z}-\sigma)^2} d\hat{z} \\ &= e^{\mu+\frac{1}{2}\sigma^2} \cdot \frac{1}{\sqrt{2\pi}} \int_{-\infty}^{\infty} e^{-\frac{1}{2}(\hat{z}-\sigma)^2} d\hat{z}\ . \end{aligned} \tag{A.5}$$

---

[2]Vgl. z.B. Bamberg/Baur (1996), S. 120.

Wird erneut eine Variablensubstitution $\hat{z} - \sigma =: y$ durchgeführt, muß nun die Beziehung $d\hat{z} = dy$ beachtet werden.

$$\mathrm{E}\left[e^{\tilde{X}}\right] = e^{\mu + \frac{1}{2}\sigma^2} \cdot \frac{1}{\sqrt{2\pi}} \int\limits_{-\infty}^{\infty} e^{-\frac{1}{2}y^2} dy \tag{A.6}$$

Die Funktion $\frac{1}{\sqrt{2\pi}} \int\limits_{-\infty}^{\infty} e^{-\frac{1}{2}y^2} dy$ gibt den Wert der Verteilungsfunktion von y an der Stelle ∞ an. Dieser Wert ist auf 1 normiert. Folglich resultiert

$$\mathrm{E}\left[e^{\tilde{X}}\right] = e^{\mu + \frac{1}{2}\sigma^2} \tag{A.7}$$

beziehungsweise

$$\mathrm{E}\left[e^{\tilde{X}}\right] = e^{\mathrm{E}[\tilde{X}] + \frac{1}{2}\mathrm{Var}[\tilde{X}]} . \tag{A.8}$$

Q.E.D.

A.2 „Allgemeinere" Variante eines Modells der Produktionsentscheidung ohne Terminmarkt

Die Annahme einer exponentiellen Nutzenfunktion ist nicht zwingend notwendig. Bei normalverteiltem Kassapreis und Zugrundelegung einer beliebigen Nutzenfunktion kann alternativ auch lediglich angenommen werden, die Entscheidung über die zu produzierende Menge sei separierbar von allen anderen Entscheidungen des Produzenten.[3] Dann ergibt die Maximierung des Erwartungsnutzens des Endvermögens die notwendige Bedingung

[3] Bei Annahme der exponentiellen Nutzenfunktion ist diese Annahme nicht notwendig, sondern das Resultat der konstanten absoluten Risikoaversion des Produzenten.

$$\frac{\partial \mathrm{E}[U(\tilde{z})]}{\partial x} = \mathrm{E}\left[U'(\tilde{z})\left(\tilde{p}_k \frac{\alpha^2}{2}\left(\alpha^2 x + \frac{\beta^2\alpha^4}{4}\right)^{-\frac{1}{2}} - 1\right)\right] \stackrel{!}{=} 0 \qquad \text{(A.9)}$$

Unter der Annahme einer strikt konkaven Nutzenfunktion ist wegen der strikten Konvexität der Kostenfunktion die Bedingung zweiter Ordnung für ein Maximum erfüllt.

Umformung von (A.9) liefert die Bedingung

$$\begin{aligned} &\mathrm{E}[U'(\tilde{z})] \cdot \mathrm{E}\left[\tilde{p}_k \frac{\alpha^2}{2}\left(\alpha^2 x + \frac{\beta^2\alpha^4}{4}\right)^{-\frac{1}{2}} - 1\right] \\ &+ \mathrm{Cov}\left[U'(\tilde{z}), \tilde{p}_k \frac{\alpha^2}{2}\left(\alpha^2 x + \frac{\beta^2\alpha^4}{4}\right)^{-\frac{1}{2}} - 1\right] \stackrel{!}{=} 0 \end{aligned} \qquad \text{(A.10)}$$

Um den Kovarianzterm auflösen zu können, bedarf es des folgenden

Lemma 2 („Stein/Rubinstein-Lemma")

[4] *Sind $\tilde{x}$ und $\tilde{y}$ normalverteilte Zufallsvariablen, und $f(\tilde{y})$ eine fast beliebige*[5], *mindestens einmal differenzierbare Funktion von $\tilde{y}$, so gilt die Beziehung*

[4]Vgl. Rubinstein (1976), S. 421, Stein (1974), S. 351 und Wei/Lee (1988), S. 1266 ; bezüglich der Nichterfordernis des Vorliegens einer (nichtdegenerierten) bivariaten Normalverteilung siehe auch Fn. 6 und den Beweis.

[5]Das Lemma kann angewandt werden, wenn

$$-\mathrm{Cov}[\tilde{x}, \tilde{y}]\, f(\tilde{y}) n(\tilde{y})\Big|_{-\infty}^{+\infty} = 0 \qquad \text{(A.11)}$$

ist. $n(\tilde{y})$ bezeichnet dabei die Dichtefunktion der (eindimensionalen) Normalverteilung von $\tilde{y}$:

$$n(\tilde{y}) = \frac{1}{\sqrt{2\pi \mathrm{Var}[\tilde{y}]}} \exp\left\{-\frac{(\tilde{y} - \mathrm{E}[\tilde{y}])^2}{2\mathrm{Var}[\tilde{y}]}\right\} \qquad \text{(A.12)}$$

Die Gleichung (A.11) gilt für jede nach oben und nach unten beschränkte Funktion $f(\tilde{y})$. Ist $f(\tilde{y})$ nach unten und/oder nach oben unbeschränkt, so darf sie höchstens von der Ordnung $o\left(\exp\left(y^2\right)\right)$ sein, um die Bedingung (A.11) zu erfüllen.

$$Cov[f(\tilde{y}), \tilde{x}] = E[f'(\tilde{y})]\, Cov[\tilde{x}, \tilde{y}] \tag{A.13}$$

Beweis:[6]

Sind $\tilde{x}$ und $\tilde{y}$ zwei beliebige Zufallsvariablen, so ist $\tilde{x}$ immer als Linearkombination der Zufallsvariablen $\tilde{y}$ und einer (von $\tilde{y}$ unabhängigen) Zufallsvariablen $\tilde{e}$ darstellbar. Es ist ausreichend, daß $\tilde{e} := \tilde{x} - a - b\tilde{y}$ und $b := \frac{\text{Cov}[\tilde{x},\tilde{y}]}{\text{Var}[\tilde{y}]}$ gesetzt wird. Dann ist

$$\begin{aligned} \text{Cov}[\tilde{x}, f(\tilde{y})] &= \text{Cov}[a + b\tilde{y} + \tilde{e}, f(\tilde{y})] \\ &= b\text{Cov}[\tilde{y}, f(\tilde{y})] + \text{Cov}[\tilde{e}, f(\tilde{y})] \ . \end{aligned} \tag{A.14}$$

$\tilde{x}$ und $\tilde{y}$ seinen nun zusätzlich als normalverteilt unterstellt. Dann sind $\tilde{e}$ und $\tilde{y}$ wegen

$$\begin{aligned} \text{Cov}[\tilde{e}, \tilde{y}] &= \text{Cov}[\tilde{x} - a - b\tilde{y}, \tilde{y}] \\ &= \text{Cov}[\tilde{x}, \tilde{y}] - b\text{Var}[\tilde{y}] \\ &= \text{Cov}[\tilde{x}, \tilde{y}] - \frac{\text{Cov}[\tilde{x}, \tilde{y}]}{\text{Var}[\tilde{y}]}\text{Var}[\tilde{y}] \\ &= 0 \end{aligned} \tag{A.15}$$

unabhängig.[7] Dies ist äquivalent zu der Aussage, daß $\text{Cov}[f(\tilde{y}), g(\tilde{e})] = 0$ ist, wobei $f(\cdot)$ und $g(\cdot)$ zwei beliebige Funktionen sind.[8] Deshalb gilt $\text{Cov}[\tilde{x}, f(\tilde{y})] = b\text{Cov}[\tilde{y}, f(\tilde{y})]$.

---

[6] Der Beweis folgt Ingersoll (1987), S. 13. Jedoch wird hier gezeigt, daß die in der Literatur geforderte Annahme nach einer (nichtdegenerierten) bivariaten Normalverteilung zwischen den beiden Zufallsvariablen nicht notwendig ist, um die Beziehung (A.13) abzuleiten.

[7] Vgl. Bronstein et. al (1999), S. 773.

[8] Vgl. Ingersoll (1987), S. 15.

Dann ist aber

$$\begin{aligned}\mathrm{Cov}[\tilde{x}, f(\tilde{y})] &= b\mathrm{Cov}[\tilde{y}, f(\tilde{y})] \\ &= b\mathrm{E}[(\tilde{y} - \mathrm{E}[\tilde{y}])\, f(\tilde{y})] \\ &= b \int_{-\infty}^{+\infty} (y - \mathrm{E}[\tilde{y}])\, f(\tilde{y}) n(\tilde{y}) dy \ ,\end{aligned} \tag{A.16}$$

wobei

$$n(\tilde{y}) = \frac{1}{\sqrt{2\pi \mathrm{Var}[\tilde{y}]}} \exp\left\{-\frac{(\tilde{y} - \mathrm{E}[\tilde{y}])^2}{2\mathrm{Var}[\tilde{y}]}\right\} \tag{A.17}$$

die Dichtefunktion der (eindimensionalen) Normalverteilung von $\tilde{y}$ bezeichnet.

Wird

$$\begin{aligned}\frac{\mathrm{d}n(\tilde{y})}{\mathrm{d}y} &= \frac{1}{\sqrt{2\pi \mathrm{Var}[\tilde{y}]}} \exp\left\{-\frac{(\tilde{y} - \mathrm{E}[\tilde{y}])^2}{2\mathrm{Var}[\tilde{y}]}\right\} (-2) \left(\frac{(\tilde{y} - \mathrm{E}[\tilde{y}])}{2\mathrm{Var}[\tilde{y}]}\right) \\ &= -\frac{(\tilde{y} - \mathrm{E}[\tilde{y}])^2}{2\mathrm{Var}[\tilde{y}]} n(\tilde{y})\end{aligned} \tag{A.18}$$

in (A.16) eingesetzt, so resultiert

$$\begin{aligned}\mathrm{Cov}[\tilde{x}, f(\tilde{y})] &= b \int_{-\infty}^{+\infty} (\tilde{y} - \mathrm{E}[\tilde{y}])\, f(\tilde{y}) \frac{\mathrm{d}n(\tilde{y})}{\mathrm{d}y} \left(-\frac{\mathrm{Var}[\tilde{y}]}{\tilde{y} - \mathrm{E}[\tilde{y}]}\right) \mathrm{d}y \\ &= -b\mathrm{Var}[\tilde{y}] \int_{-\infty}^{+\infty} f(\tilde{y})\, \mathrm{d}n(\tilde{y}) \ .\end{aligned} \tag{A.19}$$

Partielle Integration liefert

$$
\begin{aligned}
\operatorname{Cov}[\tilde{x}, f(\tilde{y})] &= -b\operatorname{Var}[\tilde{y}]\, f(\tilde{y})n(\tilde{y})\Big|_{-\infty}^{+\infty} + b\operatorname{Var}[\tilde{y}] \int_{-\infty}^{+\infty} f'(\tilde{y})n(\tilde{y})\, \mathrm{d}y \\
&= -\operatorname{Cov}[\tilde{x}, \tilde{y}]\, f(\tilde{y})n(\tilde{y})\Big|_{-\infty}^{+\infty} + \operatorname{Cov}[\tilde{x}, \tilde{y}] \int_{-\infty}^{+\infty} f'(\tilde{y})n(\tilde{y})\, \mathrm{d}y \\
&= -\operatorname{Cov}[\tilde{x}, \tilde{y}]\, f(\tilde{y})n(\tilde{y})\Big|_{-\infty}^{+\infty} + \operatorname{Cov}[\tilde{x}, \tilde{y}]\, \mathrm{E}[f'(\tilde{y})] \ .
\end{aligned}
\tag{A.20}
$$

Ist $f(\tilde{y})$ eine nach unten und nach oben beschränkte Funktion, oder ist $f(\tilde{y})$ zwar nach oben und/oder nach unten unbeschränkt, gilt aber $f(\tilde{y}) \leq o\left(\exp\left(y^2\right)\right)$, so ist $-\operatorname{Cov}[\tilde{x}, \tilde{y}]\, f(\tilde{y})n(\tilde{y})\Big|_{-\infty}^{+\infty} = 0$ und somit

$$
\operatorname{Cov}[\tilde{x}, f(\tilde{y})] = \operatorname{Cov}[\tilde{x}, \tilde{y}]\, \mathrm{E}[f'(\tilde{y})] \tag{A.21}
$$

Q.E.D.

Mit Hilfe dieses Lemmas kann nun der Kovarianzterm der Gleichung (A.10) aufgelöst werden. Die erste Voraussetzung für die Anwendbarkeit des Lemma 2 ist, daß $\tilde{z} = q(x)\tilde{p}_k - x - \gamma$ und $\left[\tilde{p}_k \frac{\alpha^2}{2}\left(\alpha^2 x + \frac{\beta^2\alpha^4}{4}\right)^{-\frac{1}{2}} - 1\right]$ normalverteilt sind. Diese Bedingung ist erfüllt, da die beiden Zufallsvariablen bivariat normalverteilt sind. Sie sind degeneriert (bzw. singulär) bivariat normalverteilt[9], da wegen der linearen Abhängigkeit zwischen den beiden Zufallsvariablen die Varianz-/Kovarianzmatrix der gemeinsamen Verteilung nicht wie für nicht degenerierte Verteilungen gefordert positiv definit, sondern nur positiv semidefinit ist. Eine weitere Voraussetzung der Anwendbarkeit erfordert die Annahme, daß die 1. Ableitung der Nutzenfunktion $U'(\tilde{z})$ entweder nach oben und nach unten beschränkt oder nach unten und/oder nach oben unbeschränkt, jedoch höchstens von der Ordnung $o\left(\exp\left(y^2\right)\right)$ ist. Dann liefert die Anwendung der Beziehung (A.13)

[9] Vgl. DeGroot (1970), S. 53 und Mittelhammer (1996), S. 152 ff..

$$\begin{aligned} &\mathrm{E}[U'(\tilde{z})] \cdot \mathrm{E}\left[\tilde{p}_k \frac{\alpha^2}{2}\left(\alpha^2 x + \frac{\beta^2\alpha^4}{4}\right)^{-\frac{1}{2}} - 1\right] \\ &+ \mathrm{E}[U''(\tilde{z})] \operatorname{Cov}\left[\tilde{z}, \tilde{p}_k \frac{\alpha^2}{2}\left(\alpha^2 x + \frac{\beta^2\alpha^4}{4}\right)^{-\frac{1}{2}} - 1\right] \stackrel{!}{=} 0 \,. \end{aligned} \tag{A.22}$$

Wird nach der Produktionsmenge aufgelöst

$$q(x^*) = \begin{cases} \dfrac{\mathrm{E}[\tilde{p}_k] - \beta}{\frac{2}{\alpha^2} + \left(-\frac{\mathrm{E}[U''(\tilde{z})]}{\mathrm{E}[U'(\tilde{z})]}\right)\mathrm{Var}[\tilde{p}_k]} & \text{falls } \mathrm{E}[\tilde{p}_k] > \beta \\ 0 & \text{sonst} \end{cases} \tag{A.23}$$

resultiert für $\xi = -\frac{\mathrm{E}[U''(\tilde{z})]}{\mathrm{E}[U'(\tilde{z})]}$ die Gleichung (2.19), somit das Ergebnis des Abschnitts 2.1.

A.3 Bedingung 2. Ordnung im Modell ohne Terminmarkt

Umformung der notwendigen Bedingung ergibt

$$\begin{aligned} \frac{\partial \Phi(\tilde{z}(x))}{\partial x} &= \left(\alpha^2 x + \frac{\beta^2\alpha^4}{4}\right)^{-\frac{1}{2}} \left(\frac{\alpha^2}{2}\mathrm{E}[\tilde{p}_k] + \xi\frac{\alpha^4\beta}{4}\mathrm{Var}[\tilde{p}_k]\right) \\ &\quad - 1 - \xi\frac{\alpha^2}{2}\mathrm{Var}[\tilde{p}_k] \\ &= 0 \,. \end{aligned} \tag{A.24}$$

Die hinreichende Bedingung für ein Maximum

$$\begin{aligned} \frac{\partial^2 \Phi(\tilde{z}(x))}{\partial x^2} &= -\frac{\alpha^4}{4}\left(\mathrm{E}[\tilde{p}_k] + \xi\frac{\alpha^2\beta}{2}\mathrm{Var}[\tilde{p}_k]\right)\left(\alpha^2 x + \frac{\beta^2\alpha^4}{4}\right)^{-\frac{3}{2}} \\ &< 0 \end{aligned} \tag{A.25}$$

ist erfüllt.

A.4 Bedingungen 2. Ordnung im Modell mit Terminmarkt

Die hinreichende Bedingung für ein Maximum erfordert, daß die Hesse-Matrix

$$H = \begin{pmatrix} H_{11} & H_{21} \\ H_{12} & H_{22} \end{pmatrix}$$

mit $H_{11} := \dfrac{\partial^2 \hat{\Phi}(\tilde{z})}{\partial x^2}$, $H_{22} := \dfrac{\partial^2 \hat{\Phi}(\tilde{z})}{\partial y^2}$, $H_{12} := \dfrac{\partial^2 \hat{\Phi}(\tilde{z})}{\partial x \partial y}$ und $H_{21} := \dfrac{\partial^2 \hat{\Phi}(\tilde{z})}{\partial y \partial x}$

negativ definit ist, daß also folgende Bedingungen erfüllt werden:

1. $H_{11} < 0$,
2. $H_{22} < 0$ und
3. $H_{11}H_{22} - H_{12}H_{21} > 0$.

Die Prüfung der 1. Bedingung erfordert die partielle Ableitung von

$$\begin{aligned} H_1 = \frac{\partial \hat{\Phi}(\tilde{z}(x,y))}{\partial x} &= \frac{1}{2}\alpha^2 \mathrm{E}[\tilde{p}_k]\left(\alpha^2 x + \frac{\beta^2\alpha^4}{4}\right)^{-\frac{1}{2}} - 1 - \xi\frac{\alpha^2}{2}\mathrm{Var}[\tilde{p}_k] \\ &+ \xi\frac{\alpha^4\beta}{4}\mathrm{Var}[\tilde{p}_k]\left(\alpha^2 x + \frac{\beta^2\alpha^4}{4}\right)^{-\frac{1}{2}} \\ &+ \xi\frac{\alpha^2}{2} y \mathrm{Var}[\tilde{p}_k]\left(\alpha^2 x + \frac{\beta^2\alpha^4}{4}\right)^{-\frac{1}{2}} \end{aligned} \tag{A.26}$$

nach x.

$$\begin{aligned} H_{11} &= \frac{\partial^2 \hat{\Phi}(\tilde{z}(x,y))}{\partial x^2} = \\ &= -\frac{\alpha^4}{4}\left[\mathrm{E}[\tilde{p}_k] + \xi\frac{\alpha^2\beta}{2}\mathrm{Var}[\tilde{p}_k] + \xi\mathrm{Var}[\tilde{p}_k]\, y\right] \cdot \\ &\cdot \left(\alpha^2 x + \frac{\beta^2\alpha^4}{4}\right)^{-\frac{3}{2}} \end{aligned} \tag{A.27}$$

ergibt, daß $H_{11} < 0$ gilt, wenn

$$\mathrm{E}[\tilde{p}_k] + \xi \frac{\alpha^2 \beta}{2} \mathrm{Var}[\tilde{p}_k] + \xi \mathrm{Var}[\tilde{p}_k]\, y > 0 \tag{A.28}$$

ist, folglich wenn

$$y > -\left(\frac{\mathrm{E}[\tilde{p}_k]}{\xi \mathrm{Var}[\tilde{p}_k]} + \frac{\alpha^2 \beta}{2}\right) \tag{A.29}$$

erfüllt ist.

Da gemäß Gleichung (2.34)

$$y^{**} = \frac{p_{f_0} - \mathrm{E}[\tilde{p}_k]}{\xi \mathrm{Var}[\tilde{p}_k]} + \frac{\alpha^2}{2}(p_{f_0} - \beta) \tag{A.30}$$

gilt, ist obige Bedingung immer erfüllt, wenn $p_{f_0} > 0$ ist.

Die Prüfung der 2. Bedingung benötigt die partielle Ableitung von

$$\begin{aligned} H_2 = \frac{\partial \hat{\Phi}(\tilde{z}(x,y))}{\partial y} &= -\mathrm{E}[\tilde{p}_k] + p_{f_0} - \xi \frac{\alpha^2 \beta}{2} \mathrm{Var}[\tilde{p}_k] - \xi \mathrm{Var}[\tilde{p}_k]\, y \\ &+ \xi \mathrm{Var}[\tilde{p}_k] \left(\alpha^2 x + \frac{\beta^2 \alpha^4}{4}\right)^{\frac{1}{2}} \end{aligned} \tag{A.31}$$

nach y.

$$H_{22} = \frac{\partial^2 \hat{\Phi}(\tilde{z}(x,y))}{\partial y^2} = -\xi \mathrm{Var}[\tilde{p}_k] < 0 \tag{A.32}$$

ist unter den getroffenen Annahmen[10] erfüllt.

[10] Insbesondere muß der Produzent risikoavers sein ($\xi > 0$)!

Um die 3. Bedingung prüfen zu können, werden zunächst die Kreuzableitungen H_{12} und H_{21} gebildet.

$$\begin{aligned} H_{12} &= \frac{\partial^2 \hat{\Phi}\left(\tilde{z}\left(x,y\right)\right)}{\partial x \partial y} = \\ H_{21} &= \frac{\partial^2 \hat{\Phi}\left(\tilde{z}\left(x,y\right)\right)}{\partial y \partial x} = \xi \frac{\alpha^2}{2} \mathrm{Var}[\tilde{p}_k] \left(\alpha^2 x + \frac{\beta^2 \alpha^4}{4}\right)^{-\frac{1}{2}} \end{aligned} \tag{A.33}$$

Die Bedingung $H_{11}H_{22} > H_{12}H_{21}$ bedeutet, daß die Ungleichung

$$\begin{aligned} & -\frac{\alpha^4}{4}\left(\alpha^2 x + \frac{\beta^2\alpha^4}{4}\right)^{-\frac{3}{2}} \left[\mathrm{E}[\tilde{p}_k] + \xi\frac{\alpha^2\beta}{2}\mathrm{Var}[\tilde{p}_k] + \xi \mathrm{Var}[\tilde{p}_k]\, y\right] \left(-\xi \mathrm{Var}[\tilde{p}_k]\right) \\ & > \left(\xi \frac{\alpha^2}{2}\mathrm{Var}[\tilde{p}_k]\left(\alpha^2 x + \frac{\beta^2\alpha^4}{4}\right)^{-\frac{1}{2}}\right)^2 \end{aligned} \tag{A.34}$$

erfüllt sein muß. Sie ist gleichbedeutend mit

$$y > -\left(\frac{\mathrm{E}[\tilde{p}_k]}{\xi \mathrm{Var}[\tilde{p}_k]} + \frac{\alpha^2\beta}{2}\right) + \left(\alpha^2 x + \frac{\beta^2\alpha^4}{4}\right)^{\frac{1}{2}} \tag{A.35}$$

beziehungsweise mit

$$y > -\frac{\mathrm{E}[\tilde{p}_k]}{\xi \mathrm{Var}[\tilde{p}_k]} + q\left(x^{**}\right) . \tag{A.36}$$

Aufgrund Gleichung (2.34) in Verbindung mit (2.33) ist diese Bedingung für alle $p_{f_0} > 0$ erfüllt.

Die hinreichende Bedingung für das Vorliegen eines Maximums ist somit erfüllt.

Anhang B

Beweise und Berechnungen im Gleichgewichtsmodell ohne Terminmarkt

B.1 Bedingung 2. Ordnung

Die für ein Maximum hinreichende Bedingung

$$\begin{aligned}\frac{\partial^2 \Phi_{REE}\left(\tilde{z}_i\right)}{\partial x_i^2} &= -\frac{\alpha^4}{4}\left(\alpha^2 x_i + \frac{\beta^2\alpha^4}{4}\right)^{-\frac{3}{2}} \left(\mathrm{E}\left[\tilde{p}_k \middle| \tilde{v}_i = v_i, REE\right]\right. \\ &\quad \left. - \frac{\alpha^6\beta}{8}\xi \mathrm{Var}\left[\tilde{p}_k \middle| \tilde{v}_i = v_i, REE\right]\right)\left(\alpha^2 x_i + \frac{\beta^2\alpha^4}{4}\right)^{-\frac{3}{2}} \\ &< 0\end{aligned} \tag{B.1}$$

ist erfüllt.

B.2 Beweis der Sätze 1 und 2

Satz 1:

Sei $h_i\left(\tilde{v}_i, \sum_{i=1}^{N} \tilde{v}_i \middle| \tilde{\eta} = \eta\right)$ *die unter der Realisation des Zufallsvariablen* $\tilde{\eta}$ *bedingte gemeinsame Dichtefunktion von* $\tilde{v}_i$ *und* $\sum_{i=1}^{N} \tilde{v}_i$.

Dann ist $\sum_{i=1}^{N} v_i$ *eine suffiziente Statistik für* $h_i\left(\tilde{v}_i, \sum_{i=1}^{N} \tilde{v}_i \middle| \tilde{\eta} = \eta\right)$.

Beweis:[1]

Bekanntlich[2] ist z eine suffiziente Statistik für $f_i\left(y_i, z \middle| x\right)$, falls Funktionen $g_1(\cdot)$ und $g_2(\cdot)$ existieren, mit

$$f_i\left(y_i, z \middle| x\right) = g_1(\cdot) \cdot g_2(\cdot) \quad \forall\ y_i\ ,\ z$$

Wir müssen also zeigen, daß für alle $\tilde{v}_i$ und $\sum_{i=1}^{N} \tilde{v}_i$ Funktionen $g_1(\cdot) : \mathbb{R}^2 \rightarrow \mathbb{R}$ und $g_2(\cdot) : \mathbb{R}^2 \rightarrow \mathbb{R}$ derart angegeben werden können, daß

$$h_i\left(\tilde{v}_i, \sum_{i=1}^{N} \tilde{v}_i \middle| \tilde{\eta} = \eta\right) = g_1\left(\tilde{v}_i, \sum_{i=1}^{N} \tilde{v}_i\right) \cdot g_2\left(\sum_{i=1}^{N} \tilde{v}_i, \eta\right)$$

gilt.

Per Annahme ist $\check{\mathbf{V}} = \left(\tilde{v}_1, \tilde{v}_2, \cdots, \tilde{v}_N, \tilde{\eta}\right)$ multivariat normalverteilt. Die Zufallsvariablen $\tilde{v}_i$ $(i = 1, ..., N)$ und $\tilde{\eta}$ sind somit bivariat normalverteilt.[3]

[1] Die Beweisführung der Sätze 1 und 2 folgt Grossman (1976), S. 578-580. Vgl. auch Huang/Litzenberger (1988), S. 272 ff.. Die dort geführten Beweise werden lediglich auf das konkrete Modell übertragen.

[2] Vgl. z.B. Mood/Graybill (1963), S. 168 f..

[3] Vgl. Feller (1971), S. 87.

Dann ist $\tilde{v}_i$ bedingt unter η normalverteilt[4], mit dem Erwartungswert $\mathrm{E}\left[\tilde{v}_i|\eta\right]$ und der Varianz $\mathrm{Var}\left[\tilde{v}_i|\eta\right]$.

Der bedingte Erwartungswert berechnet sich zu

$$\begin{aligned} \mathrm{E}\left[\tilde{v}_i|\eta\right] &= \mathrm{E}\left[\tilde{\eta}+\tilde{w}_i|\eta\right] \\ &= \mathrm{E}\left[\tilde{\eta}|\eta\right]+\mathrm{E}\left[\tilde{w}_i|\eta\right] \ . \end{aligned} \tag{B.2}$$

Da $\mathrm{E}\left[\tilde{\eta}|\eta\right]=\eta$ ist[5] und aufgrund der Unabhängigkeit der Zufallsvariablen $\tilde{w}_i$ $(i=1,...,N)$ und $\tilde{\eta}$ ferner $\mathrm{E}\left[\tilde{w}_i|\eta\right]=\mathrm{E}[\tilde{w}_i]$ gilt[6], ergibt sich

$$\begin{aligned} \mathrm{E}\left[\tilde{v}_i|\eta\right] &= \eta+\mathrm{E}[\tilde{w}_i] \\ &= \eta \end{aligned} \tag{B.3}$$

Die Berechnung der bedingten Varianz erfolgt analog. Hier muß ebenfalls berücksichtigt werden, daß $\tilde{w}_i$ $(i=1,...,N)$ und $\tilde{\eta}$ unabhängig und damit auch unkorreliert sind.

$$\begin{aligned} \mathrm{Var}\left[\tilde{v}_i|\eta\right] &= \mathrm{Var}\left[\tilde{\eta}+\tilde{w}_i|\eta\right] \\ &= \mathrm{Var}\left[\tilde{\eta}|\eta\right]+\mathrm{Var}\left[\tilde{w}_i|\eta\right]+2\mathrm{Cov}\left[\tilde{\eta},\tilde{w}_i|\eta\right] \\ &= \mathrm{Var}[\tilde{w}_i] \\ &= \sigma_w^2 \end{aligned} \tag{B.4}$$

$\sum_{i=1}^{N}\tilde{v}_i$ ist eine Linearkombination normalverteilter Zufallsvariablen $\tilde{v}_i$ und somit auch normalverteilt. Wegen der Annahme, $\check{\mathbf{V}}=\left(\tilde{v}_1,\tilde{v}_2,\cdots,\tilde{v}_N,\tilde{\eta}\right)$ sei multivariat normalverteilt, sind auch $\tilde{\eta}$ und $\sum_{i=1}^{N}\tilde{v}_i$ gemeinsam normalverteilt[7].

[4] Vgl. z.B. Schlittgen (1993), S. 249.
[5] Vgl. z.B. Karlin/Taylor (1975), S. 9.
[6] Vgl. z.B. Karlin/Taylor (1975), S. 9.
[7] Vgl. Feller (1971), S. 87.

Dann gilt für den unter η bedingten Erwartungswert

$$\begin{aligned}
\mathrm{E}\left[\sum_{i=1}^{N} \tilde{v}_i \,\middle|\, \eta\right] &= \mathrm{E}\left[\sum_{i=1}^{N} (\tilde{\eta} + \tilde{w}_i) \,\middle|\, \eta\right] \\
&= \mathrm{E}\left[N\tilde{\eta} \middle| \eta\right] + \mathrm{E}\left[\sum_{i=1}^{N} \tilde{w}_i \,\middle|\, \eta\right] \\
&= N\mathrm{E}\left[\tilde{\eta} \middle| \eta\right] + \mathrm{E}\left[\sum_{i=1}^{N} \tilde{w}_i\right] \\
&= N\eta + \sum_{i=1}^{N} \mathrm{E}[\tilde{w}_i] \\
&= N\eta
\end{aligned} \tag{B.5}$$

und für die unter η bedingte Varianz

$$\begin{aligned}
\mathrm{Var}\left[\sum_{i=1}^{N} \tilde{v}_i \,\middle|\, \eta\right] &= \mathrm{Var}\left[\sum_{i=1}^{N} (\tilde{\eta} + \tilde{w}_i) \,\middle|\, \eta\right] \\
&= \mathrm{Var}\left[N\tilde{\eta} + \sum_{i=1}^{N} \tilde{w}_i \,\middle|\, \eta\right] \\
&= N^2\mathrm{Var}\left[\tilde{\eta} \middle| \eta\right] + \mathrm{Var}\left[\sum_{i=1}^{N} \tilde{w}_i \,\middle|\, \eta\right] + 2N\mathrm{Cov}\left[\tilde{\eta}, \sum_{i=1}^{N} \tilde{w}_i \,\middle|\, \eta\right] \\
&= \mathrm{Var}\left[\sum_{i=1}^{N} \tilde{w}_i\right] \\
&= N\mathrm{Var}[\tilde{w}_i] \\
&= N\sigma_w^2 \quad .
\end{aligned} \tag{B.6}$$

Die unter η bedingte Kovarianz zwischen $\tilde{v}_i$ und $\sum_{i=1}^{N} \tilde{v}_i$ beträgt

$$\begin{aligned}
\operatorname{Cov}\left[\tilde{v}_i, \sum_{i=1}^{N} \tilde{v}_i \,\middle|\, \eta\right] &= \operatorname{Cov}\left[\tilde{\eta} + \tilde{w}_i, \sum_{i=1}^{N} (\tilde{\eta} + \tilde{w}_i) \,\middle|\, \eta\right] \\
&= \operatorname{Cov}\left[\tilde{\eta} + \tilde{w}_i, N\tilde{\eta} + \sum_{i=1}^{N} \tilde{w}_i \,\middle|\, \eta\right] \\
&= \operatorname{Cov}\left[N\tilde{\eta}, \tilde{\eta} \middle| \eta\right] + \operatorname{Cov}\left[N\tilde{\eta}, \tilde{w}_i \middle| \eta\right] \\
&+ \operatorname{Cov}\left[\tilde{\eta}, \sum_{i=1}^{N} \tilde{w}_i \,\middle|\, \eta\right] + \operatorname{Cov}\left[\tilde{w}_i, \sum_{i=1}^{N} \tilde{w}_i \,\middle|\, \eta\right] \qquad \text{(B.7)} \\
&= N\operatorname{Var}\left[\tilde{\eta} \middle| \eta\right] + N\operatorname{Cov}\left[\tilde{\eta}, \tilde{w}_i \middle| \eta\right] \\
&+ \operatorname{Cov}\left[\tilde{\eta}, \sum_{i=1}^{N} \tilde{w}_i \,\middle|\, \eta\right] + \operatorname{Cov}\left[\tilde{w}_i, \sum_{i=1}^{N} \tilde{w}_i \,\middle|\, \eta\right] \\
&= \operatorname{Var}[\tilde{w}_i] \\
&= \sigma_w^2
\end{aligned}$$

Bedingt unter η sind $\tilde{v}_i$ und $\sum_{i=1}^{N} \tilde{v}_i$ gemeinsam normalverteilt mit Erwartungswertvektor $\begin{pmatrix} \eta \\ N\eta \end{pmatrix}$ und Varianz-Kovarianzmatrix $\begin{pmatrix} \sigma_w^2 & \sigma_w^2 \\ \sigma_w^2 & N\sigma_w^2 \end{pmatrix}$. Die bedingte Dichte ist[8]

$$\begin{aligned}
h_i\left(\tilde{v}_i, \sum_{i=1}^{N} \tilde{v}_i \,\middle|\, \eta\right) &= (2\pi)^{-1} \begin{vmatrix} \sigma_w^2 & \sigma_w^2 \\ \sigma_w^2 & N\sigma_w^2 \end{vmatrix}^{-\frac{1}{2}} \cdot \\
&\cdot \exp\left\{ -\frac{1}{2} \begin{pmatrix} \tilde{v}_i - \eta \\ \sum_{i=1}^{N} \tilde{v}_i - N\eta \end{pmatrix}' \begin{pmatrix} \sigma_w^2 & \sigma_w^2 \\ \sigma_w^2 & N\sigma_w^2 \end{pmatrix}^{-1} \begin{pmatrix} \tilde{v}_i - \eta \\ \sum_{i=1}^{N} \tilde{v}_i - N\eta \end{pmatrix} \right\}
\end{aligned} \qquad \text{(B.8)}$$

Nach einigen Umformungen erhält man

[8] Vgl. z.B. DeGroot (1970), S. 51.

$$h_i\left(\tilde{v}_i, \sum_{i=1}^{N} \tilde{v}_i \middle| \eta\right) = (2\pi)^{-1} \frac{1}{\sigma_w^2 \sqrt{N-1}} \exp\left\{\frac{1}{\sigma_w^2 (N-1)} \cdot \left[N\tilde{v}_i^2 - \tilde{v}_i \sum_{i=1}^{N} \tilde{v}_i + \left(\sum_{i=1}^{N} \tilde{v}_i\right)^2 - 2(N-1)\eta \sum_{i=1}^{N} \tilde{v}_i + N(N-1)\eta^2\right]\right\} \tag{B.9}$$

Werden nun $g_1\left(\tilde{v}_i, \sum_{i=1}^{N} \tilde{v}_i\right)$ und $g_2\left(\sum_{i=1}^{N} \tilde{v}_i, \eta\right)$ als

$$g_1\left(\tilde{v}_i, \sum_{i=1}^{N} \tilde{v}_i\right) = = (2\pi)^{-1} \frac{1}{\sigma_w^2 \sqrt{N-1}} \exp\left\{\frac{1}{\sigma_w^2 (N-1)} \left[N\tilde{v}_i^2 - \tilde{v}_i \sum_{i=1}^{N} \tilde{v}_i\right]\right\} \tag{B.10}$$

und

$$g_2\left(\sum_{i=1}^{N} \tilde{v}_i, \eta\right) = \exp\left\{\frac{1}{\sigma_w^2 (N-1)} \left[\left(\sum_{i=1}^{N} \tilde{v}_i\right)^2 - 2(N-1)\eta \sum_{i=1}^{N} \tilde{v}_i + N(N-1)\eta^2\right]\right\} \tag{B.11}$$

definiert, so gilt:

$$h_i\left(\tilde{v}_i, \sum_{i=1}^{N} \tilde{v}_i \middle| \eta\right) = g_1\left(\tilde{v}_i, \sum_{i=1}^{N} \tilde{v}_i\right) \cdot g_2\left(\sum_{i=1}^{N} \tilde{v}_i, \eta\right) \tag{B.12}$$

Q.E.D.

Satz 2:
Sei $m\left(\tilde{\eta}\,\middle|\,\sum_{i=1}^{N} v_i\right)$ *die unter der Realisation von* $\sum_{i=1}^{N} \tilde{v}_i$ *bedingte Dichtefunktion von* $\tilde{\eta}$, *und* $\hat{m}\left(\tilde{\eta}\,\middle|\,v_i, \sum_{i=1}^{N} v_i\right)$ *die durch die Realisationen von* $\tilde{v}_i$ *und* $\sum_{i=1}^{N} \tilde{v}_i$ *bedingte Dichtefunktion von* $\tilde{\eta}$.

Dann gilt

$$\hat{m}\left(\tilde{\eta}\,\middle|\,v_i, \sum_{i=1}^{N} v_i\right) = m\left(\tilde{\eta}\,\middle|\,\sum_{i=1}^{N} v_i\right) \tag{B.13a}$$

und somit

$$E\left[\tilde{\eta}\,\middle|\,v_i, \sum_{i=1}^{N} v_i\right] = E\left[\tilde{\eta}\,\middle|\,\sum_{i=1}^{N} v_i\right] \tag{B.13b}$$

und

$$Var\left[\tilde{\eta}\,\middle|\,v_i, \sum_{i=1}^{N} v_i\right] = Var\left[\tilde{\eta}\,\middle|\,\sum_{i=1}^{N} v_i\right] \tag{B.13c}$$

Beweis:[9]
Der Beweis wird mit Hilfe des Bayes'schen Satzes geführt. Wird mit $g(\tilde{\eta})$ die Randwahrscheinlichkeitsdichtefunktion von $\tilde{\eta}$ bezeichnet, so ergibt sich nach der Regel von Bayes die durch v_i und $\sum_{i=1}^{N} v_i$ bedingte Dichte von $\tilde{\eta}$ als

$$\hat{m}\left(\tilde{\eta}\,\middle|\,v_i, \sum_{i=1}^{N} v_i\right) = \frac{g(\tilde{\eta})\, h_i\left(\tilde{v}_i, \sum_{i=1}^{N} \tilde{v}_i \,\middle|\, \eta\right)}{\int_{-\infty}^{\infty} g(\tilde{\eta})\, h_i\left(\tilde{v}_i, \sum_{i=1}^{N} \tilde{v}_i \,\middle|\, \eta\right) d\eta}\,. \tag{B.14}$$

[9]Die Beweisführung der Sätze 1 und 2 folgt Grossman (1976), S. 578-580. Vgl. auch Huang/Litzenberger (1988), S. 272 ff.. Die dort geführten Beweise werden lediglich auf das konkrete Modell übertragen.

Wird für $h_i\left(\tilde{v}_i, \sum_{i=1}^{N}\tilde{v}_i \middle| \eta\right)$ der Term $g_1\left(\tilde{v}_i, \sum_{i=1}^{N}\tilde{v}_i\right)\cdot g_2\left(\sum_{i=1}^{N}\tilde{v}_i, \eta\right)$ substituiert, so folgt

$$\hat{m}\left(\tilde{\eta} \middle| v_i, \sum_{i=1}^{N} v_i\right) = \frac{g(\tilde{\eta})\, g_1\left(\tilde{v}_i, \sum_{i=1}^{N}\tilde{v}_i\right) g_2\left(\sum_{i=1}^{N}\tilde{v}_i, \eta\right)}{\int_{-\infty}^{\infty} g(\tilde{\eta})\, g_1\left(\tilde{v}_i, \sum_{i=1}^{N}\tilde{v}_i\right) g_2\left(\sum_{i=1}^{N}\tilde{v}_i, \eta\right) \mathrm{d}\eta}\,. \tag{B.15}$$

Da $g_1(\cdot)$ nicht von η abhängt, läßt sie sich kürzen. Folglich resultiert für $\hat{m}(\cdot)$

$$\hat{m}\left(\tilde{\eta} \middle| v_i, \sum_{i=1}^{N} v_i\right) = \frac{g(\tilde{\eta})\, g_2\left(\sum_{i=1}^{N}\tilde{v}_i, \eta\right)}{\int_{-\infty}^{\infty} g(\tilde{\eta})\, g_2\left(\sum_{i=1}^{N}\tilde{v}_i, \eta\right) \mathrm{d}\eta}\,. \tag{B.16}$$

Wird mit $f\left(\sum_{i=1}^{N}\tilde{v}_i \middle| \eta\right)$ die unter der Realisation von $\tilde{\eta}$ bedingte Wahrscheinlichkeitsdichtefunktion von $\sum_{i=1}^{N}\tilde{v}_i$ bezeichnet, so ergibt sich ebenfalls nach der Regel von Bayes

$$m\left(\tilde{\eta} \middle| \sum_{i=1}^{N} v_i\right) = \frac{g(\tilde{\eta})\, f\left(\sum_{i=1}^{N}\tilde{v}_i \middle| \eta\right)}{\int_{-\infty}^{\infty} g(\tilde{\eta})\, f\left(\sum_{i=1}^{N}\tilde{v}_i \middle| \eta\right) \mathrm{d}\eta}\,, \tag{B.17}$$

wobei

$$\begin{aligned} f\left(\sum_{i=1}^{N}\tilde{v}_i \middle| \eta\right) &= \int_{-\infty}^{\infty} h_l\left(\tilde{v}_l, \sum_{i=1}^{N}\tilde{v}_i \middle| \eta\right) \mathrm{d}v_l \\ &= \int_{-\infty}^{\infty} g_1\left(\tilde{v}_l, \sum_{i=1}^{N}\tilde{v}_i\right) g_2\left(\sum_{i=1}^{N}\tilde{v}_i, \eta\right) \mathrm{d}v_l \qquad \text{(B.18)} \\ &= g_2\left(\sum_{i=1}^{N}\tilde{v}_i, \eta\right) \int_{-\infty}^{\infty} g_1\left(\tilde{v}_l, \sum_{i=1}^{N}\tilde{v}_i\right) \mathrm{d}v_l \end{aligned}$$

und folglich

$$
\begin{aligned}
m\left(\tilde{\eta}\left|\sum_{i=1}^{N} v_i\right.\right) &= \frac{g(\tilde{\eta})\, g_2\left(\sum\limits_{i=1}^{N} \tilde{v}_i, \eta\right) \int\limits_{-\infty}^{\infty} g_1\left(\tilde{v}_l, \sum\limits_{i=1}^{N} \tilde{v}_i\right) \mathrm{d}v_l}{\int\limits_{-\infty}^{\infty} g(\tilde{\eta})\, g_2\left(\sum\limits_{i=1}^{N} \tilde{v}_i, \eta\right) \left[\int\limits_{-\infty}^{\infty} g_1\left(\tilde{v}_l, \sum\limits_{i=1}^{N} \tilde{v}_i\right) \mathrm{d}v_l\right] \mathrm{d}\eta} \\
&= \frac{g(\tilde{\eta})\, g_2\left(\sum\limits_{i=1}^{N} \tilde{v}_i, \eta\right)}{\int\limits_{-\infty}^{\infty} g(\tilde{\eta})\, g_2\left(\sum\limits_{i=1}^{N} \tilde{v}_i, \eta\right) \mathrm{d}\eta} \,.
\end{aligned}
\tag{B.19}
$$

Damit gilt

$$
\hat{m}\left(\tilde{\eta}\left| v_i, \sum_{i=1}^{N} v_i\right.\right) = m\left(\tilde{\eta}\left|\sum_{i=1}^{N} v_i\right.\right) \,. \tag{B.20}
$$

Q.E.D.

B.3 Bedingte Erwartungswerte und Varianzen

Im folgenden Abschnitt werden der bedingte Erwartungswert $\mathrm{E}\left[\tilde{\eta}\left|\sum\limits_{i=1}^{N} v_i\right.\right]$ und die bedingte Varianz $\mathrm{Var}\left[\tilde{\eta}\left|\sum\limits_{i=1}^{N} v_i\right.\right]$ ermittelt.[10]

Die Nachfrageveränderungsvariable $\tilde{\eta}$ ist eine normalverteilte Zufallsvariable. $\sum\limits_{i=1}^{N} \tilde{v}_i$ ist eine Linearkombination normalverteilter Zufallsvariablen $\tilde{v}_i$, ist also auch normalverteilt. Da ferner die Zeilenvektoren $\hat{\mathbf{V}} = \left(\tilde{v}_1, \tilde{v}_2, \cdots, \tilde{v}_N\right)$

[10] Zu der allgemeinen Ermittlung bedingter Erwartungswerte und Varianzen bei multivariat normalverteilten Zufallsvariablen siehe beispielsweise Anderson (1984), S. 35 ff. und Schlittgen (1993), S. 249.

und $\check{\mathbf{V}} = \left(\tilde{v}_1, \tilde{v}_2, \cdots, \tilde{v}_N, \tilde{\eta}\right)$ als multivariat normalverteilte Zufallsgrößen (Zufallsvektoren) angenommen wurden, sind auch $\tilde{\eta}$ und $\sum_{i=1}^{N} \tilde{v}_i$ gemeinsam normalverteilt[11], mit den Parametern $\mathrm{E}[\tilde{\eta}]$, $\mathrm{E}\left[\sum_{i=1}^{N} \tilde{v}_i\right]$, $\mathrm{Var}[\tilde{\eta}]$, $\mathrm{Var}\left[\sum_{i=1}^{N} \tilde{v}_i\right]$ und $\mathrm{Corr}\left[\tilde{\eta}, \sum_{i=1}^{N} \tilde{v}_i\right] \neq 0$. Später wird gezeigt, daß $\mathrm{Corr}\left[\tilde{\eta}, \sum_{i=1}^{N} \tilde{v}_i\right] = \frac{1}{N\sigma_\eta^2 + \sigma_w^2}$ ist.

Dann gilt aber, daß auch die bedingte Dichte $\hat{f}\left(\tilde{\eta} \,\middle|\, \sum_{i=1}^{N} v_i\right)$ eine Normalverteilungsdichte mit den Parametern

$$\mathrm{E}\left[\tilde{\eta} \,\middle|\, \sum_{i=1}^{N} v_i\right] = \mathrm{E}[\tilde{\eta}] + \frac{\mathrm{Cov}\left[\tilde{\eta}, \sum_{i=1}^{N} \tilde{v}_i\right]}{\mathrm{Var}\left[\sum_{i=1}^{N} \tilde{v}_i\right]} \left[\left(\sum_{i=1}^{N} v_i\right) - \mathrm{E}\left[\sum_{i=1}^{N} \tilde{v}_i\right]\right] \tag{B.21a}$$

und

$$\mathrm{Var}\left[\tilde{\eta} \,\middle|\, \sum_{i=1}^{N} v_i\right] = \mathrm{Var}[\tilde{\eta}] \cdot \left(1 - \left(\mathrm{Corr}\left[\tilde{\eta}, \sum_{i=1}^{N} \tilde{v}_i\right]\right)^2\right) \tag{B.21b}$$

darstellt.

Die Ermittlung des bedingten Erwartungswertes $\mathrm{E}\left[\tilde{\eta} \,\middle|\, \sum_{i=1}^{N} v_i\right]$ erfordert demnach die Berechnung der Parameter $\mathrm{E}[\tilde{\eta}]$, $\mathrm{E}\left[\sum_{i=1}^{N} \tilde{v}_i\right]$, $\mathrm{Cov}\left[\tilde{\eta}, \sum_{i=1}^{N} \tilde{v}_i\right]$ und $\mathrm{Var}\left[\sum_{i=1}^{N} \tilde{v}_i\right]$.

Der (unbedingte) Erwartungswert des Nachfrageveränderungsvariablen $\tilde{\eta}$ ist per Annahme gleich Null.

$$\mathrm{E}[\tilde{\eta}] = 0 \tag{B.22}$$

[11] Vgl. Feller (1971), S. 87.

Bei der Berechnung von $\mathrm{E}\left[\sum_{i=1}^{N}\tilde{v}_i\right]$ muß beachtet werden, daß die Störvariablen $\tilde{w}_i$ identisch und voneinander unabhängig (i.i.d.) normalverteilt sind, wobei $\mathrm{E}[\tilde{w}_i] = 0$ als Annahme getroffen wurde.

$$\begin{aligned}
\mathrm{E}\left[\sum_{i=1}^{N}\tilde{v}_i\right] &= \mathrm{E}\left[\sum_{i=1}^{N}(\tilde{\eta}+\tilde{w}_i)\right] \\
&= N\mathrm{E}[\tilde{\eta}] + \mathrm{E}\left[\sum_{i=1}^{N}\tilde{w}_i\right] \\
&= 0 + \sum_{i=1}^{N}\mathrm{E}[\tilde{w}_i] \\
&= 0
\end{aligned} \tag{B.23}$$

In die Ermittlung der Kovarianz $\mathrm{Cov}\left[\tilde{\eta}, \sum_{i=1}^{N}\tilde{v}_i\right]$ geht zusätzlich die Annahme mit ein, daß die Nachfrageveränderungsvariable $\tilde{\eta}$ von den einzelnen Störtermen der Produzenten $\tilde{w}_i$ unabhängig und damit auch nicht mit ihnen korreliert ist.

$$\begin{aligned}
\mathrm{Cov}\left[\tilde{\eta}, \sum_{i=1}^{N}\tilde{v}_i\right] &= \mathrm{Cov}\left[\tilde{\eta}, \sum_{i=1}^{N}(\tilde{\eta}+\tilde{w}_i)\right] \\
&= \mathrm{Cov}\left[\tilde{\eta}, N\tilde{\eta} + \sum_{i=1}^{N}\tilde{w}_i\right] \\
&= \mathrm{Cov}[\tilde{\eta}, N\tilde{\eta}] + \mathrm{Cov}\left[\tilde{\eta}, \sum_{i=1}^{N}\tilde{w}_i\right] \\
&= N\mathrm{Var}[\tilde{\eta}] + 0 \\
&= N\sigma_{\eta}^2
\end{aligned} \tag{B.24}$$

Die (unbedingte) Varianz $\mathrm{Var}\left[\sum_{i=1}^{N}\tilde{v}_i\right]$ läßt sich als

$$\begin{aligned}
\operatorname{Var}\left[\sum_{i=1}^{N}\tilde{v}_i\right] &= \operatorname{Var}\left[\sum_{i=1}^{N}(\tilde{\eta}+\tilde{w}_i)\right] \\
&= \operatorname{Var}\left[N\tilde{\eta}+\sum_{i=1}^{N}\tilde{w}_i\right] \\
&= N^2\operatorname{Var}[\tilde{\eta}] + \operatorname{Var}\left[\sum_{i=1}^{N}\tilde{w}_i\right] + 2\operatorname{Cov}\left[N\tilde{\eta},\sum_{i=1}^{N}\tilde{w}_i\right] \\
&= N^2\sigma_\eta^2 + \sum_{i=1}^{N}\sum_{k=1}^{N}\operatorname{Cov}[\tilde{w}_i,\tilde{w}_k] + 2N\operatorname{Cov}\left[\tilde{\eta},\sum_{i=1}^{N}\tilde{w}_i\right] \\
&= N^2\sigma_\eta^2 + N\sigma_w^2
\end{aligned} \tag{B.25}$$

berechnen, indem ferner beachtet wird, daß die Störterme $\tilde{w}_i$ untereinander nicht korreliert sind, und aus diesem Grund $\sum_{i=1}^{N}\sum_{k=1}^{N}\operatorname{Cov}[\tilde{w}_i,\tilde{w}_k]$ der N-fachen Varianz von $\tilde{w}_i$ entspricht.

Durch Einsetzen der berechneten Werte in (B.21a) ergibt sich schließlich der bedingte Erwartungswert als

$$\begin{aligned}
\mathrm{E}\left[\tilde{\eta}\,\middle|\,\sum_{i=1}^{N}v_i\right] &= \frac{N\sigma_\eta^2}{N^2\sigma_\eta^2+N\sigma_w^2}\left(\sum_{i=1}^{N}v_i\right) \\
&= \frac{\sigma_\eta^2}{N\sigma_\eta^2+\sigma_w^2}\left(\sum_{i=1}^{N}v_i\right) \quad .
\end{aligned} \tag{B.26}$$

Für die Berechnung der bedingten Varianz $\operatorname{Var}\left[\tilde{\eta}\,\middle|\,\sum_{i=1}^{N}v_i\right]$ ist zunächst eine Umformung erforderlich.

$$\mathrm{Var}\left[\tilde{\eta}\,\middle|\,\sum_{i=1}^{N} v_i\right] = \mathrm{Var}[\tilde{\eta}]\cdot\left(1-\left[\mathrm{Corr}\left[\tilde{\eta},\sum_{i=1}^{N}\tilde{v}_i\right]\right]^2\right)$$
$$= \mathrm{Var}[\tilde{\eta}] - \mathrm{Var}[\tilde{\eta}]\,\frac{\left(\mathrm{Cov}\left[\tilde{\eta},\sum_{i=1}^{N}\tilde{v}_i\right]\right)^2}{\mathrm{Var}\left[\sum_{i=1}^{N}\tilde{v}_i\right]\mathrm{Var}[\tilde{\eta}]} \tag{B.27}$$
$$= \mathrm{Var}[\tilde{\eta}] - \frac{\left(\mathrm{Cov}\left[\tilde{\eta},\sum_{i=1}^{N}\tilde{v}_i\right]\right)^2}{\mathrm{Var}\left[\sum_{i=1}^{N}\tilde{v}_i\right]}$$

Setzt man die gegebenen oder bereits berechneten Ausdrücke

$$\mathrm{Var}[\tilde{\eta}] = \sigma_\eta^2 \quad, \mathrm{Cov}\left[\tilde{\eta},\sum_{i=1}^{N}\tilde{v}_i\right] = N\sigma_\eta^2$$
$$\text{und} \quad \mathrm{Var}\left[\sum_{i=1}^{N}\tilde{v}_i\right] = N^2\sigma_\eta^2 + N\sigma_w^2 \tag{B.28}$$

ein, ergibt sich die bedingte Varianz als

$$\mathrm{Var}\left[\tilde{\eta}\,\middle|\,\sum_{i=1}^{N} v_i\right] = \sigma_\eta^2 - \frac{\left(N\sigma_\eta^2\right)^2}{N^2\sigma_\eta^2 + N\sigma_w^2}$$
$$= \frac{\sigma_\eta^2\sigma_w^2}{N\sigma_\eta^2 + \sigma_w^2} \quad . \tag{B.29}$$

B.4 Komparative Statik der Produktionsmenge

Die Wirkung einer Erhöhung der Anzahl der Produzenten und damit auch der Anzahl der Marktteilnehmer auf die optimale Produktionsmenge des einzelnen Produzenten

$$\begin{aligned}\frac{\partial q\left(x_i^*\right)}{\partial N} = & \frac{-\alpha^2 c}{\left[\left(N\sigma_\eta^2+\sigma_w^2\right)c\left(N\alpha^2+2c\right)+\alpha^2\xi\sigma_\eta^2\sigma_w^2\right]^2}\cdot \\ & \cdot\left\{(a-\beta c)\,\alpha^2\left[c\left(N\sigma_\eta^2+\sigma_w^2\right)^2-\xi\sigma_\eta^2\sigma_w^2\right]\right. \\ & \left.+\left(\sum_{i=1}^N v_i\right)\sigma_\eta^2 c\left[\alpha^2\sigma_w^2+2\alpha^2 N\sigma_\eta^2+2c\sigma_\eta^2\right]\right\} \\ & \gtrless 0\end{aligned} \tag{B.30}$$

ist nicht eindeutig bestimmbar. Die Veränderung hängt von der jeweiligen Realisation der Summe der im Markt vorhandenen Informationen ab. Ist $\sum_{i=1}^N v_i > \frac{(\beta c-a)\left(\frac{\sigma_w^2+N\sigma_\eta^2}{\sigma_\eta^2}-\frac{\xi}{c}\sigma_w^2\right)}{\sigma_w^2+2N\sigma_\eta^2+\frac{2}{\alpha^2}c\sigma_\eta^2}$, so bewirkt die Erhöhung der Anzahl der Produzenten, daß die Produktionsmenge des einzelnen Produzenten ceteris paribus kleiner wird. Ist hingegen $\sum_{i=1}^N v_i < \frac{(\beta c-a)\left(\frac{\sigma_w^2+N\sigma_\eta^2}{\sigma_\eta^2}-\frac{\xi}{c}\sigma_w^2\right)}{\sigma_w^2+2N\sigma_\eta^2+\frac{2}{\alpha^2}c\sigma_\eta^2}$, erhöht sich die optimale Produktionsmenge des einzelnen Produzenten, wenn N steigt. Diese Aussage läßt sich weiter konkretisieren.

1. Ist $(\beta c - a) > 0$, so ist die kritische Schwelle $(\beta c-a)\frac{\frac{\sigma_w^2+N\sigma_\eta^2}{\sigma_\eta^2}-\frac{\xi}{c}\sigma_w^2}{\sigma_w^2+2N\sigma_\eta^2+\frac{2}{\alpha^2}c\sigma_\eta^2}$ niedriger als die Nullproduktionsschwelle[12]. Wird eine positive Produktionsmenge realisiert, ist folglich $\sum_{i=1}^N v_i > \frac{(\beta c-a)\left(\frac{\sigma_w^2+N\sigma_\eta^2}{\sigma_\eta^2}-\frac{\xi}{c}\sigma_w^2\right)}{\sigma_w^2+2N\sigma_\eta^2+\frac{2}{\alpha^2}c\sigma_\eta^2}$ erfüllt. In diesem Fall bewirkt eine Erhöhung der Anzahl der Produzenten eine Verringerung der optimalen Produktionsmenge des einzelnen Produzenten.

[12]Die Produktion wird erst aufgenommen, wenn $\sum_{i=1}^N v_i > (\beta c - a)\left(N + \frac{\sigma_w^2}{\sigma_\eta^2}\right)$ ist. Vgl. Gleichung (4.28) auf S. 110.

2. Ist hingegen $(\beta c - a) < 0$ wird eine Fallunterscheidung notwendig.

   (a) Ist $\sum_{i=1}^{N} v_i > \frac{(\beta c - a)\left(\frac{\sigma_w^2 + N\sigma_\eta^2}{\sigma_\eta^2} - \frac{\xi}{c}\sigma_w^2\right)}{\sigma_w^2 + 2N\sigma_\eta^2 + \frac{2}{\alpha^2}c\sigma_\eta^2}$, so ist das Ergebnis entsprechend dem Fall (1).

   (b) Die Erhöhung von N kann aber auch zu einer Erhöhung der optimalen Produktionsmenge der einzelnen Produzenten führen, und zwar immer dann, wenn zusätzlich zu $(\beta c - a) < 0$ die Realisation der Summe der Informationen im (offenen) Intervall $\left((\beta c - a)\left(N + \frac{\sigma_w^2}{\sigma_\eta^2}\right); \frac{(\beta c - a)\left(\frac{\sigma_w^2 + N\sigma_\eta^2}{\sigma_\eta^2} - \frac{\xi}{c}\sigma_w^2\right)}{\sigma_w^2 + 2N\sigma_\eta^2 + \frac{2}{\alpha^2}c\sigma_\eta^2} \right)$[13] liegt.

Die Wirkung einer infinitesimalen Erhöhung der Unsicherheit[14] der Nachfrageveränderungsvariablen auf die Produktionsmenge des Produzenten i $(i = 1, ..., N)$

$$\begin{aligned}\frac{\partial q(x_i^*)}{\partial \sigma_\eta} = & \frac{-2\alpha^2 c \sigma_\eta \sigma_w^2}{\left[\left(N\sigma_\eta^2 + \sigma_w^2\right) c\left(N\alpha^2 + 2c\right) + \alpha^2 \xi \sigma_\eta^2 \sigma_w^2\right]^2} \cdot \\ & \cdot \left[\alpha^2 \xi \sigma_w^2 (a - \beta c) - \left(\sum_{i=1}^{N} v_i\right) c\left(N\alpha^2 + 2c\right)\right] \\ & \gtrless 0\end{aligned} \tag{B.31}$$

ist nicht eindeutig bestimmbar. Sie zieht eine Verringerung der Produktionsmenge nach sich, wenn $\sum_{i=1}^{N} v_i > (\beta c - a)\frac{\sigma_w^2 \alpha^2 \xi}{N\alpha^2 c + 2c^2}$ gilt. Ist die Realisation der Summe der Informationen kleiner als (gleich) $(\beta c - a)\frac{\sigma_w^2 \alpha^2 \xi}{N\alpha^2 c + 2c^2}$, erhöht sich die Produktionsmenge (bleibt die Produktionsmenge unverändert). Wird die Untersuchung sinnvollerweise auf positive Produktionsmengen beschränkt,

[13]Die untere Intervallgrenze ist negativ während die obere Grenze parameterabhängig negativ oder positiv sein kann. An der unteren Grenze wird nicht produziert. An der oberen Grenze wird bei positiver Produktionsmenge die optimale Produktionsmenge nicht von marginalen Veränderungen der Anzahl der Marktteilnehmer beeinflußt.

[14]Die Standardabweichung des Zufallsvariablen $\tilde{\eta}$ wird erhöht.

demzufolge die Bedingung für die Aufnahme der Produktion[15] mit einbezogen, können die genauen Intervalle angegeben werden, in denen eine infinitesimale Erhöhung von σ_η eine negative beziehungsweise eine positive Wirkung entfaltet. Hierzu ist eine Fallunterscheidung notwendig:

1. Ist $(\beta c - a) > 0$ und gilt

   (a) $\frac{\sigma_\psi^2 \alpha^2 \xi}{N\alpha^2 c + 2c^2} < N + \frac{\sigma_\psi^2}{\sigma_\eta^2}$

   (b) oder zwar $\frac{\sigma_\psi^2 \alpha^2 \xi}{N\alpha^2 c + 2c^2} > N + \frac{\sigma_\psi^2}{\sigma_\eta^2}$ aber $\sum_{i=1}^{N} v_i > (\beta c - a) \frac{\sigma_\psi^2 \alpha^2 \xi}{N\alpha^2 c + 2c^2}$,

   ist die partielle Ableitung der optimalen Produktionsmenge nach der Standardabweichung des Nachfrageveränderungsvariablen negativ; die optimale Produktionshöhe wird niedriger.

   (c) Die infinitesimale Erhöhung der Unsicherheit von $\tilde{\eta}$ induziert nur dann eine höhere Produktionsmenge, wenn wie im Fall (b) $\frac{\sigma_\psi^2 \alpha^2 \xi}{N\alpha^2 c + 2c^2} > N + \frac{\sigma_\psi^2}{\sigma_\eta^2}$ gilt, aber die Realisation der Summe der Informationen in dem Intervall $\left((\beta c - a)\left(N + \frac{\sigma_\psi^2}{\sigma_\eta^2}\right); (\beta c - a) \frac{\sigma_\psi^2 \alpha^2 \xi}{N\alpha^2 c + 2c^2}\right)$ liegt.[16]

2. Ist $(\beta c - a) < 0$ und

   (a) $\frac{\sigma_\psi^2 \alpha^2 \xi}{N\alpha^2 c + 2c^2} > N + \frac{\sigma_\psi^2}{\sigma_\eta^2}$ oder

   (b) $\frac{\sigma_\psi^2 \alpha^2 \xi}{N\alpha^2 c + 2c^2} < N + \frac{\sigma_\psi^2}{\sigma_\eta^2}$ und $\sum_{i=1}^{N} v_i > (\beta c - a) \frac{\sigma_\psi^2 \alpha^2 \xi}{N\alpha^2 c + 2c^2}$,

   so ist die partielle Ableitung $\frac{\partial q(x_i^*)}{\partial \sigma_\eta} < 0$; eine Erhöhung der Standardabweichung von $\tilde{\eta}$ führt zu einer verringerten optimalen Produktionsmenge.

---

[15] Die Bedingung für eine positive Produktionsmenge ist durch $\left(\sum_{i=1}^{N} v_i\right) > (\beta c - a)\left(N + \frac{\sigma_\psi^2}{\sigma_\eta^2}\right)$ gegeben. Vgl. S. 110.

[16] Beide Grenzen des (offenen) Intervalls liegen im positiven Bereich. An der unteren Intervallgrenze wird nicht produziert, an der oberen ist die Produktionsmenge positiv und es gilt $\frac{\partial q(x_i^*)}{\partial \sigma_\eta} = 0$.

(c) Nur wenn $\frac{\sigma_w^2\alpha^2\xi}{N\alpha^2c+2c^2} < N + \frac{\sigma_w^2}{\sigma_\eta^2}$ aber $\sum_{i=1}^{N} v_i \in \left((\beta c - a)\left(N + \frac{\sigma_w^2}{\sigma_\eta^2}\right); (\beta c - a)\frac{\sigma_w^2\alpha^2\xi}{N\alpha^2c+2c^2}\right)$[17] ergibt sich durch die infinitesimale Erhöhung von σ_η eine erhöhte optimale Produktionsmenge.

Genauere Aussagen über die Auswirkungen einer infinitesimalen Variation der Standardabweichung von $\tilde{\eta}$ können nur im konkreten Modell erfolgen. Inwieweit die intuitiv nicht plausiblen Fälle (1c) und (2c) nur Spezialfälle sind, hängt von den konkreten Parameterwerten ab.

Die infinitesimale Erhöhung der Standardabweichung des Zufallsvariablen $\tilde{w}_i$ und damit ein infinitesimal höheres Rauschen in der Informationsvariable $\tilde{v}_i$ der einzelnen Produzenten

$$\begin{aligned}\frac{\partial q\left(x_i^*\right)}{\partial \sigma_w} &= \frac{-2\alpha^2 c\sigma_\eta^2\sigma_w}{\left[\left(N\sigma_\eta^2+\sigma_w^2\right)c\left(N\alpha^2+2c\right)+\alpha^2\xi\sigma_\eta^2\sigma_w^2\right]^2}\cdot \\ &\quad\cdot\left[\left(\sum_{i=1}^{N} v_i\right)\left(N\alpha^2c+2c^2+\alpha^2\xi\sigma_\eta^2\right)+N\alpha^2\xi\sigma_\eta^2\left(a-\beta c\right)\right] \\ &\gtrless 0\end{aligned} \tag{B.32}$$

hat ebenfals keine eindeutige Auswirkung auf die optimale Produktionshöhe des einzelnen Produzenten. Die zusätzliche Unsicherheit in der Information induziert eine Verringerung der optimalen Produktionsmenge, wenn $\sum_{i=1}^{N} v_i > (\beta c - a)\frac{\alpha^2\xi N\sigma_\eta^2}{N\alpha^2c+2c^2+\alpha^2\xi\sigma_\eta^2}$. Gilt hingegen $\sum_{i=1}^{N} v_i < (\beta c - a)\frac{\alpha^2\xi N\sigma_\eta^2}{N\alpha^2c+2c^2+\alpha^2\xi\sigma_\eta^2}$, so wirkt die Erhöhung der Unsicherheit in der Informationskomponente produktionssteigernd. Beachtet man ferner die Nichtnegativitätsbedingung für die Produktionsmenge, ist eine produktionssteigernde Wirkung jedoch nur in bestimmten Parameterkonstellationen möglich.

[17]Die Grenzen dieses Intervalls liegen im negativen Bereich. An der unteren Intervallgrenze ist die optimale Produktionsmenge ebenfalls gleich Null, an der oberen Intervallgrenze wird die optimale Produktionsmege durch eine infinitesimale Variation von σ_η nicht tangiert.

1. Gilt

   (a) $(\beta c - a) > 0$ in Verbindung mit $\frac{\alpha^2 \xi N \sigma_\eta^2}{N\alpha^2 c + 2c^2 + \alpha^2 \xi \sigma_\eta^2} < N + \frac{\sigma_w^2}{\sigma_\eta^2}$

   oder aber

   (b) $(\beta c - a) < 0$ in Verbindung mit $\frac{\alpha^2 \xi N \sigma_\eta^2}{N\alpha^2 c + 2c^2 + \alpha^2 \xi \sigma_\eta^2} > N + \frac{\sigma_w^2}{\sigma_\eta^2}$,

   so bewirkt eine infinitesimale Erhöhung der Standardabweichung von $\tilde{w}$ unabhängig von der Realisation der Summe der Informationen immer eine Verringerung der optimalen Produktionsmenge.

2. Ist hingegen

   (a) $(\beta c - a) > 0$ und $\frac{\alpha^2 \xi N \sigma_\eta^2}{N\alpha^2 c + 2c^2 + \alpha^2 \xi \sigma_\eta^2} > N + \frac{\sigma_w^2}{\sigma_\eta^2}$, sowie
   $\sum_{i=1}^{N} v_i \in \left((\beta c - a) \left(N + \frac{\sigma_w^2}{\sigma_\eta^2} \right); (\beta c - a) \frac{\alpha^2 \xi N \sigma_\eta^2}{N\alpha^2 c + 2c^2 + \alpha^2 \xi \sigma_\eta^2} \right)$[18]

   oder aber

   (b) $(\beta c - a) < 0$ und $\frac{\alpha^2 \xi N \sigma_\eta^2}{N\alpha^2 c + 2c^2 + \alpha^2 \xi \sigma_\eta^2} < N + \frac{\sigma_w^2}{\sigma_\eta^2}$, sowie
   $\sum_{i=1}^{N} v_i \in \left((\beta c - a) \left(N + \frac{\sigma_w^2}{\sigma_\eta^2} \right); (\beta c - a) \frac{\alpha^2 \xi N \sigma_\eta^2}{N\alpha^2 c + 2c^2 + \alpha^2 \xi \sigma_\eta^2} \right)$[19]

   hat die infinitesimale Erhöhung von σ_w eine Erhöhung der optimalen Produktionsmenge zur Folge.

---

[18]Beide Grenzen des Intervalls sind positiv. An der unteren Grenze ist die optimale Produktionsmenge gleich Null. An der oberen Grenze berührt eine infinitesimale Veränderung von σ_w die (positive) Produktionsmenge nicht.

[19]Untere und obere Grenze des Intervalls sind negativ. An der unteren Grenze wird nicht produziert, während an der oberen Grenze die infinitesimale Veränderung von σ_w die (positive) Produktionsmenge nicht verändert.

Die Untersuchung der Auswirkungen der Erhöhung der Preissensitivität c der Nachfragefunktion auf die optimale Produktionshöhe

$$\begin{aligned}\frac{\partial q\left(x_i^*\right)}{\partial c} &= \frac{-\alpha^2}{\left[\left(N\sigma_\eta^2+\sigma_w^2\right)c\left(N\alpha^2+2c\right)+\alpha^2\xi\sigma_\eta^2\sigma_w^2\right]^2}\cdot \\ &\cdot\left\{\left(N\sigma_\eta^2+\sigma_w^2\right)\left[\left(\sum_{i=1}^N v_i\right)\sigma_\eta^2\left(2c^2+\frac{\alpha^2\xi\sigma_w^2}{N\sigma_\eta^2+\sigma_w^2}\right)\right.\right. \\ &\left.\left.+c^2\left(2a+N\alpha^2\beta\right)\left(N\sigma_\eta^2+\sigma_w^2\right)-\alpha^2\xi a\sigma_\eta^2\sigma_w^2\right]\right\} \\ &\gtrless 0\end{aligned} \tag{B.33}$$

ergibt keine eindeutige Lösung. Wird der Parameter c ceteris paribus um eine Einheit erhöht und damit der (negative) Einfluß des Kassapreises auf die Gesamtnachfrage verstärkt,

1. so verringert sich die optimale Produktionsmenge, wenn

   (a) $2c^2\left(N\sigma_\eta^2+\sigma_w^2\right)-\sigma_w^2\alpha^2\xi>0$ und
   $\sum_{i=1}^N v_i > \frac{\frac{\left(N\sigma_\eta^2+\sigma_w^2\right)^2}{\sigma_\eta^2}\left[\frac{a\alpha^2\xi\sigma_\eta^2\sigma_w^2}{N\sigma_\eta^2+\sigma_w^2}-c^2\left(2a+\alpha^2\beta N\right)\right]}{2c^2\left(N\sigma_\eta^2+\sigma_w^2\right)-\sigma_w^2\alpha^2\xi}$

   oder

   (b) $2c^2\left(N\sigma_\eta^2+\sigma_w^2\right)-\sigma_w^2\alpha^2\xi<0$ und
   $\sum_{i=1}^N v_i < \frac{\frac{\left(N\sigma_\eta^2+\sigma_w^2\right)^2}{\sigma_\eta^2}\left[\frac{a\alpha^2\xi\sigma_\eta^2\sigma_w^2}{N\sigma_\eta^2+\sigma_w^2}-c^2\left(2a+\alpha^2\beta N\right)\right]}{2c^2\left(N\sigma_\eta^2+\sigma_w^2\right)-\sigma_w^2\alpha^2\xi}$

   vorliegt.

2. Eine Erhöhung der Produktionsmenge kann wiederum resultieren, wenn

   (a) $2c^2\left(N\sigma_\eta^2+\sigma_w^2\right)-\sigma_w^2\alpha^2\xi>0$ und
   $\sum_{i=1}^N v_i < \frac{\frac{\left(N\sigma_\eta^2+\sigma_w^2\right)^2}{\sigma_\eta^2}\left[\frac{a\alpha^2\xi\sigma_\eta^2\sigma_w^2}{N\sigma_\eta^2+\sigma_w^2}-c^2\left(2a+\alpha^2\beta N\right)\right]}{2c^2\left(N\sigma_\eta^2+\sigma_w^2\right)-\sigma_w^2\alpha^2\xi}$

   oder

(b) $2c^2\left(N\sigma_\eta^2 + \sigma_w^2\right) - \sigma_w^2\alpha^2\xi < 0$ und

$$\sum_{i=1}^{N} v_i > \frac{\frac{\left(N\sigma_\eta^2+\sigma_w^2\right)^2}{\sigma_\eta^2}\left[\frac{a\alpha^2\xi\sigma_\eta^2\sigma_w^2}{N\sigma_\eta^2+\sigma_w^2} - c^2\left(2a+\alpha^2\beta N\right)\right]}{2c^2\left(N\sigma_\eta^2+\sigma_w^2\right)-\sigma_w^2\alpha^2\xi}$$

gilt.

Anhang C

Beweise und Berechnungen im Gleichgewichtsmodell mit Terminmarkt

C.1 Bedingungen 2. Ordnung bei der Optimierung der Produzenten

Die hinreichende Bedingung für ein Maximum erfordert, daß die Hesse-Matrix

$$H = \begin{pmatrix} H_{11} & H_{21} \\ H_{12} & H_{22} \end{pmatrix}$$

$$\text{mit } H_{11} := \frac{\partial^2 \hat{\Phi}_{REE}(\tilde{z}_i)}{\partial x_i^2}, \; H_{22} := \frac{\partial^2 \hat{\Phi}_{REE}(\tilde{z}_i)}{\partial y_{P_i}^2}, \; H_{12} := \frac{\partial^2 \hat{\Phi}_{REE}(\tilde{z}_i)}{\partial x_i \partial y_{P_i}}$$

$$\text{und } H_{21} := \frac{\partial^2 \hat{\Phi}_{REE}(\tilde{z}_i)}{\partial y_{P_i} \partial x_i}$$

negativ definit ist, daß also folgende Bedingungen erfüllt werden:

1. $H_{11} < 0$,

2. $H_{22} < 0$ und

3. $H_{11}H_{22} - H_{12}H_{21} > 0$.

Die Prüfung der 1. Bedingung benötigt die partielle Ableitung von

$$\begin{aligned} H_1 := \frac{\partial \hat{\Phi}_{REE}(\tilde{z}_i)}{\partial x_i} &= \mathrm{E}[\tilde{p}_k \,|REE]\,\frac{1}{2}\alpha^2\left(\alpha^2 x_i + \frac{\beta^2\alpha^4}{4}\right)^{-\frac{1}{2}} \\ &- 1 - \frac{\alpha^2}{2}\xi \mathrm{Var}[\tilde{p}_k \,|REE] \\ &+ \frac{\beta^2\alpha^4}{4}\xi \mathrm{Var}[\tilde{p}_k \,|REE]\left(\alpha^2 x_i + \frac{\beta^2\alpha^4}{4}\right)^{-\frac{1}{2}} \\ &+ \frac{\alpha^2}{2}\xi y_{P_i} \mathrm{Var}[\tilde{p}_k \,|REE]\left(\alpha^2 x_i + \frac{\beta^2\alpha^4}{4}\right)^{-\frac{1}{2}} \\ &= 0 \end{aligned} \tag{C.1}$$

nach x.

$$\begin{aligned} H_{11} := \frac{\partial^2 \hat{\Phi}_{REE}(\tilde{z}_i)}{\partial x_i^2} &= -\left(\alpha^2 x_i + \frac{\beta^2\alpha^4}{4}\right)^{-\frac{3}{2}}\left(\frac{\alpha^4}{4}\mathrm{E}[\tilde{p}_k \,|REE] + \right. \\ &\left. + \frac{\beta\alpha^6}{8}\xi \mathrm{Var}[\tilde{p}_k \,|REE] + \frac{\alpha^4}{4} y_{P_i}\xi \mathrm{Var}[\tilde{p}_k \,|REE]\right) \end{aligned} \tag{C.2}$$

Die Bedingung $H_{11} < 0$ ist erfüllt, wenn

$$\frac{\alpha^4}{4}\mathrm{E}[\tilde{p}_k \,|REE] + \frac{\beta\alpha^6}{8}\xi \mathrm{Var}[\tilde{p}_k \,|REE] + \frac{\alpha^4}{4} y_{P_i}\xi \mathrm{Var}[\tilde{p}_k \,|REE] > 0 \tag{C.3}$$

ist.

Diese Bedingung ist jedoch laut Gleichung (4.54) immer erfüllt, wenn der Futurespreis positiv ist.

Die Prüfung der 2. Bedingung erfordert die partielle Ableitung von

$$H_2 := \frac{\partial \hat{\Phi}_{REE}(\tilde{z}_i)}{\partial y_{P_i}} = -\mathrm{E}[\tilde{p}_k \,|REE] + p_{f_0} + \xi \mathrm{Var}[\tilde{p}_k \,|REE] \left[\left(\alpha^2 x_i + \frac{\beta^2 \alpha^4}{4} \right)^{\frac{1}{2}} - \frac{\beta \alpha^2}{2} - y_{P_i} \right] = 0 \tag{C.4}$$

nach y_{P_i}.

$$H_{22} := \frac{\partial^2 \hat{\Phi}_{REE}(\tilde{z}_i)}{\partial y_{P_i}^2} = -\xi \mathrm{Var}[\tilde{p}_k \,|REE] < 0 \tag{C.5}$$

Die Bedingung $H_{22} < 0$ ist unter den getroffenen Annahmen erfüllt.[1]

Um die 3. Bedingung prüfen zu können, werden zunächst die Kreuzableitungen H_{12} und H_{21} gebildet.

$$\begin{aligned} H_{12} &:= \frac{\partial^2 \hat{\Phi}_{REE}(\tilde{z}_i)}{\partial x_i \partial y_{P_i}} = \\ H_{21} &:= \frac{\partial^2 \hat{\Phi}_{REE}(\tilde{z}_i)}{\partial y_{P_i} \partial x_i} = \\ &= \frac{\alpha^2}{2} \xi \mathrm{Var}[\tilde{p}_k \,|REE] \left(\alpha^2 x_i + \frac{\beta^2 \alpha^4}{4} \right)^{-\frac{1}{2}} > 0 \end{aligned} \tag{C.6}$$

Die Bedingung $H_{11}H_{22} - H_{12}H_{21} > 0$ bedeutet, daß die Ungleichung

$$\begin{aligned} &- \left(\alpha^2 x_i + \frac{\beta^2 \alpha^4}{4} \right)^{-\frac{3}{2}} (-\xi \mathrm{Var}[\tilde{p}_k \,|REE]) \cdot \\ &\cdot \left(\frac{\alpha^4}{4} \mathrm{E}[\tilde{p}_k \,|REE] + \frac{\beta \alpha^6}{8} \xi \mathrm{Var}[\tilde{p}_k \,|REE] + \frac{\alpha^4}{4} y_{P_i} \xi \mathrm{Var}[\tilde{p}_k \,|REE] \right) \\ &> \left[\frac{\alpha^2}{2} \xi \mathrm{Var}[\tilde{p}_k \,|REE] \left(\alpha^2 x_i + \frac{\beta^2 \alpha^4}{4} \right)^{-\frac{1}{2}} \right]^2 \end{aligned} \tag{C.7}$$

[1] Diese Bedingung ist jedoch nur für risikoaverse Produzenten ($\xi > 0$) erfüllt!

erfüllt sein muß. Nach einigen Umformungen ergibt sich die zu untersuchende Bedingung

$$
\begin{aligned}
&\mathrm{E}[\tilde{p}_k \,|REE] + \frac{\beta\alpha^2}{2}\xi \mathrm{Var}[\tilde{p}_k \,|REE] + \xi y_{P_i} \mathrm{Var}[\tilde{p}_k \,|REE] \\
&- \xi \mathrm{Var}[\tilde{p}_k \,|REE] \left(\alpha^2 x_i + \frac{\beta^2\alpha^4}{4}\right)^{\frac{1}{2}} \\
&> 0 \,.
\end{aligned}
\tag{C.8}
$$

Setzt man für $\left(\alpha^2 x_i + \frac{\beta^2\alpha^4}{4}\right)^{\frac{1}{2}}$ den Term $q\left(x_i\right) + \frac{\alpha^2\beta}{2}$ ein, so ergibt sich

$$
\mathrm{E}[\tilde{p}_k \,|REE] + \xi y_{P_i} \mathrm{Var}[\tilde{p}_k \,|REE] - \xi \mathrm{Var}[\tilde{p}_k \,|REE]\, q\left(x_i\right) > 0 \,. \tag{C.9}
$$

Substituiert man schließlich $q\left(x_i\right) + \frac{p_{f_0} - \mathrm{E}[\tilde{p}_k|REE]}{\xi \mathrm{Var}[\tilde{p}_k|REE]}$ für y_{P_i} [2] so reduziert sich die 3. Bedingung auf

$$
p_{f_0} > 0 \,. \tag{C.10}
$$

Die hinreichende Bedingung für das Vorliegen eines Maximums ist somit erfüllt, falls der Terminpreis positiv ist.

C.2 Bedingung 2. Ordnung bei der Optimierung der Spekulanten

Die hinreichende Bedingung der Optimierungsaufgabe des Spekulanten j

$$
\begin{aligned}
\frac{\partial^2 \hat{\Psi}_{REE}\left(\tilde{z}_j\right)}{\partial y_{S_j}^2} &= -\chi \mathrm{Var}[\tilde{p}_k \,|\tilde{v}_j = v_j, REE] \\
&= -\chi \frac{1}{c^2} \mathrm{Var}[\tilde{\eta} \,|\tilde{v}_j = v_j, REE] \\
&< 0
\end{aligned}
\tag{C.11}
$$

ist für risikoaverse Spekulanten ($\chi > 0$) erfüllt.

[2] Vgl. Gleichung (4.54) auf S. 128.

C.3 Optimale Terminmarktposition der Produzenten

Die bedingte optimale Terminmarktposition des Produzenten i $(i = 1, ..., N)$ ist gemäß Gleichung (4.54) als

$$y_{P_i}^{**} = \begin{cases} \frac{\alpha^2}{2}\left(p_{f_0} - \beta\right) + \frac{p_{f_0} - \mathrm{E}[\tilde{p}_k | REE]}{\xi \mathrm{Var}[\tilde{p}_k | REE]} & \text{falls} \quad q\left(x_i^{**}\right) > 0 \\ \\ -\frac{\mathrm{E}[\tilde{p}_k | REE] - p_{f_0}}{\xi \mathrm{Var}[\tilde{p}_k | REE]} & \text{falls} \quad q\left(x_i^{**}\right) = 0 \end{cases} \tag{C.12}$$

gegeben. $y_{P_i}^{**}$ ist in dieser Gleichung eine Funktion bekannter Modellvariablen und der Variablen p_{f_0}, $\mathrm{E}[\tilde{p}_k | REE]$ und $\mathrm{Var}[\tilde{p}_k | REE]$. Im Folgenden werden diese Variablen durch bekannte Modellvariablen dargestellt und dann in die obige Gleichung eingesetzt.

Nach Gleichung (4.79) ist der Terminpreis durch Modellvariablen als

$$p_{f_0} = \frac{N\frac{\alpha^2}{2}\beta\xi\chi\frac{1}{c^2}\frac{\sigma_\eta^2\sigma_w^2}{n\sigma_\eta^2+\sigma_w^2} + (N\chi + n\xi)\left[A + B\beta + \frac{1}{c}\frac{\sigma_\eta^2}{n\sigma_\eta^2+\sigma_w^2}\left(\sum_{j=1}^{n} v_j\right)\right]}{N\frac{\alpha^2}{2}\xi\chi\frac{1}{c^2}\frac{\sigma_\eta^2\sigma_w^2}{n\sigma_\eta^2+\sigma_w^2} + (N\chi + n\xi)(B+1)}. \tag{C.13}$$

darstellbar.

Um die bedingten Variablen $\mathrm{E}[\tilde{p}_k | REE]$ und $\mathrm{Var}[\tilde{p}_k | REE]$ zu berechnen, muß man zunächst auf Satz 4 zurückgreifen. Gemäß Satz 4 gilt

$$\mathrm{E}[\tilde{p}_k\,|REE] = \mathrm{E}\left[\tilde{p}_k \left| \sum_{j=1}^{n} \tilde{v}_j \right.\right]$$

$$\text{und} \tag{C.14}$$

$$\mathrm{Var}[\tilde{p}_k\,|REE] = \mathrm{Var}\left[\tilde{p}_k \left| \sum_{j=1}^{n} \tilde{v}_j \right.\right] \ ,$$

so daß auch der bedingte Erwartungswert und die bedingte Varianz des Kassapreises durch Modellvariablen darstellbar sind.

Gleichung (4.59) stellt den Kassapreis in Abhängigkeit von der Zufallsvariable $\tilde{\eta}$ dar. Wird der unter der Realisation von $\sum\limits_{j=1}^{n} \tilde{v}_j$ bedingte Erwartungswert des Kassapreises gebildet

$$\mathrm{E}\left[\tilde{p}_k \left| \sum_{j=1}^{n} v_j \right.\right] = \frac{a}{c} + \frac{1}{c}\mathrm{E}\left[\tilde{\eta} \left| \sum_{j=1}^{n} \tilde{v}_j \right.\right] - \frac{N\alpha^2}{2c} p_{f_0} + \frac{N\alpha^2}{2c}\beta \tag{C.15}$$

und die bekannten Ausdrücke (4.76) für $\mathrm{E}\left[\tilde{\eta} \left| \sum\limits_{j=1}^{n} v_j \right.\right]$ und (C.13) für p_{f_0} eingesetzt, erhält man

$$\begin{aligned} \mathrm{E}\left[\tilde{p}_k \left| \sum_{j=1}^{n} v_j \right.\right] &= \frac{a}{c} + \frac{1}{c}\frac{\sigma_\eta^2}{n\sigma_\eta^2 + \sigma_w^2} \sum_{j=1}^{n} v_j + \frac{N\alpha^2}{2c}\beta \\ &- \frac{N\alpha^2}{2c} \frac{N\frac{\alpha^2}{2}\beta\xi\chi\frac{1}{c^2}\frac{\sigma_\eta^2\sigma_w^2}{n\sigma_\eta^2+\sigma_w^2} + (N\chi + n\xi)\left[A + B\beta + \frac{1}{c}\frac{\sigma_\eta^2}{n\sigma_\eta^2+\sigma_w^2}\left(\sum\limits_{j=1}^{n} v_j\right)\right]}{N\frac{\alpha^2}{2}\xi\chi\frac{1}{c^2}\frac{\sigma_\eta^2\sigma_w^2}{n\sigma_\eta^2+\sigma_w^2} + (N\chi + n\xi)(B+1)} \ . \end{aligned} \tag{C.16}$$

Nach einigen Umrechnungen resultiert der durch beobachtbare Modellvariablen beschriebene Ausdruck

$$
\begin{aligned}
&\mathrm{E}\left[\tilde{p}_k \,\middle|\, \sum_{j=1}^{n} v_j\right] = \\
&= \frac{1}{N\frac{\alpha^2}{2}\xi\chi\frac{1}{c^2}\frac{\sigma_\eta^2\sigma_w^2}{n\sigma_\eta^2+\sigma_w^2} + (N\chi + n\xi)\left(\frac{N\alpha^2}{2c}+1\right)} \cdot \\
&\cdot \left\{ (N\chi + n\xi)\left[\frac{1}{c}\frac{\sigma_\eta^2}{n\sigma_\eta^2+\sigma_w^2}\sum_{j=1}^{n} v_j + \frac{a}{c} + \frac{N\alpha^2}{2c}\beta\right] \right. \\
&\left. + \frac{a}{c^3}N\frac{\alpha^2}{2}\xi\chi\frac{\sigma_\eta^2\sigma_w^2}{n\sigma_\eta^2+\sigma_w^2} + N\frac{\alpha^2}{2}\xi\chi\frac{1}{c^3}\frac{\sigma_\eta^4\sigma_w^2}{\left(n\sigma_\eta^2+\sigma_w^2\right)^2}\sum_{j=1}^{n} v_j \right\}
\end{aligned} \tag{C.17}
$$

für den bedingten erwarteten Kassapreis.

Analog ergibt sich die bedingte Varianz des Kassapreises.

$$
\begin{aligned}
\mathrm{Var}\left[\tilde{p}_k \,\middle|\, \sum_{j=1}^{n} v_j\right] &= \mathrm{Var}\left[\frac{a}{c} + \frac{1}{c}\tilde{\eta} - \frac{N\alpha^2}{2c}p_{f_0} + \frac{N\alpha^2}{2c}\beta \,\middle|\, \sum_{j=1}^{n} \tilde{v}_j\right] \\
&= \frac{1}{c^2}\mathrm{Var}\left[\tilde{\eta} \,\middle|\, \sum_{j=1}^{n} v_j\right] \\
&= \frac{1}{c^2}\frac{\sigma_\eta^2\sigma_w^2}{n\sigma_\eta^2+\sigma_w^2}
\end{aligned} \tag{C.18}
$$

Werden die Ausdrücke (C.17) und (C.18) in die Gleichung (C.12) eingesetzt, erhält man für die optimale Position des Produzenten i am Terminmarkt

$$
y_{P_i}^{**} = \begin{cases}
\frac{\alpha^2}{2}\frac{n\xi\left(A+\frac{1}{c}\frac{\sigma_\eta^2}{n\sigma_\eta^2+\sigma_w^2}\left(\sum_{j=1}^{n} v_j\right)-\beta\right)}{(N\chi+n\xi)(B+1)+N\frac{\alpha^2}{2}\xi\chi\frac{1}{c^2}\frac{\sigma_\eta^2\sigma_w^2}{n\sigma_\eta^2+\sigma_w^2}} & \text{falls} \quad q\left(x_i^{**}\right) > 0 \\[2em]
-\frac{\alpha^2}{2}\frac{N\chi\left(A+\frac{1}{c}\frac{\sigma_\eta^2}{n\sigma_\eta^2+\sigma_w^2}\left(\sum_{j=1}^{n} v_j\right)-\beta\right)}{(N\chi+n\xi)(B+1)+N\frac{\alpha^2}{2}\xi\chi\frac{1}{c^2}\frac{\sigma_\eta^2\sigma_w^2}{n\sigma_\eta^2+\sigma_w^2}} & \text{falls} \quad q\left(x_i^{**}\right) = 0\,.
\end{cases} \tag{C.19}
$$

C.4 Komparative Statik

C.4.1 Komparative Statik der Produktionsmenge

Die Auswirkung der Variaton der Anzahl der Spekulanten, die dem Markt Informationen zutragen, ist nicht eindeutig. Die partielle Ableitung der optimalen Produktionsmenge nach n

$$
\begin{aligned}
\frac{\partial q\left(x_i^{**}\right)}{\partial n} = & \frac{-\alpha^2 c\sigma_\eta^2}{\left[\left(n\sigma_\eta^2+\sigma_w^2\right)\left(N\chi+n\xi\right)c\left(N\alpha^2+2c\right)+N\alpha^2\xi\chi\sigma_\eta^2\sigma_w^2\right]^2} \cdot \\
& \cdot\left\{\left(\sum_{j=1}^{n} v_j\right)\sigma_\eta^2\left[\left(N\chi+n\xi\right)^2 c\left(2c+N\alpha^2\right)-N\alpha^2\xi^2\chi\sigma_\eta^2\right]\right. \\
& \left.+\left(\beta c-a\right)N\alpha^2\xi\chi\sigma_w^2\left[2n\xi\sigma_\eta^2+N\sigma_\eta^2+\sigma_w^2\right]\right\} \\
& \gtrless 0
\end{aligned} \tag{C.20}
$$

1. ist negativ, wenn

   (a) $\left[\left(N\chi+n\xi\right)^2 c\left(2c+N\alpha^2\right)-N\alpha^2\xi\chi\sigma_\eta^2\right]>0$ und $\sum_{j=1}^{n} v_j > -\left(\beta c-a\right)\frac{N\alpha^2\xi\chi\sigma_w^2\left(2n\xi\sigma_\eta^2+N\sigma_\eta^2+\sigma_w^2\right)}{\sigma_\eta^2\left[\left(N\chi+n\xi\right)^2 c\left(2c+N\alpha^2\right)-N\alpha^2\xi\chi\sigma_\eta^2\right]}$

   oder

   (b) $\left[\left(N\chi+n\xi\right)^2 c\left(2c+N\alpha^2\right)-N\alpha^2\xi\chi\sigma_\eta^2\right]<0$ und $\sum_{j=1}^{n} v_j < -\left(\beta c-a\right)\frac{N\alpha^2\xi\chi\sigma_w^2\left(2n\xi\sigma_\eta^2+N\sigma_\eta^2+\sigma_w^2\right)}{\sigma_\eta^2\left[\left(N\chi+n\xi\right)^2 c\left(2c+N\alpha^2\right)-N\alpha^2\xi\chi\sigma_\eta^2\right]}$

   sind. In diesen Fällen verringert sich die optimale Produktionsmenge des einzelnen Produzenten, wenn mehr Spekulanten im Markt sind.

2. Gilt hingegen

   (a) $\left[\left(N\chi+n\xi\right)^2 c\left(2c+N\alpha^2\right)-N\alpha^2\xi\chi\sigma_\eta^2\right]>0$ und $\sum_{j=1}^{n} v_j < -\left(\beta c-a\right)\frac{N\alpha^2\xi\chi\sigma_w^2\left(2n\xi\sigma_\eta^2+N\sigma_\eta^2+\sigma_w^2\right)}{\sigma_\eta^2\left[\left(N\chi+n\xi\right)^2 c\left(2c+N\alpha^2\right)-N\alpha^2\xi\chi\sigma_\eta^2\right]}$

   oder

(b) $\left[(N\chi + n\xi)^2 c\,(2c + N\alpha^2) - N\alpha^2\xi\chi\sigma_\eta^2\right] < 0$ und
$\sum_{j=1}^{n} v_j > -(\beta c - a)\,\frac{N\alpha^2\xi\chi\sigma_w^2\left(2n\xi\sigma_\eta^2 + N\sigma_\eta^2 + \sigma_w^2\right)}{\sigma_\eta^2\left[(N\chi+n\xi)^2 c(2c+N\alpha^2) - N\alpha^2\xi\chi\sigma_\eta^2\right]}$

, so ist die partielle Ableitung der optimalen Produktionsmenge nach n positiv. Dann wird durch die Erhöhung der Anzahl der Spekulanten eine Erhöhung der optimalen Produktionsmengen der einzelnen Produzenten möglich.

Das Vorzeichen der partiellen Ableitung der optimalen Produktionsmenge nach der Standardabweichung des Nachfrageveränderungsvariablenσ_η

$$\frac{\partial q\left(x_i^{**}\right)}{\partial \sigma_\eta} = \frac{2\alpha^2 c\sigma_\eta\sigma_w^2\,(N\chi + n\xi)}{\left[\left(n\sigma_\eta^2 + \sigma_w^2\right)(N\chi + n\xi)\,c\,(N\alpha^2 + 2c) + N\alpha^2\xi\chi\sigma_\eta^2\sigma_w^2\right]^2} \cdot$$
$$\cdot \left[\left(\sum_{j=1}^{n} v_j\right)(N\chi + n\xi)\,c\left(N\alpha^2 + 2c\right) + N\alpha^2\xi\chi\sigma_w^2\,(\beta c - a)\right]$$
$$\gtrless 0 \tag{C.21}$$

ist nicht eindeutig, die Richtung der Veränderung somit nur für bestimmte Bereiche bestimmbar. Die optimale Produktionsmenge wird durch eine infinitesimal höhere Unsicherheit von $\tilde{\eta}$ höher (niedriger) ausfallen, wenn $\sum_{j=1}^{n} v_j > (\beta c - a)\,\frac{N\alpha^2\chi\xi\sigma_w^2}{(N\chi+n\xi)c(N\alpha^2+2c)}$ $\left(\sum_{j=1}^{n} v_j < (\beta c - a)\,\frac{N\alpha^2\chi\xi\sigma_w^2}{(N\chi+n\xi)c(N\alpha^2+2c)}\right)$ gilt. Wird die Untersuchung negativer Produktionsmengen ausgeschlossen, so muß die Nichtnegativitätsbedingung der Produktionsmenge[3] berücksichtigt werden. Dadurch wird eine Fallunterscheidung notwendig und es ergeben sich folgende Möglichkeiten:

1. Ist $(\beta c - a) > 0$ und gilt

[3]Die Nichtnegativitätsbedingung für die optimale Produktionsmenge lautet: $\left(\sum_{j=1}^{n} v_j\right) > (\beta c - a)\left(n + \frac{\sigma_w^2}{\sigma_\eta^2}\right)$; Vgl. Gleichung 4.83 auf S. 144.

(a) $\left(n + \frac{\sigma_w^2}{\sigma_\eta^2}\right) > \frac{N\alpha^2\chi\xi\sigma_w^2}{(N\chi+n\xi)c(N\alpha^2+2c)}$

oder

(b) $\left(n + \frac{\sigma_w^2}{\sigma_\eta^2}\right) < \frac{N\alpha^2\chi\xi\sigma_w^2}{(N\chi+n\xi)c(N\alpha^2+2c)}$ aber
$\sum_{j=1}^{n} v_j > (\beta c - a)\frac{N\alpha^2\chi\xi\sigma_w^2}{(N\chi+n\xi)c(N\alpha^2+2c)}$,

ergibt sich durch die infinitesimale Erhöhung der Unsicherheit von $\tilde{\eta}$ eine niedrigere optimale Produktionsmenge.

(c) Eine Erhöhung der optimalen Produktionsmenge resultiert nur, wenn zwar $(\beta c - a) > 0$ und $\left(n + \frac{\sigma_w^2}{\sigma_\eta^2}\right) < \frac{N\alpha^2\chi\xi\sigma_w^2}{(N\chi+n\xi)c(N\alpha^2+2c)}$ gilt, die Realisation der Summe der Informationen, $\sum_{j=1}^{n} v_j$, aber im (offenen) Intervall $\left((\beta c - a)\left(n + \frac{\sigma_w^2}{\sigma_\eta^2}\right); (\beta c - a)\frac{N\alpha^2\chi\xi\sigma_w^2}{(N\chi+n\xi)c(N\alpha^2+2c)}\right)$ [4] liegt.

2. Ist $(\beta c - a) < 0$ und

(a) $\left(n + \frac{\sigma_w^2}{\sigma_\eta^2}\right) < \frac{N\alpha^2\chi\xi\sigma_w^2}{(N\chi+n\xi)c(N\alpha^2+2c)}$

oder

(b) $\left(n + \frac{\sigma_w^2}{\sigma_\eta^2}\right) < \frac{N\alpha^2\chi\xi\sigma_w^2}{(N\chi+n\xi)c(N\alpha^2+2c)}$ aber ist
$\sum_{j=1}^{n} v_j > (\beta c - a)\frac{N\alpha^2\chi\xi\sigma_w^2}{(N\chi+n\xi)c(N\alpha^2+2c)}$,

wirkt die Erhöhung von σ_η produktionsmengenverringernd.

(c) Hier ist ebenfalls nur dann eine höhere Produktionsmenge optimal, wenn $\left(n + \frac{\sigma_w^2}{\sigma_\eta^2}\right) < \frac{N\alpha^2\chi\xi\sigma_w^2}{(N\chi+n\xi)c(N\alpha^2+2c)}$ und gleichzeitig

[4] Beide Intervallgrenzen sind positiv. An der unteren Grenze wird nicht produziert, während an der oberen Grenze bei einer positiven optimalen Produktionsmenge die infinitesimale Veränderung von σ_η die optimale Produktionsmenge nicht beeinflußt.

$$\sum_{j=1}^{n} v_j \in \left((\beta c - a)\left(n + \frac{\sigma_w^2}{\sigma_\eta^2}\right); (\beta c - a)\frac{N\alpha^2\chi\xi\sigma_w^2}{(N\chi+n\xi)c(N\alpha^2+2c)}\right)$$ [5] gilt.

Die infinitesimale Erhöhung der Standardabweichung des Zufallsvariablen $\tilde{w}_j$ bedingt ein höheres Rauschen in der Informationsvariable $\tilde{v}_j$ des einzelnen Spekulanten j $(j = 1, ..., n)$ und beeinflußt durch den Preisbildungsprozeß auch die optimale Produktionsmenge des einzelnen Produzenten i $(i = 1, ..., N)$. Die partielle Ableitung der optimalen Produktionsmenge nach σ_w

$$\begin{aligned} \frac{\partial q\left(x_i^{**}\right)}{\partial \sigma_w} = & \frac{-2\alpha^2 c\sigma_\eta^2\sigma_w\left(N\chi + n\xi\right)}{\left[\left(n\sigma_\eta^2 + \sigma_w^2\right)\left(N\chi + n\xi\right)c\left(N\alpha^2 + 2c\right) + N\alpha^2\xi\chi\sigma_\eta^2\sigma_w^2\right]^2} \cdot \\ & \cdot \left[\left(\sum_{j=1}^{n} v_j\right)\left[\left(N\chi + n\xi\right)c\left(N\alpha^2 + 2c\right) + N\alpha^2\xi\chi\sigma_\eta^2\right]\right. \\ & \left. + Nn\alpha^2\xi\chi\sigma_\eta^2\left(a - \beta c\right)\right] \\ & \gtrless 0 \end{aligned} \tag{C.22}$$

läßt jedoch keine eindeutige Aussage über eine negative oder positive Beeinflussung der optimalen Produktionshöhe durch die erhöhte Unsicherheit des Variablen $\tilde{w}_j$ zu. Die infinitesimal höhere Standardabweichung von $\tilde{w}_j$ führt zu einer Verringerung der optimalen Produktionsmenge, wenn $\sum_{j=1}^{n} v_j > (\beta c - a)\frac{Nn\alpha^2\xi\chi\sigma_\eta^2}{(N\chi+n\xi)c(N\alpha^2+2c)+N\alpha^2\xi\chi\sigma_\eta^2}$ gilt. Ist hingegen $\sum_{j=1}^{n} v_j < (\beta c - a)\frac{Nn\alpha^2\xi\chi\sigma_\eta^2}{(N\chi+n\xi)c(N\alpha^2+2c)+N\alpha^2\xi\chi\sigma_\eta^2}$, so wird durch das infinitesimal höhere Rauschen der Information des einzelnen Spekulanten j $(j = 1, ..., n)$ die optimale Produktionsmenge des Produzenten i $(i = 1, ..., N)$ erhöht. Jedoch sind nicht alle Realisationen von $\sum_{j=1}^{n} \tilde{v}_j$ mit der Annahme einer nichtnegativen Produktionsmenge verträglich. Wird die Nichtnegativitätsbedingung der

[5] Beide Intervallgrenzen sind negativ. An der unteren Grenze ist die Unterlassung der Produktion optimal. An der oberen Intervallgrenze wird eine positive Produktionsmenge realisiert. Sie wird von infinitesimalen Variationen von σ_η nicht verändert.

Produktionsmenge[6] in die Analyse mit einbezogen, so können die realisierbaren Fälle abgegrenzt werden:

1. Ist $(\beta c - a) > 0$ und

   (a) $\left(n + \frac{\sigma_w^2}{\sigma_\eta^2}\right) > \frac{Nn\alpha^2\xi\chi\sigma_\eta^2}{(N\chi+n\xi)c(N\alpha^2+2c)+N\alpha^2\xi\chi\sigma_\eta^2}$

   oder zwar

   (b) $\left(n + \frac{\sigma_w^2}{\sigma_\eta^2}\right) < \frac{Nn\alpha^2\xi\chi\sigma_\eta^2}{(N\chi+n\xi)c(N\alpha^2+2c)+N\alpha^2\xi\chi\sigma_\eta^2}$, aber
   $\sum_{j=1}^{n} v_j > (\beta c - a)\frac{Nn\alpha^2\xi\chi\sigma_\eta^2}{(N\chi+n\xi)c(N\alpha^2+2c)+N\alpha^2\xi\chi\sigma_\eta^2}$,

   bewirkt die infinitesimale Erhöhung von σ_w eine Verringerung der optimalen Produktionsmenge.

   (c) Gilt hingegen $\left(n + \frac{\sigma_w^2}{\sigma_\eta^2}\right) < \frac{Nn\alpha^2\xi\chi\sigma_\eta^2}{(N\chi+n\xi)c(N\alpha^2+2c)+N\alpha^2\xi\chi\sigma_\eta^2}$ und die Realisation der Summe der Informationen, $\sum_{j=1}^{n} v_j$, liegt im (offenen) Intervall $\left((\beta c - a)\left(n + \frac{\sigma_w^2}{\sigma_\eta^2}\right); (\beta c - a)\frac{Nn\alpha^2\xi\chi\sigma_\eta^2}{(N\chi+n\xi)c(N\alpha^2+2c)+N\alpha^2\xi\chi\sigma_\eta^2}\right)$[7], resultiert eine erhöhte optimale Produktionsmenge durch das höhere Rauschen der Informationsvariable.

2. Ist andererseits $(\beta c - a) < 0$ und

   (a) $\left(n + \frac{\sigma_w^2}{\sigma_\eta^2}\right) < \frac{Nn\alpha^2\xi\chi\sigma_\eta^2}{(N\chi+n\xi)c(N\alpha^2+2c)+N\alpha^2\xi\chi\sigma_\eta^2}$

   oder

   (b) $\left(n + \frac{\sigma_w^2}{\sigma_\eta^2}\right) > \frac{Nn\alpha^2\xi\chi\sigma_\eta^2}{(N\chi+n\xi)c(N\alpha^2+2c)+N\alpha^2\xi\chi\sigma_\eta^2}$ aber
   $\sum_{j=1}^{n} v_j > (\beta c - a)\frac{Nn\alpha^2\xi\chi\sigma_\eta^2}{(N\chi+n\xi)c(N\alpha^2+2c)+N\alpha^2\xi\chi\sigma_\eta^2}$,

---

[6] Die optimale Produktionsmenge des Produzenten i $(i = 1, ..., N)$ ist positiv, wenn $\left(\sum_{j=1}^{n} v_j\right) > (\beta c - a)\left(n + \frac{\sigma_w^2}{\sigma_\eta^2}\right)$ gilt. Vgl. Gleichung 4.83 auf S. 144.

[7] Beide Intervallgrenzen liegen im positiven Bereich. Die untere Intervallgrenze markiert den Punkt, ab dem die Produktion aufgenommen wird. An der oberen Intervallgrenze wird eine positive Produktionsmenge realisiert, die optimale Produktionshöhe jedoch von infinitesimalen Veränderungen der Variable σ_w nicht tangiert.

hat die infinitesimale Erhöhung von σ_w eine produktionsmengenverringernde Wirkung.

(c) Nur wenn $\left(n + \frac{\sigma_w^2}{\sigma_\eta^2}\right) > \frac{Nn\alpha^2\xi\chi\sigma_\eta^2}{(N\chi+n\xi)c(N\alpha^2+2c)+N\alpha^2\xi\chi\sigma_\eta^2}$ und $\sum_{j=1}^{n} v_j \in \left((\beta c - a)\left(n + \frac{\sigma_w^2}{\sigma_\eta^2}\right); (\beta c - a)\frac{Nn\alpha^2\xi\chi\sigma_\eta^2}{(N\chi+n\xi)c(N\alpha^2+2c)+N\alpha^2\xi\chi\sigma_\eta^2}\right)$[8] gilt, resultiert eine höhere optimale Produktionsmenge durch die Erhöhung des Rauschens in der Informationsvariable der einzelnen Spekulanten.

Analog zum Modell ohne Terminmarkt ist das Vorzeichen der partiellen Ableitung der optimalen Produktionsmenge nach dem Parameter c

$$
\begin{aligned}
\frac{\partial q\left(x_i^{**}\right)}{\partial c} = & \frac{-\alpha^2\left(N\chi + n\xi\right)}{\left[\left(n\sigma_\eta^2 + \sigma_w^2\right)\left(N\chi + n\xi\right)c\left(N\alpha^2 + 2c\right) + N\alpha^2\xi\chi\sigma_\eta^2\sigma_w^2\right]^2} \cdot \\
& \cdot \left\{2\left(\sum_{j=1}^{n} v_j\right)\sigma_\eta^2 c^2\left[\left(N\chi + n\xi\right)\left(n\sigma_\eta^2 + \sigma_w^2\right) - N\frac{\alpha^2}{2}\xi\chi\frac{1}{c^2}\sigma_\eta^4\right]\right. \\
& + \left(N\chi + n\xi\right)\left(n\sigma_\eta^2 + \sigma_w^2\right)^2 c^2\left(N\alpha^2\beta + 2a\right) \\
& \left. + \left(n\sigma_\eta^2 + \sigma_w^2\right)N\alpha^2\xi\chi\sigma_\eta^2\sigma_w^2\left(2\beta c - a\right)\right\} \\
& \gtrless 0
\end{aligned}
\qquad \text{(C.23)}
$$

indeterminiert. Wird c ceteris paribus erhöht, und damit der (negative) Einfluß des Kassapreises auf die Gesamtnachfrage verstärkt,

1. verringert sich die optimale Produktionsmenge, wenn

   (a) $\left(N\chi + n\xi\right)\left(n\sigma_\eta^2 + \sigma_w^2\right) - N\frac{\alpha^2}{2c^2}\xi\chi\sigma_\eta^4 > 0$ und $\sum_{j=1}^{n} v_j > -\frac{1}{2}\frac{(N\chi+n\xi)\frac{\left(n\sigma_\eta^2+\sigma_w^2\right)^2}{\sigma_\eta^2}\left(N\alpha^2\beta+2a\right)+\left(n\sigma_\eta^2+\sigma_w^2\right)N\frac{1}{c^2}\alpha^2\xi\chi\sigma_w^2(2\beta c-a)}{(N\chi+n\xi)\left(n\sigma_\eta^2+\sigma_w^2\right)-N\frac{\alpha^2}{2c^2}\xi\chi\sigma_\eta^4}$

[8] Beide Intervallgrenzen sind in diesem Fall negativ. An der unteren Intervallgrenze wird nicht produziert, während an der oberen Grenze bei positiver Produktionsmenge die optimale Produktionshöhe durch eine infinitesimale Variation von σ_w nicht verändert wird.

oder

(b) $(N\chi + n\xi)\left(n\sigma_\eta^2 + \sigma_w^2\right) - N\frac{\alpha^2}{2c^2}\xi\chi\sigma_\eta^4 < 0$ und

$$\sum_{j=1}^{n} v_j < -\frac{1}{2}\frac{(N\chi+n\xi)\frac{\left(n\sigma_\eta^2+\sigma_w^2\right)^2}{\sigma_\eta^2}\left(N\alpha^2\beta+2a\right)+\left(n\sigma_\eta^2+\sigma_w^2\right)N\frac{1}{c^2}\alpha^2\xi\chi\sigma_w^2(2\beta c-a)}{(N\chi+n\xi)\left(n\sigma_\eta^2+\sigma_w^2\right)-N\frac{\alpha^2}{2c^2}\xi\chi\sigma_\eta^4}.$$

2. Die Erhöhung von c wirkt sich produktionssteigernd aus, wenn

(a) $(N\chi + n\xi)\left(n\sigma_\eta^2 + \sigma_w^2\right) - N\frac{\alpha^2}{2c^2}\xi\chi\sigma_\eta^4 > 0$ und

$$\sum_{j=1}^{n} v_j < -\frac{1}{2}\frac{(N\chi+n\xi)\frac{\left(n\sigma_\eta^2+\sigma_w^2\right)^2}{\sigma_\eta^2}\left(N\alpha^2\beta+2a\right)+\left(n\sigma_\eta^2+\sigma_w^2\right)N\frac{1}{c^2}\alpha^2\xi\chi\sigma_w^2(2\beta c-a)}{(N\chi+n\xi)\left(n\sigma_\eta^2+\sigma_w^2\right)-N\frac{\alpha^2}{2c^2}\xi\chi\sigma_\eta^4}$$

oder

(b) $(N\chi + n\xi)\left(n\sigma_\eta^2 + \sigma_w^2\right) - N\frac{\alpha^2}{2c^2}\xi\chi\sigma_\eta^4 < 0$ und

$$\sum_{j=1}^{n} v_j > -\frac{1}{2}\frac{(N\chi+n\xi)\frac{\left(n\sigma_\eta^2+\sigma_w^2\right)^2}{\sigma_\eta^2}\left(N\alpha^2\beta+2a\right)+\left(n\sigma_\eta^2+\sigma_w^2\right)N\frac{1}{c^2}\alpha^2\xi\chi\sigma_w^2(2\beta c-a)}{(N\chi+n\xi)\left(n\sigma_\eta^2+\sigma_w^2\right)-N\frac{\alpha^2}{2c^2}\xi\chi\sigma_\eta^4}$$

gilt.

C.4.2 Komparative Statik des Hedgevolumens

Wird die Standardabweichung des Nachfrageveränderungsvariablen erhöht und damit die Gesamtnachfrage unsicherer, wirkt sich das auf die optimale Terminposition der Produzenten ambivalent aus.

$$\frac{\partial y_{P_i}^{**}}{\partial \sigma_\eta} = \begin{cases} \frac{2n\alpha^2 c\xi\sigma_\eta\sigma_w^2\left[\left(\sum_{j=1}^{n} v_j\right)(N\chi+n\xi)c\left(N\alpha^2+2c\right)+N\alpha^2\xi\chi\sigma_w^2(\beta c-a)\right]}{\left[\left(n\sigma_\eta^2+\sigma_w^2\right)(N\chi+n\xi)c(N\alpha^2+2c)+N\alpha^2\xi\chi\sigma_\eta^2\sigma_w^2\right]^2} \gtrless 0 \\ \text{falls } q\left(x_i^{**}\right) > 0 \\ \\ \frac{-2N\alpha^2 c\chi\sigma_\eta\sigma_w^2\left[\left(\sum_{j=1}^{n} v_j\right)(N\chi+n\xi)c\left(N\alpha^2+2c\right)+N\alpha^2\xi\chi\sigma_w^2(\beta c-a)\right]}{\left[\left(n\sigma_\eta^2+\sigma_w^2\right)(N\chi+n\xi)c(N\alpha^2+2c)+N\alpha^2\xi\chi\sigma_\eta^2\sigma_w^2\right]^2} \gtrless 0 \\ \text{falls } q\left(x_i^{**}\right) = 0 \end{cases} \tag{C.24}$$

Die partielle Ableitung $\frac{\partial y_{P_i}^{**}}{\partial \sigma_\eta}$ ist im Normal Hedge Bereich positiv und im Reversed Hedge Bereich negativ, wenn $\sum_{j=1}^{n} v_j > \frac{-\alpha^2 N\xi\chi\sigma_w^2(\beta c-a)}{(N\chi+n\xi)c(N\alpha^2+2c)}$ ist. Findet im Optimum Produktion statt, erfolgt in diesem Fall durch die erhöhte Unsicherheit der Nachfrage eine stärkere Absicherung der Produktionsmenge. Wird hingegen die Produktion nicht aufgenommen, sondern lediglich spekuliert, verringert sich die spekulative Short Position. Im Gegensatz dazu ist die partielle Ableitung $\frac{\partial y_{P_i}^{**}}{\partial \sigma_\eta}$ im Normal Hedge Bereich negativ und im Reversed Hedge Bereich positiv, wenn $\sum_{j=1}^{n} v_j < \frac{-\alpha^2 N\xi\chi\sigma_w^2(\beta c-a)}{(N\chi+n\xi)c(N\alpha^2+2c)}$ gilt. Dann wird eine Hedge-Position am Terminmarkt verringert und eine spekulative Position erhöht.[9]

Die Erhöhung der Standardabweichung des Störvariablen $\tilde{w}$ verursacht ein höheres Rauschen in der Informationsvariable $\tilde{v}$ der Spekulanten. Durch den Preisbildungsprozeß beeinflußt dies auch die Position der Produzenten auf dem Terminmarkt. Das Vorzeichen der partiellen Ableitung der optimalen Terminmarktposition nach σ_w

$$\frac{\partial y_{P_i}^{**}}{\partial \sigma_w} = \begin{cases} \dfrac{-2n\alpha^2 c\xi\sigma_\eta^2\sigma_w\left[\left(\sum_{j=1}^{n} v_j\right)\left[N\alpha^2\xi\chi\sigma_\eta^2+(N\chi+n\xi)c\left(N\alpha^2+2c\right)\right]+(a-\beta c)Nn\alpha^2\xi\chi\sigma_\eta^2\right]}{\left[\left(n\sigma_\eta^2+\sigma_w^2\right)(N\chi+n\xi)c(N\alpha^2+2c)+N\alpha^2\xi\chi\sigma_\eta^2\sigma_w^2\right]^2} \gtrless 0 \\ \text{falls } q\left(x_i^{**}\right) > 0 \\ \\ \dfrac{2N\alpha^2 c\chi\sigma_\eta^2\sigma_w\left[\left(\sum_{j=1}^{n} v_j\right)\left[N\alpha^2\xi\chi\sigma_\eta^2+(N\chi+n\xi)c\left(N\alpha^2+2c\right)\right]+(a-\beta c)Nn\alpha^2\xi\chi\sigma_\eta^2\right]}{\left[\left(n\sigma_\eta^2+\sigma_w^2\right)(N\chi+n\xi)c(N\alpha^2+2c)+N\alpha^2\xi\chi\sigma_\eta^2\sigma_w^2\right]^2} \gtrless 0 \\ \text{falls } q\left(x_i^{**}\right) = 0 \end{cases} \tag{C.25}$$

ist indes nicht eindeutig. Sie ist im Normal Hedge Bereich negativ und im Reversed Hedge Bereich positiv, wenn $\sum_{j=1}^{n} v_j > \frac{(\beta c-a)Nn\xi\chi\sigma_\eta^2}{N\alpha^2\xi\chi\sigma_\eta^2+(N\chi+n\xi)c(N\alpha^2+2c)}$ ist.

[9]Die Grenze, an der sich das Verhalten des Produzenten ändert, ist negativ (positiv), falls $(\beta c - a) > 0$ $((\beta c - a) < 0)$ ist.

In diesem Fall vermindert (erhöht) der Produzent seine Terminverkäufe im Vergleich zum Ausgangsfall mit niedrigerem Rauschen, wenn er einen positiven Output realisiert (nicht produziert). Dagegen führt die Erhöhung der Standardabweichung des Störterms zu höheren Terminverkäufen im Normal Hedge Bereich (zu niedrigeren Terminverkäufen im Reversed Hedge Bereich), wenn die partielle Ableitung der optimalen Terminmarktposition nach σ_w positiv (negativ) ist. $\frac{\partial y_{P_i}^{**}}{\partial \sigma_w}$ ist wiederum im Normal Hedge Bereich positiv (im Reversed Hedge Bereich negativ), wenn $\sum_{j=1}^{n} v_j < \frac{(\beta c-a)Nn\xi\chi\sigma_\eta^2}{N\alpha^2\xi\chi\sigma_\eta^2+(N\chi+n\xi)c(N\alpha^2+2c)}$ gilt.[10]

C.5 Berechnung des bedingten erwarteten Kassapreises

Laut Gleichung (4.60) läßt sich der stochastische Kassapreis des Modells mit Terminmarkt als eine Funktion der deterministischen Variablen A, c, B, p_{f_0} und β und der Zufallsvariablen $\tilde{\eta}$ darstellen.

$$\tilde{p}_k = A + \frac{1}{c}\tilde{\eta} - Bp_{f_0} + B\beta \tag{C.26}$$

Werden die Beziehungen $A = \frac{a}{c}$ und $B = N\frac{\alpha^2}{2c}$ substituiert und bildet man den unter der Realisation von $\sum_{j=1}^{n} \tilde{v}_j$ bedingten erwarteten Kassapreis, ergibt sich

$$\mathrm{E}\left[\tilde{p}_k \left| \sum_{j=1}^{n} v_j \right.\right] = \frac{a}{c} + \frac{1}{c}\mathrm{E}\left[\tilde{\eta} \left| \sum_{j=1}^{n} v_j \right.\right] - \frac{N\alpha^2}{2c}(p_{f_0} - \beta) \ . \tag{C.27}$$

[10] Im Gegensatz zu $\frac{\partial y_{P_i}^{**}}{\partial \sigma_\eta}$ ist die Grenze, an der sich das Verhalten des Produzenten ändert, positiv (negativ), falls $(\beta c - a) > 0$ $((\beta c - a) < 0)$ ist.

Durch Einsetzen der Beziehung (4.79) für den Terminpreis p_{f_0} und (4.76) für $\mathrm{E}\left[\tilde{\eta}\left|\sum_{j=1}^{n} v_j\right.\right]$ resultiert

$$\mathrm{E}\left[\tilde{p}_k\left|\sum_{j=1}^{n} v_j\right.\right] = \frac{a}{c} + \frac{1}{c}\frac{\sigma_\eta^2}{n\sigma_\eta^2+\sigma_w^2}\left(\sum_{j=1}^{n} v_j\right) + \frac{N\alpha^2}{2c}\beta$$
$$-\frac{N\alpha^2}{2c}\frac{N\frac{\alpha^2}{2}\beta\xi\chi\frac{1}{c^2}\frac{\sigma_\eta^2\sigma_w^2}{n\sigma_\eta^2+\sigma_w^2} + (N\chi+n\xi)\left[\frac{a}{c}+\frac{N\alpha^2}{2c}\beta+\frac{1}{c}\frac{\sigma_\eta^2}{n\sigma_\eta^2+\sigma_w^2}\left(\sum_{j=1}^{n} v_j\right)\right]}{N\frac{\alpha^2}{2}\xi\chi\frac{1}{c^2}\frac{\sigma_\eta^2\sigma_w^2}{n\sigma_\eta^2+\sigma_w^2}+(N\chi+n\xi)\left(\frac{N\alpha^2}{2c}+1\right)}. \tag{C.28}$$

Nach einiger Umrechnung läßt sich der bedingte erwartete Kassapreis als

$$\mathrm{E}\left[\tilde{p}_k\left|\sum_{j=1}^{n} v_j\right.\right] =$$
$$= \frac{1}{N\frac{\alpha^2}{2}\xi\chi\frac{1}{c^2}\frac{\sigma_\eta^2\sigma_w^2}{n\sigma_\eta^2+\sigma_w^2}+(N\chi+n\xi)\left(\frac{N\alpha^2}{2c}+1\right)}\cdot$$
$$\cdot\left\{(N\chi+n\xi)\left[\frac{a}{c}+\frac{N\alpha^2}{2c}\beta+\frac{1}{c}\frac{\sigma_\eta^2}{n\sigma_\eta^2+\sigma_w^2}\left(\sum_{j=1}^{n} v_j\right)\right]\right.$$
$$\left.+\frac{a}{c}\frac{N\alpha^2}{2c^2}\xi\chi\frac{\sigma_\eta^2\sigma_w^2}{n\sigma_\eta^2+\sigma_w^2}+\frac{1}{c}\frac{\sigma_\eta^2}{n\sigma_\eta^2+\sigma_w^2}\left(\sum_{j=1}^{n} v_j\right)\frac{N\alpha^2}{2c^2}\xi\chi\frac{\sigma_\eta^2\sigma_w^2}{n\sigma_\eta^2+\sigma_w^2}\right\} \tag{C.29}$$

schreiben.

Der Terminpreis p_{f_0} ist laut Gleichung (4.79)

$$p_{f_0} = \frac{N\frac{\alpha^2}{2}\beta\xi\chi\frac{1}{c^2}\frac{\sigma_\eta^2\sigma_w^2}{n\sigma_\eta^2+\sigma_w^2}+(N\chi+n\xi)\left[A+B\beta+\frac{1}{c}\frac{\sigma_\eta^2}{n\sigma_\eta^2+\sigma_w^2}\left(\sum_{j=1}^{n} v_j\right)\right]}{N\frac{\alpha^2}{2}\xi\chi\frac{1}{c^2}\frac{\sigma_\eta^2\sigma_w^2}{n\sigma_\eta^2+\sigma_w^2}+(N\chi+n\xi)(B+1)}. \tag{C.30}$$

Ein Vergleich der Gleichungen (C.29) und (C.30) ergibt, daß

1. $\mathrm{E}\left[\tilde{p}_k \,\middle|\, \sum_{j=1}^{n} v_j\right] > p_{f_0}$, wenn $\sum_{j=1}^{n} v_j > (\beta c - a)\left(n + \frac{\sigma_w^2}{\sigma_\eta^2}\right)$,

2. $\mathrm{E}\left[\tilde{p}_k \,\middle|\, \sum_{j=1}^{n} v_j\right] = p_{f_0}$, wenn $\sum_{j=1}^{n} v_j = (\beta c - a)\left(n + \frac{\sigma_w^2}{\sigma_\eta^2}\right)$, und

3. $\mathrm{E}\left[\tilde{p}_k \,\middle|\, \sum_{j=1}^{n} v_j\right] < p_{f_0}$, wenn $\sum_{j=1}^{n} v_j < (\beta c - a)\left(n + \frac{\sigma_w^2}{\sigma_\eta^2}\right)$ gilt.

Literaturverzeichnis

[1] ADMATI, ANAT R. (1985): A Noisy Rational Expectations Equilibrium for Multi-Asset Securities Markets . *Econometrica 53(3), S. 629-657.*

[2] ADMATI, ANAT R. (1989): Information in Financial Markets: The Rational Expectations Approach. In: Bhattacharya, Sudipto / Constantinides, George M. (Eds.): Financial Markets and Incomplete Information. Frontiers of Modern Financial Theory, Volume 2. Totowa N.J.: Rowman & Littlefield, S. 139-152.

[3] ADMATI, ANAT R. (1991): The Informational Role of Prices: A Review Essay. *Journal of Monetary Economics 28, S. 347-361.*

[4] ALLEN, BETH (1981): Generic Existence of Completely Revealing Equilibria for Economies with Uncertainty when Prices Convey Information. *Econometrica 49(5), S. 1173-1199.*

[5] ALLEN, BETH (1982): Strict Rational Expectations Equilibria with Diffuseness. *Journal of Economic Theory 27, S. 20-46.*

[6] ALLEN, BETH (1986): General Equilibrium with Rational Expectations. In: Hildebrand, Werner / Mas-Colell, Andreu (Eds.): Contributions to Mathematical Economics - In Honor of Gérard Debreu. Amsterdam et al.: Elsevier, S. 1-23.

[7] ANDERSON, THEODORE WILBUR (1984): An Introduction to Multivariate Statistical Analysis, 2. Auflage. New York et al.: John Wiley & Sons.

[8] ANDERSON, RONALD W. / DANTHINE, JEAN-PIERRE (1980): Hedging and Joint Production: Theory and Illustrations. *The Journal of Finance 35(5), S. 487-501.*

[9] ANDERSON, RONALD W. / DANTHINE, JEAN-PIERRE (1981): Cross Hedging. *Journal of Political Economy 89(6), S. 1182-1196.*

[10] ANDERSON, RONALD W. / DANTHINE, JEAN-PIERRE (1983): Hedger Diversity in Futures Markets. *The Economic Journal 93, S. 370-389.*

[11] ANTONOVITZ, FRANCES / NELSON, RAY D. (1988): Forward and Futures Markets and the Competitive Firm under Price Uncertainty. *The Southern Economic Journal 55, S. 182-195.*

[12] ANTONOVITZ, FRANCES / ROE, TERRY (1986): Effects of Expected Cash and Futures Prices on Hedging and Production. *Journal of Futures Markets 6, S. 187-205.*

[13] ARADHYULA, SATHEESH V. / CHOI, E. KWAN (1993): Production, Hedging, and Speculative Decisions with Options and Futures Markets: Comment. *American Journal of Agricultural Economics 75(3), S. 745-747.*

[14] ARSHANAPALLI, BALA G. / GUPTA, OMPRAKASH K. (1996): Optimal Hedging Under Output Price Uncertainty. *European Journal of Operational Research 95, S. 522-536.*

[15] AUSUBEL, LAWRENCE M. (1990A): Insider Trading in a Rational Expectations Economy. *The American Economic Review 80(5), S. 1022-1041.*

[16] AUSUBEL, LAWRENCE M. (1990B): Partially-Revealing Rational Expectations Equilibrium in a Competitive Economy. *Journal of Economic Theory 50, S. 93-126.*

[17] BACK, KERRY (1992): Insider Trading in Continuous Time. *The Review of Financial Studies 5(3), S. 387-409.*

[18] BAGEHOT, WALTER (PSEUD.) (1971): The Only Game in Town. *Financial Analysts Journal 27, S. 12-14 und S. 22.*

[19] BAMBERG, GÜNTER (1986): The Hybrid Model and Related Approaches to Capital Market Equilibria. In: Bamberg, Günter / Spremann, Klaus (Eds.): Capital Market Equilibria. Berlin: Springer, S. 7-54.

[20] BAMBERG, GÜNTER / BAUR, FRANZ (1987): Commodity Futures Markets and the Level of Production. In: Opitz, Otto / Rauhut, Burkhard. (Hrsg.): Ökonomie und Mathematik. Berlin: Springer, S. 381-395.

[21] BAMBERG, GÜNTER / BAUR, FRANZ (1996): Statistik. 9. überarbeitete Auflage. München: Oldenbourg.

[22] BAMBERG, GÜNTER / COENENBERG, ADOLF G. (2000): Betriebswirtschaftliche Entscheidungslehre. 10. überarbeitete und erweiterte Auflage. München: Vahlen.

[23] BARON, DAVID P. (1970): Price Uncertainty, Utility, and Industry Equilibrium in Pure Competition. *International Economic Review 11(3), S. 463-480.*

[24] BARON, DAVID P. (1976): Flexible Exchange Rates, Forward Markets, and the Level of Trade. *The American Economic Review 66, S. 253-266.*

[25] BATLIN, CARL ALAN (1983A): Production Under Uncertainty with Imperfect Time Hedging Opportunities in Futures Markets. *Southern Economic Journal 49, S. 681-692.*

[26] BATLIN, CARL ALAN (1983B): Interest Rate Risk, Prepayment Risk, and the Futures Market Hedging Strategies of Financial Intermediaries. *The Journal of Futures Markets 3(2), S. 177-184.*

[27] BATRA, RAVEENDRA N. / ULLAH, AMAN (1974): Competitive Firm and the Theory of Input Demand under Price Uncertainty. *Journal of Political Economy 52, S. 537-548.*

[28] BATTERMANN, HARALD L. / BROLL, UDO (1998): Wechselkursrisiko und Risikomanagement. *Wirtschaftswissenschaftliches Studium 27(2), S. 60-64.*

[29] BESSEMBINDER, HENDRIK / LEMMON, MICHAEL L. (1999): Equilibrium Pricing and Optimal Hedging In Electricity Forward Markets. *Arizona State University, Working Paper (September 1999).* http://www.public.asu.edu/ mlemmon/research.htm (Stand 13.09.2000).

[30] BLUME, LAWRENCE E. / BRAY, M. M. / EASLEY, DAVID (1982): Introduction to the Stability of Rational Expectations Equilibrium. *Journal of Economic Theory 26, S. 313-317.*

[31] BLUME, LAWRENCE E. / EASLEY, DAVID (1982): Learning to be Rational. *Journal of Economic Theory 26, S. 340-351.*

[32] BLUME, LAWRENCE E. / EASLEY, DAVID (1990): Implementation of Walrasian Expectations Equilibria. *Journal of Economic Theory 51, S. 207-227.*

[33] BOWDEN, ROGER J. (1995): Production Organisation and Risk Control When Market Instruments Are Available. *Management Science 41(6), S. 1073-1082.*

[34] BRAUN, THOMAS (1990): Hedging mit fixen Termingeschäften und Optionen. Heidelberg: Physica.

[35] BRAY, MARGARET (1981): Futures Trading, Rational Expectations, and the Efficient Market Hypothesis. *Econometrica 49(3), S. 575-596.*

[36] BRAY, MARGARET (1982): Learning, Estimation, and the Stability of Rational Expectations. *Journal of Economic Theory 26, S. 318-339.*

[37] BRAY, MARGARET (1985): Rational Expectations, Information and Asset Markets: An Introduction. *Oxford Economic Papers 37, S. 161-195.* Zitiert nach dem Abdruck in: Sinclair, P.J.N. (Ed.): Prices, Quantities and Expectations - Keynes and Macroeconomics in the Fifty Years Since the Publication of the *General Theory*. 1987. Oxford: Clarendon Press, S. 248-282.

[38] BRAY, MARGARET / KREPS, DAVID M. (1987): Rational Learning and Rational Expectations. In: Feiwel, George R. (Ed.): Arrow and the Ascent of Modern Economic Theory. 1987. London: Macmillan Press, S. 597-625.

[39] BRAY, MARGARET / SAVIN, N. E. (1986): Rational Expectations Equilibria, Learning and Model Specification. *Econometrica 54(5), S. 1129-1160.*

[40] BRENNAN, MICHAEL J. (1958): The Supply of Storage. *American Economic Review, S. 50-72.*

[41] BREUER, WOLFGANG (1996A): Hedging und Spekulation mit Devisentermingeschäften. *Wirtschaftswissenschaftliches Studium 25(11), S. 601-604.*

[42] BREUER, WOLFGANG (1996B): Wie hedgt man mit Devisen-Forwards? Eine vergleichende Analyse von 100%-Routine-Hedging und Fifty-fifty-Mischung. *Zeitschrift für betriebswirtschaftliche Forschung 48(3), S. 233-250.*

[43] BREUER, WOLFGANG (1996C): Hedging von Wechselkursrisiken mit Termingeschäften. *Zeitschrift für betriebswirtschaftliche Forschung 48(5), S. 515-529.*

[44] BRITO, N. O. (1977): Marketability Restrictions and the Valuation of Capital Assets under Uncertainty. *Journal of Finance 32, S. 1109-1123.*

[45] BROLL, UDO / JAENICKE, JOHANNES (1998): Zinsänderungsrisiken: Optimaler Einsatz von Futures beim Risikomanagement der Banken. Münchener wirtschaftswissenschaftliche Beiträge 98-17. München: Universität, Volkswirtschaftliche Fakultät.

[46] BROLL, UDO / WAHL, JACK (1992): Exports Under Exchange Rate Uncertainty and Hedging Markets. *Journal of Institutional and Theoretical Economics 148, S. 577-587.*

[47] BROLL, UDO / WONG, KIT PONG (1999): Hedging with Mismatched Currencies. *The Journal of Futures Markets 19(8), S. 859-875.*

[48] BROLL, UDO / WONG, KIT PONG / ZILCHA, ITZHAK (1999): Multiple Currencies and Hedging. *Economica 66, S. 421-432.*

[49] BRONSTEIN, I.N. / SEMENDJAJEW, K.A. / MUSIOL, G. / MÜHLIG, H.(1999): Taschenbuch der Mathematik. 4. überarbeitete und erweiterte Auflage. Frankfurt am Main: Harri Deutsch.

[50] CASTELINO, MARK G. (1992): Hedge Effectiveness: Basis Risk and Minimum-Variance Hedging. *The Journal of Futures Markets 12(2), S. 187-201.*

[51] CHAVAS, JEAN-PAUL / POPE, RULON (1982): Hedging and Production Decisions Under a Linear Mean-Variance Preference Function. *Western Journal of Agricultural Economics, S. 99-110.*

[52] CHENG, HSUEH-CHENG (1984): On the Generic Existence of Fully Revealing Price Equilibria. *Journal of Economic Theory 32, S. 351-358.*

[53] COHEN, KALMAN J. / MAIER, STEVEN F. / SCHWARTZ, ROBERT A. / WHITCOMB, DAVID K. (1986): The Microstructure of Securities Markets. Englewood Cliffs N.J.: Prentice-Hall.

[54] COLLINS, ROBERT A. (2000): The Risk Management Effectiveness of Multivariate Hedging Models in the U.S. Soy Complex. *The Journal of Futures Markets 20(2), S. 189-204.*

[55] COOTNER, PAUL H. (1960): Returns to Speculators: Telser versus Keynes. *Journal of Political Economy 68(4), S. 396-404.*

[56] COTHREN, RICHARD (1982): On the Impossibility of Informationally Efficient Markets: Comment. *American Economic Review 72, S. 873-874.*

[57] COX, JOHN C. / INGERSOLL, JONATHAN E. JR. / ROSS, STEPHEN A. (1981): The Relation Between Forward Prices and Futures Prices. *Journal of Financial Economics 9, S. 321-346.*

[58] CYERT, RICHARD M. / DEGROOT, MORRIS H. (1974): Rational Expectations and Bayesian Analysis. *Journal of Political Economy 82, S. 521-536.*

[59] DALAL, ARDESHIR J. / ARSHANAPALLI, BALA G. (1989): Effects of Expected Cash and Futures Prices on Hedging and Production: Comments and Extensions. *The Journal of Futures Markets 9(4), S. 337-345.*

[60] DANTHINE, JEAN-PIERRE (1978): Information, Futures Prices, and Stabilizing Speculation. *Journal of Economic Theory 17, S. 79-98.*

[61] DEGROOT, MORRIS H. (1970): Optimal Statistical Decisions. New York et al.: McGraw-Hill.

[62] DIAMOND, DOUGLAS W. / VERRECCHIA, ROBERT E. (1981): Information Aggregation in a Noisy Rational Expectations Economy. *Journal of Financial Economics 9, S. 221-235.*

[63] DONOSO, GUILLERMO (1995): Exporting and Hedging Decisions with a Forward Currency Market: The Multiperiod Case. *Journal of Futures Markets 15(1), S. 1-11.*

[64] DUBEY, PRADEEP / GEANAKOPLOS, JOHN / SHUBIK, MARTIN (1987): The Revelation of Information in Strategic Market Games - A Critique of Rational Expectations Equilibrium. *Journal of Mathematical Economics 16, S. 105-137.*

[65] DUFFIE, DARRELL (1989): Futures Markets. Englewood Cliffs N.J.: Prentice-Hall.

[66] DYCKHOFF, HARALD (1991): Entscheidungsrelevanz von Fixkosten im Rahmen operativer Planungsrechnungen - Ergänzungen zu den Überlegungen von Maltry. *Betriebswirtschaftliche Forschung und Praxis 43(3), S. 254-261.*

[67] EASLEY, DAVID / KIEFER, NICHOLAS M. / O´HARA, MAUREEN (1997A): One Day in the Life of a Very Common Stock. *The Review of Financial Studies 10(3), S. 805-835.*

[68] EASLEY, DAVID / KIEFER, NICHOLAS M. / O´HARA, MAUREEN (1997B): The Information Content of the Trading Process. *Journal of Empirical Finance 4, S. 159-186.*

[69] EASLEY, DAVID / O´HARA, MAUREEN (1987): Price, Trade Size, and Information in Securities Markets. *Journal of Financial Economics 19, S. 69-90.*

[70] EASLEY, DAVID / O´HARA, MAUREEN (1992): Time and the Process of Security Price Adjustment. *Journal of Finance 47, S. 577-606.*

[71] EASLEY, DAVID / O´HARA, MAUREEN (1995): Market Microstructure. In: Jarrow, Robert A. / Maximovic, W. / Ziemba, William T. (Eds.): Finance. Handbooks in Operations Research and Management Science. Amsterdam et al: Elsevier, S. 357-383.

[72] EDERINGTON, LOUIS H. (1979): The Hedging Performance of the New Futures Markets. *Journal of Finance 34(1), S. 157-170.*

[73] EICHBERGER, JÜRGEN (1993): Game Theory for Economists. San Diego et al.: Academic Press.

[74] ELTON, EDWIN J. / GRUBER, MARTIN J. (1991): Modern Portfolio Theory and Investment Analysis, 4. Auflage. New York et al.: John Wiley & Sons.

[75] EWERT, RALF (1996): Fixkosten, Kapitalmarkt und (kurzfristig wirksame) Entscheidungsrechnungen bei Risiko. *Betriebswirtschaftliche Forschung und Praxis 48(5), S. 528-556.*

[76] FAMA, EUGENE F. (1970): Efficient Capital Markets: A Review of Theory and Empirical Work. *The Journal of Finance 25(2), S. 383-417.*

[77] FAMA, EUGENE F. (1976A): Reply. *The Journal of Finance 31(1), S. 143-145.*

[78] FAMA, EUGENE F. (1976B): Foundations of Finance: Portfolio Decisions and Securities Prices. New York: Basic Books, Inc.

[79] FAMA, EUGENE F. (1991): Efficient Capital Markets: II. *The Journal of Finance 46(5), S. 1575-1617.*

[80] FEDER, GERSHON / JUST, RICHARD E. / SCHMITZ, ANDREW (1980): Futures Markets and the Theory of the Firm under Price Uncertainty. *The Quarterly Journal of Economics, S. 317-328.*

[81] FELLER, WILLIAM (1971): An Introduction to Probability Theory and Its Applications, Volume II, 2. Auflage. New York et al.: John Wiley & Sons

[82] FOSTER, F. DOUGLAS / VISWANATHAN, S. (1993): Variations in Trading Volume, Return Volatility, and Trading Costs: Evidence on Recent Price Formation Models. *The Journal of Finance 48(1), S. 187-211.*

[83] FRYDMAN, ROMAN (1982): Towards an Understanding of Market Processes: Individual Expectations, Learning, and Convergence to Rational Expectations Equilibrium. *American Economic Review 72(4), S. 652-668.*

[84] GLOSTEN, LAWRANCE R. / MILGROM, PAUL R. (1985): Bid, Ask and Transaction Prices in a Specialist Market with Heterogeneously Informed Traders. *Journal of Financial Economics, S. 71-100.*

[85] GRANT, DWIGHT (1985): Theory of the Firm with Joint Price and Output Risk and a Forward Market. *American Journal of Agricultural Economics, S. 630-635.*

[86] GREEN, JERRY (1977): The Non-existence of Informational Equilibria. *Review of Economic Studies 44, S. 451-463.*

[87] GROSSMAN, SANFORD J. (1975): Rational Expectations and the Econometric Modeling of Markets Subject to Uncertainty - A Bayesian Approach. *Journal of Econometrics 3, S. 255-272.*

[88] GROSSMAN, SANFORD J. (1976): On the Efficiency of Competitive Stock Markets Where Traders Have Diverse Information. *Journal of Finance 31(2), S. 573-585.*

[89] GROSSMAN, SANFORD J. (1977): The Existence of Futures Markets, Noisy Rational Expectations and Informational Externalities. *Review of Economic Studies 44, S. 431-449.*

[90] GROSSMAN, SANFORD J. (1978): Further Results on the Informational Efficiency of Competitive Stock Markets. *Journal of Economic Theory 18, S. 81-101.*

[91] GROSSMAN, SANFORD J. (1981): An Introduction to the Theory of Rational Expectations Under Asymmetric Information. *Review of Economic Studies 48, S. 541-559.*

[92] GROSSMAN, SANFORD J. (1989): The Informational Role of Prices. Cambridge, Mass. et al.: MIT Press.

[93] GROSSMAN, SANFORD J. / STIGLITZ, JOSEPH E. (1976): Information and Competitive Price Systems. *American Economic Review 66, S. 246-253.*

[94] GROSSMAN, SANFORD J. / STIGLITZ, JOSEPH E. (1980): On the Impossibility of Informationally Efficient Markets. *American Economic Review 70, S. 393-408.*

[95] GROSSMAN, SANFORD J. / STIGLITZ, JOSEPH E. (1982): On the Impossibility of Informationally Efficient Markets: Reply. *American Economic Review 72, S. 875.*

[96] GUESNERIE, ROGER (1992): An Exploration of the Eductive Justifications of the Rational-Expectations Hypothesis. *American Economic Review 82(5), S. 1254-1278.*

[97] HABIB, MICHEL / NAIK, NARAYAN Y. (1996): Models of Information Aggregation in Financial Markets: A Review. *Applied Mathematical Finance 3, S. 159-166.*

[98] HAYEK, F. A. (1945): The Use of Knowledge in Society. *American Economic Review 35(4), S. 519-530.*

[99] HELLWIG, MARTIN F. (1980): On the Aggregation of Information in Competitive Markets. *Journal of Economic Theory 22, S. 477-498.*

[100] HELLWIG, MARTIN F. (1982A): Rational Expectations Equilibrium with Conditioning on Past Prices: A Mean-Variance Example. *Journal of Economic Theory 26, S. 279-312.*

[101] HELLWIG, MARTIN F. (1982B): Zur Informationseffizienz des Kapitalmarktes. *Zeitschrift für Wirtschafts- und Sozialwissenschaften 102, S. 1-27.*

[102] HICKS, J. R. (1968): Value and Capital: An Inquiry Into Some Fundamental Principles of Economic Theory. Nachdruck der 2. Auflage 1946. Oxford: Clarendon Press.

[103] HIRTH, HANS (1999): Insiderhandel bei unsicherem Veröffentlichungszeitpunkt. *OR Spektrum 21(1-2), S. 81-96.*

[104] HO, THOMAS S. Y. (1984): Intertemporal Commodity Futures Hedging and the Production Decision. *Journal of Finance 39(2), S. 351-376.*

[105] HOLDEN, CRAIG W. / SUBRAHMANYAM, AVANIDHAR (1992): Long-Lived Private Information and Imperfect Competition. *The Journal of Finance 47(1), S. 247-270.*

[106] HOLTHAUSEN, DUNCAN M. (1976): Input Choices and Uncertain Demand. *American Economic Review 66(1), S. 94-103.*

[107] HOLTHAUSEN, DUNCAN M. (1979): Hedging and the Competitive Firm under Uncertainty. *American Economic Review 69(5), S. 989-995.*

[108] HOWARD, CHARLES T. / D´ANTONIO, LOUIS J. (1991): Multiperiod Hedging Using Futures: A Risk Minimization Approach in the Presence of Autocorrelation. *The Journal of Futures Markets 11(6), S. 697-710.*

[109] HUANG, CHI-FU / LITZENBERGER, ROBERT H. (1988): Foundations for Financial Economics. Englewood Cliffs N.J.: Prentice-Hall.

[110] INGERSOLL, JONATHAN E. JR. (1987): Theory of Financial Decision Making. Savage, Maryland: Rowman & Littlefield.

[111] INTRILIGATOR, MICHAEL D. (1971): Mathematical Optimization and Economic Theory. Englewood Cliffs N.J.: Prentice-Hall.

[112] ISHII, YASUNORI (1977): On the Theory of the Competitive Firm Under Price Uncertainty: Note. *American Economic Review 67(4), S. 768-769.*

[113] JARROW, ROBERT A. / OLDFIELD, GEORGE S. (1981): Forward Contracts and Futures Contracts. *Journal of Financial Economics 9, S. 373-382.*

[114] JOHNSON, LELAND L. (1960): The Theory of Hedging and Speculation in Commodity Futures. *Review of Economic Studies 27, S. 139-151.*

[115] JORDAN, JAMES S. (1982): The Generic Existence of Rational Expectations Equilibrium in the Higher Dimensional Case. *Journal of Economic Theory 26, S. 224-243.*

[116] JORDAN, JAMES S. (1983): On the Efficient Markets Hypothesis. *Econometrica 51(5), S. 1325-1343.*

[117] JORDAN, JAMES S. / RADNER, ROY (1982): Rational Expectations in Microeconomic Models: An Overview. *Journal of Economic Theory 26, S. 201-223.*

[118] KALDOR, NICHOLAS (1939): Speculation and Economic Stability. *Review of Economic Studies 7, S. 1-27.* Zitiert nach dem Abdruck in: Kaldor, Nicholas: Essays on Economic Stability and Growth. 1963. Nachdruck der 1. Auflage 1960. London: Duckworth & Co., S. 17-58.

[119] KARLIN, SAMUEL / TAYLOR, HOWARD M. (1975): A First Course in Stochastic Processes. 2. Auflage. San Diego: Academic Press.

[120] KATZ, ELIAKIM / PAROUSH, JACOB (1979): The Effect of Forward Markets on Exporting Firms. *Economics Letters 4, S. 271-274.*

[121] KAWAI, MASAHIRO / ZILCHA, ITZHAK (1986): International Trade with Forward-Futures Markets Under Exchange Rate and Price Uncertainty. *Journal of International Economics 20, S. 83-98.*

[122] KETT, INGO W. / BRINK, ALFRED (1985): Die Relevanz fixer Kosten in risikobehafteten Entscheidungssituationen. *Der Betrieb 38(20), S. 1034-1037.*

[123] KEYNES, JOHN MAYNARD (1971): The Collected Writings of John Maynard Keynes, Volume VI, A Treatise on Money: 2 The Applied Theory of Money. Nachdruck der Auflage 1930. London: Macmillan.

[124] KIHLSTROM RICHARD E. / MIRMAN, LEONARD J. (1975): Information and Market Equilibrium. *The Bell Journal of Economics and Management Science 6, S. 357-376.*

[125] KOUTMOS, GREGORY / PERICLI, ANDREAS (2000): Are Multiple Hedging Instruments Better than One? The Case of Fixed-Rate Mortgage-Backed Securities. *The Journal of Portfolio Management, S. 63-70.*

[126] KRASKER, WILLIAM (1985): Sequential Hedging. *Management Science 31(6), S. 657-663.*

[127] KREPS, DAVID M. (1977): A Note on „Fulfilled Expectations“ Equilibria. *Journal of Economic Theory 14, S. 32-43.*

[128] KÜRSTEN, WOLFGANG (1991): Optimale fix-variable Kreditkontrakte: Zinsänderungsrisiko, Kreditausfallrisiko und Financial Futures Hedging. *Zeitschrift für betriebswirtschaftliche Forschung 43, S. 867-891.*

[129] KÜRSTEN, WOLFGANG (1993): The Asset Transformation Function of Financial Intermediaries. In: Flavell, R. (Ed.): Modelling Reality and

Personal Modelling, Contributions to Management Science. Heidelberg: Springer, S. 189-205.

[130] Kürsten, Wolfgang (1994): Finanzkontrakte und Risikoanreizproblem. Mißverständnisse im informationsökonomischen Ansatz der Finanztheorie. Wiesbaden: Gabler.

[131] Kürsten, Wolfgang (1997a): Hedgingmodelle, Unternehmensproduktion und antizipatorisch-simultanes Risikomanagement. *Zeitschrift für betriebswirtschaftliche Forschung, Sonderheft 38, S. 127-154.*

[132] Kürsten, Wolfgang (1997b): Standardhedging, Simultanhedging und Portefeuille-Theorie. *Wirtschaftswissenschaftliches Studium 26(3), S. 119-123.*

[133] Kürsten, Wolfgang (1997c): Entscheidungssituationen beim Hedging von Unternehmensrisiken. *Wirtschaftswissenschaftliches Studium 26(3), S. 167-168.*

[134] Kyle, Albert S. (1985): Continuous Auctions and Insider Trading. *Econometrica 53(6), S. 1315-1335.*

[135] Kyle, Albert S. (1989): Informed Speculation with Imperfect Competition. *Review of Economic Studies 56, S. 317-356.*

[136] Lapan, Harvey / Moschini, Giancarlo / Hanson, Steven D. (1991): Production, Hedging, and Speculative Decisions with Options and Futures Markets. *American Journal of Agricultural Economics 73(1), S. 66-74.*

[137] Lapan, Harvey / Moschini, Giancarlo / Hanson, Steven D. (1993): Production, Hedging, and Speculative Decisions with Options and Futures Markets:Reply. *American Journal of Agricultural Economics 75(3), S. 748-750.*

[138] LELAND, HAYNE E. (1972): Theory of the Firm Facing Uncertain Demand. *American Economic Review, S. 278-291.*

[139] LIEN, DA-HSIANG DONALD (1992): Optimal Hedging and Spreading in Cointegrated Markets. *Economics Letters 40, S. 91-95.*

[140] LIEN, DA-HSIANG DONALD (1996): The Effect of the Cointegration Relationship on Futures Hedging: A Note. *The Journal of Futures Markets 16(7), S. 773-780.*

[141] LIEN, DONALD (2000): Production and Hedging under Knightian Uncertainty. *The Journal of Futures Markets 20(4), S. 397-404.*

[142] LIEN, DA-HSIANG DONALD / LUO, XIANGDONG (1993): Estimating Multiperiod Hedge Ratios in Cointegrated Markets. *The Journal of Futures Markets 13(8), S. 909-920.*

[143] LIEN, DA-HSIANG DONALD / TSE, YIU KUEN (1999): Fractional Cointegration and Futures Hedging. *The Journal of Futures Markets 19(4), S. 457-474.*

[144] LUCAS, ROBERT E. JR. (1972): Expectations and the Neutrality of Money. *Journal of Economic Theory 4, S. 103-124.*

[145] MALTRY, HELMUT (1990): Überlegungen zur Entscheidungsrelevanz von Fixkosten im Rahmen operativer Planungsrechnungen. *Betriebswirtschaftliche Forschung und Praxis 42(4), S. 294-311.*

[146] MARCUS, ALAN J. / MODEST, DAVID M. (1984): Futures Markets and Production Decisions. *Journal of Political Economy, S. 409-426.*

[147] MARKOWITZ, HARRY (1952): Portfolio Selection. *Journal of Finance 7, S. 77-91.*

[148] MAYERS, D. (1972): Non-Marketable Assets and Capital Market Equilibrium under Uncertainty. In: Jensen, Michael C. (Ed.): Studies

in the Theory of Capital Markets. New York: Praeger Publishers, S. 223-248.

[149] MITTELHAMMER, RON C. (1996): Mathematical Statistics for Economics and Business. New York et al.: Springer.

[150] MOOD, ALEXANDER M. / GRAYBILL, FRANKLIN A. (1963): Introduction to the Theory of Statistics, Second Ed. New York et al.: McGraw-Hill.

[151] MUTH, JOHN F. (1961): Rational Expectations and the Theory of Price Movements. *Econometrica 29(3), S. 315-335.*

[152] MYERSON, ROGER B. (1999): Nash Equilibrium and the History of Economic Theory. *Journal of Economic Literature 37, S. 1067-1082.*

[153] NAIK, NARAYAN Y. (1997): On the Aggregation of Information in Competitive Markets: The Dynamic Case. *Journal of Economic Dynamics and Control 21, S. 1199-1227.*

[154] NASH, JOHN (1951): Non-Cooperative Games. *Annals of Mathematics 54(2), S. 286-295.*

[155] O'HARA, MAUREEN (1995): Market Microstructure Theory. Cambridge, Mass.: Basil Blackwell.

[156] PARK, TIMOTHY A. / ANTONOVITZ, FRANCES (1992): Econometric Tests of Firm Decision Making Under Uncertainty: Optimal Output and Hedging Decisions. *Southern Economic Journal 59, S. 593-609.*

[157] PAROUSH, JACOB / WOLF, AVNER (1986): Production and Hedging Decisions in Futures and Forward Markets. *Economics Letters 21(2), S. 139-143.*

[158] PAROUSH, JACOB / WOLF, AVNER (1989): Production and Hedging Decisions in the Presence of Basis Risk. *The Journal of Futures Markets 9(6), S. 547-563.*

[159] PFENNIG, MICHAEL / SCHÄFER, KLAUS (1999): Preisrisiken bei Commodities - Systematisierung und Implikationen für die Quantifizierung. *Zeitschrift für Betriebswirtschaft 69(5/6), S. 569-592.*

[160] PFLUGFELDER, RAINER (1991): Der Beitrag von Warenterminbörsen zur Informationsverbesserung und Risikoabsicherung bei Agrarprodukten. Hamburg: Strothe.

[161] RADNER, ROY (1979): Rational Expectations Equilibrium: Generic Existence and the Information Revealed by Prices. *Econometrica 47(3), S. 655-678.*

[162] RADNER, ROY (1982): Equilibrium Under Uncertainty. In:Arrow, Kenneth J. / Intriligator, Michael D. (Eds.): Handbook of Mathematical Economics, Vol. II. Amsterdam: North-Holland, S. 923-1006.

[163] RASMUSEN, ERIC (1989): Games and Information: An Introduction to Game Theory. Oxford: Blackwell.

[164] REDMAN, DEBORAH A. (1992): A Reader´s Guide to Rational Expectations - A Survey and Comprehensive Annotated Bibliography. Aldershot: Edward Elgar.

[165] ROCHET, JEAN-CHARLES / VILA, JEAN-LUC (1990): Insider Trading and Market Manipulations: A Weak Invisible Hand Result. Working Paper No. 11. Centre for Economic Policy Research. London.

[166] ROLFO, JACQUES (1980): Optimal Hedging Under Price and Quantity Uncertainty: The Case of a Cocoa Producer. *Journal of Political Economy 88, S. 100-116.*

[167] RUBINSTEIN, MARK (1976): The Valuation of Uncertain Income Streams and the Pricing of Options. *The Bell Journal of Economics and Management Science 7, S. 407-425.*

[168] SANDMO, AGNAR (1971): On the Theory of the Competitive Firm Under Price Uncertainty. *American Economic Review 61(1), S. 65-73.*

[169] SCHIRMEISTER, RAIMUND / BERGH, FRIEDRICH T. (1995): Entscheidungsrelevanz fixer Kosten bei Risiko. *Wirtschaftswissenschaftliches Studium 24(1), S. 21-25.*

[170] SCHLITTGEN, RAINER (1993): Einführung in die Statistik, 4. Auflage. München: Oldenbourg.

[171] SCHNEIDER, DIETER (1984): Entscheidungsrelevante fixe Kosten, Abschreibungen und Zinsen zur Substanzerhaltung. *Der Betrieb 37(49), S. 2521-2528.*

[172] SCHWEITZER, MARCELL / KÜPPER, HANS-ULRICH (1997): Produktions- und Kostentheorie, 2. Auflage. Wiesbaden: Gabler.

[173] SHEFFRIN, STEVEN M. (1996): Rational Expectations, 2. Auflage. Cambridge: Cambridge University Press.

[174] SPREMANN, KLAUS (1986): Produktion, Hedging, Spekulation - Zu den Funktionen von Futures-Märkten. *Zeitschrift für betriebswirtschaftliche Forschung 38, S. 443-464.*

[175] SPREMANN, KLAUS (1991): Kann man mit Terminkontrakten hedgen? *Zeitschrift für betriebswirtschaftliche Forschung 43, S. 295-312.*

[176] STEIN, CHARLES (1974): Estimation of the Mean of a Multivariate Normal Distribution. In: Hájek, Jaroslav (Ed.): Proceedings of the Prague Symposium on Asymptotic Statistics, 3 - 6 September 1973, Volume II. Praha: Universita Karlova, S. 345-381.

[177] STEIN, JEROME L. (1961): The Simultaneous Determination of Spot and Futures Prices. *American Economic Review 51, S. 1012-1025.*

[178] STRONG, NORMAN / WALKER, MARTIN (1987): Information and Capital Markets. Oxford: Basil Blackwell.

[179] TELSER, LESTER G. (1958): Futures Trading and the Storage of Cotton and Wheat. *Journal of Political Economy 66, S. 233-255.*

[180] TOBIN, JAMES (1958): Liquidity Preference as Behaviour Towards Risk. *Review of Economic Studies 25, S. 65-86.*

[181] TOWNSEND, ROBERT M. (1978): Market Anticipations, Rational Expectations, and Bayesian Analysis. *International Economic Review 19(2), S. 481-494.*

[182] VARIAN, HAL R. (1992): Microeconomic Analysis. New York: W.W. Norton & Company, 3. Auflage.

[183] VERRECCHIA, ROBERT E. (1982): Information Acquisition in a Noisy Rational Expectations Economy. *Econometrica 50(6), S. 1415-1430.*

[184] VUKINA, TOMISLAV / ANDERSON, JAMES L. (1993): A State-Space Forecasting Approach to Optimal Intertemporal Cross-Hedging. *American Journal of Agricultural Economics 75, S. 416-424.*

[185] WEI, K. C. JOHN / LEE, CHENG F. (1988): The Generalized Stein/Rubinstein Covariance Formula and Its Application to Estimate Real Systematic Risk. *Management Science 34(10), S. 1266-1270.*

[186] WILHELM, JOCHEN E. M. (1985): Arbitrage Theory: Introductory Lectures on Arbitrage-Based Financial Asset Pricing. Berlin et al.: Springer.

[187] WORKING, HOLBROOK (1949): The Theory of Price of Storage. *American Economic Review 39, S. 1254-1262.*

[188] WORKING, HOLBROOK (1953A): Futures Trading and Hedging. *American Economic Review 43, S. 314-343.*

[189] WORKING, HOLBROOK (1953B): Hedging Reconsidered. *Journal of Farm Economics 35, S. 544-561.*

[190] WORKING, HOLBROOK (1962): New Concepts Concerning Futures Markets and Prices. *American Economic Review 52, S. 431-459.*

GPSR Compliance

The European Union's (EU) General Product Safety Regulation (GPSR) is a set of rules that requires consumer products to be safe and our obligations to ensure this.

If you have any concerns about our products, you can contact us on ProductSafety@springernature.com

In case Publisher is established outside the EU, the EU authorized representative is:

Springer Nature Customer Service Center GmbH
Europaplatz 3
69115 Heidelberg, Germany

Batch number: 10815964

Printed by Printforce, the Netherlands